KB001915

세계는
왜 싸우는가

세계는 왜 싸우는가

김영미 국제분쟁 전문 PD가
아이들에게 들려주는 전쟁과 평화 연대기

김영미 지음

김영사

세계는 왜 싸우는가

1판 1쇄 발행 2019. 7. 15.
1판 10쇄 발행 2024. 5. 10.

지은이 김영미

발행인 박강휘
편집 박보람 | 디자인 정윤수 | 마케팅 고은미 | 홍보 이한솔
발행처 김영사
사진 제공 Getty images / 게티이미지코리아
연합뉴스

등록 1979년 5월 17일 (제406-2003-036호)
주소 경기도 파주시 문발로 197(문발동) 우편번호 10881
전화 마케팅부 031)955-3100, 편집부 031)955-3200, 팩스 031)955-3111

값은 뒤표지에 있습니다.
ISBN 978-89-349-9636-1 03300
홈페이지 www.gimmyoung.com 블로그 blog.naver.com/gybook
인스타그램 instagram.com/gimmyoung 이메일 bestbook@gimmyoung.com

좋은 독자가 좋은 책을 만듭니다.
김영사는 독자 여러분의 의견에 항상 귀 기울이고 있습니다.

이 도서의 국립중앙도서관 출판시도서목록(CIP)은 서지정보유통지원시스템 홈페이지
(http://seoji.nl.go.kr)와 국가자료공동목록시스템(http://www.nl.go.kr/kolisnet)에서
이용하실 수 있습니다.(CIP제어번호 : CIP2019023210)

프롤로그

이 책은 아주 우연한 사건에서 시작되었다. 지금으로부터 20여 년 전, 나는 스위스 제네바로 취재를 갔다. 프리랜서 피디를 막 시작할 무렵이었다. 미리 호텔과 차편을 예약해 놓고 출발했기에 제네바 공항에 내려서도 여유로웠다. 이미 밤늦은 시각이라 피곤했던 우리 촬영 스태프는 빨리 숙소로 가서 쉬고 싶었다.

호텔에 도착하자 예상치 못한 일이 벌어졌다. 우리 일행의 이름이 호텔 측의 실수로 예약자 명단에서 누락된 것이다. 게다가 그날은 토요일이라 빈방이 없다고 했다. 촬영 장비는 산더미 같고 스태프들은 피곤에 지쳐 있는 상태여서 이 한밤중에 어디로 가야 할지 순간 막막해졌다. 그때 호텔 매니저가 미안해하는 표정으로 다가와 말했다. 짐은 호텔에 보관하고 우선 급한 대로 배낭 여행객이 자주 찾는 근처 게스트 하우스에서 하룻밤만 보내면 내일 방을 준비해 놓겠다는 것이었다. 그래서 우리는 느닷없이 배낭족이 되어 게스트 하우스에서 묵게 되었다.

게스트 하우스는 제법 넓은 지하에 있었고, 이층 침대가 한 줄로 이어져 있었다. 방도 15명 정도가 충분히 잘 수 있을 만큼 넓었다. 우리는 방 하나를 배정받아 들어갔는데, 세계 여러 나라에서 온 학생들이 왁자지껄하고 있었다. 이층 침대들 사이에 있는 커다란 탁자에서는 혈기 왕성한 학생들이 피곤한 줄도 모르고 맥주 파티를 하고 있었다. 피곤에 지친 카메라맨과 조연출은 오자마자 곯아떨어졌고, 나도 곧 잠자리에 들었다.

자리에 누워 내일 촬영 일정을 생각하고 있는데 학생들이 맥주를 마시며 열띤 토론을 벌이는 소리가 들려왔다. 가만히 들어 보니, 듀랜드 라인 이야기였다. 영국 학생이 듀랜드 라인이 그어진 배경이며 당시 파키스탄의 정세 등을 이야기하자 독일 학생은 그 때문에 벌어진 지금의 혼란상을 덧붙였다. 그들이 내린 결론은 듀랜드 라인이 대를 이어 싸움을 물려주었다는 것이다. 그들은 파키스탄과 아프가니스탄 접경 지역에서 벌어지는 분쟁의 이유와 원인을 상당한 정도까지 이해하고 있는 듯 보였다. 제법 전문가처럼 토론하는 학생들의 이야기에 빠져 있을 무렵 어디선가 나직이 한국말이 들렸다. 이곳에 한국 학생도 묵고 있는 모양이었다. 하지만 그들은 듀랜드 라인 토론에 한마디도 거들지 못했다.

열띤 토론이 끝나고 각자 침대로 흩어질 무렵 잠시 일어나 보니 한국 학생 4명만 모여 맥주를 마시고 있었다. 나는 그들에게 한국에서 왔느냐고 물었다. 학생들은 대학교 1학년생으로 여름 방학을 맞아 유럽을 배낭여행 하고 있다고 했다. 나는 그들에게 왜 토론에 함께하지 않았느냐고 물었다. 그들은 그동안 수능 공부하느라 바빴기에 그런 것은 잘 모른다고 웃으며 말했다. 그런 재미없는 이야기보다 관광지에 더 관심이 많다고도 했다.

그들의 이야기를 들으면서 안타까웠다. 한국의 청소년이 대개 그렇듯 아마 그들도 고등학교 시절 내내 밤새워 공부할 정도로 열심히 살았을 것이다. 다만 그 공부가 수능을 위한 것이었을 뿐이다. 그래서 그들은 국제 뉴스를 볼 시간도, 다른 나라 역사에 관심을 가질 시간도 부족했을 것이다. 그들이 파키스탄과 아프가니스탄의 국경을 이루는 듀랜드 라인을 알지 못하고, 그곳이 오늘날 서남아시아의 중요한 분쟁 지역이라는 사실마저 모르는 것도 어쩌면 당연하다. 불현듯 세계 여러 나라 학생들의 토론에 끼지 못하는 이 학생들이 가까운 미래의 우리 아들 모습 같아 걱정이 앞섰다. 이라크에서 전쟁이 나든 이집트에서 대통령이 사임을 하든 상관없이 오로지 수능과 대학에만 온 관심을 빼앗겨서 우물 안 개구리로 자라지 않을까 싶어서였다.

세계 분쟁 지역을 20여 년간 취재하고 다니면서 막상 하나밖에 없는 내 아이에게는 너무도 부족한 엄마였다. 1년 중 평균 9개월가량을 외국에서 보내야 했고, 아이 입학식이나 졸업식은 물론 생일과 명절에도 함께해 주지 못했다. 아이에 대한 미안함과 죄책감이 언제나 마음 한구석을 무겁게 했다.

제네바에서 겪은 사건 이후, 나는 시간이 나면 틈틈이 메모를 하고 우리 아들에게 들려줄 이야기를 정리하기 시작했다. 내가 여느 엄마들보다 아이에게 잘 알려 줄 수 있는 것은 직접 취재한 지역에 대한 이야기였다. 우리 아들뿐만 아니라 아들의 친구나 또래에게도 내가 다닌 팔레스타인이며 레바논의 이야기를 들려주고 싶었다. 그래서 나중에 다른 나라 아이들과 만났을 때 함께 토론할 수 있으면 좋겠다고 생각했다. 지식은 교과서에만 있는 게 아니다. 학교나 학원에서만 배우는 것도 아닐 터이다. 다양한 책도 읽고, 영화도 보고, 그리고 나 같은 사람의 경험도 많이 들어서 우리 아이들이 인류애와 인권을 고민하고 세계의 다른 아이들과 함께 그 해법도 찾았으면 한다. 팔레스타인 친구와 아랍의 역사를 토론하고, 영국 친구와 밸푸어 선언에 대해 이야기할 수 있으면 좋겠다.

이런 바람을 담은 작은 메모들이 책으로 발전했다. 그렇게 《세계는 왜 싸우는가》가 세상에 나왔다. 인터넷이 발전하고 외국과 교류가 활발해지고 있는 요즘, 그 어느 때보다 세상이 가까워졌다. 세상에는 하룻밤 사이에도 많은 일이 벌어진다. 전쟁과 기아 그리고 수시로 위기 상황이 지구 한편에서는 벌어진다. 세계가 싸우는 이유와 원인에는 너무도 복잡한 이해관계가 얽혀 있다. 이 책에서는 어려운 국제분쟁을 우리 아이들이 조금이라도 더 쉽게 이해할 수 있게 하려고 노력했다. 이 책이 지구 저편 소말리아나 아프가니스탄의 아이들과 함께 고민하고 생각하며 평화와 인류애를 꿈꾸는 계기가 되길 바란다. 그리고 우리 아이들이 세계 어느 나라 아이들과 이야기해도 자신 있게 자기 의견을 말할 수 있으면 좋겠다.

이 책이 처음 나올 무렵 아이는 중학생이었다. 아이는 이 책을 읽고 세계의 국제 뉴스를 이해하며 자랐다. 이제 아이는 20대 중반의 청년이 되었다. 이제 나는 취재할 때 세계 여러 나라 청년들의 아픔에 관심을 더 가지게 되었다. 10년이면 강산도 변한다는데 그동안 세계의 국제 관계도 많이 변했다. 이번에 개정판을 내며 변화한 국제 정세를 업데이트했다. 이 책은 엄마들이 먼저 읽고 아이들에게 설명해 줘도 좋은 세계사 교과서가 될 것이다. 사춘기 아이들과 좋은 대화거리가 될 수 있고, 엄마가 세계사 선생님이 되어 국제 정세를 알려 줄 수도 있다. 아이들은 엄마의 사랑과 더불어 세계 어느 나라 아이들과도 대화가 통할 수 있을 것이다. 영어만 가르치면 아이가 영어로 뭘 말해야 될지 모른다. 이 책에 나오는 내용은 대부분 다른 나라 아이들도 많이 아는 내용이다. 그 아이들과 세계 시민으로 커갈 우리 아이들의 좋은 대화거리가 될 것이다.

그리고 나의 아들, 값진. 엄마는 언제나 너를 사랑한다. 청년이 된 너를 바라보며 말해 주고 싶구나. 부족한 엄마를 항상 기다려 줘서 고마워. 세계 어디를 가든 나는 너의 친구들을 만난단다. 미래의 너의 친구들을.

홍은동 산속마을에서

김영미

차례

2 독립을 위한 전쟁

3 더 가지고 싶은 자의 전쟁

4 가난이 부른 전쟁

1

대물림되는 전쟁

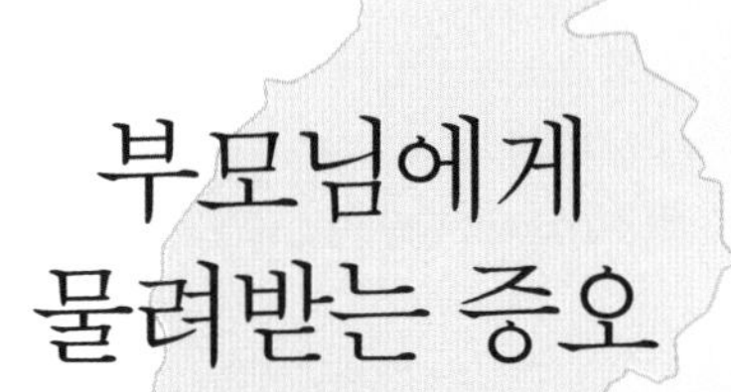

부모님에게 물려받는 증오

레바논

Lebanon

레바논 Lebanon

- 레바논은 인구가 약 610만 명, 면적이 약 1만㎢로 대한민국 10분의 1 정도의 경기도만 한 크기인 중동의 작은 나라야. 지중해 동쪽 연안에 접해 있어서 건조한 여름이 길고, 습한 겨울은 짧아.
- 영토는 작지만 옛날부터 지중해를 통한 무역 거점으로 번창해서 '중동의 진주'라는 별명을 가지고 있어. 알파벳을 발명한 페니키아인의 직계 후손이라는 자부심이 강해.
- 문화적으로 중동에서 자유로운 편이라서 우리가 '한류'를 세계에 전파하는 것처럼 중동에서 대중문화를 주도하는 나라이기도 하단다.
- 이슬람교(54%)와 기독교(40%)를 중심으로 여러 종파가 공존하고 있어. 권력다툼을 피하기 위해 종파별 인구에 따라 권력을 배분하는데, 대통령은 기독교의 마론파가 맡고, 총리는 이슬람의 수니파가 맡는 식이야. 그래서 '모자이크 국가'라고 불린단다.

- 주요 연혁

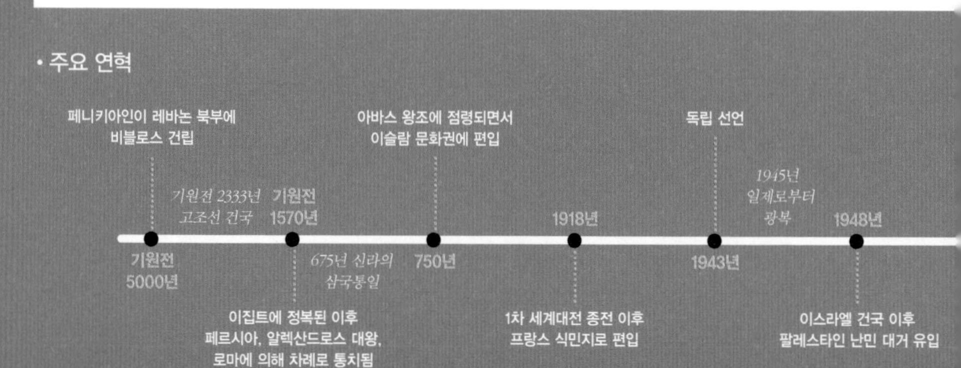

백향목: 한국을 대표하는 나무가 소나무라면 레바논의 대표 나무는 백향목이야. 구약성서에 70회나 언급될 정도로 옛날부터 유명한 나무지.

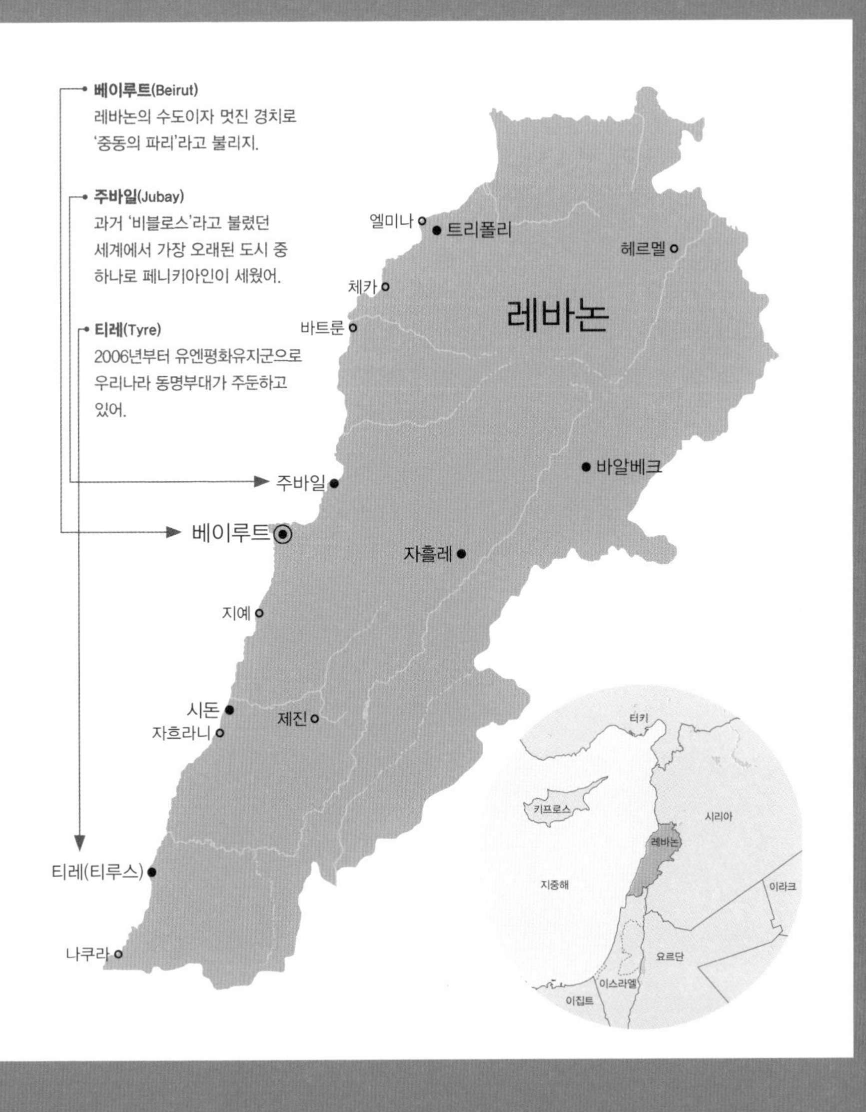

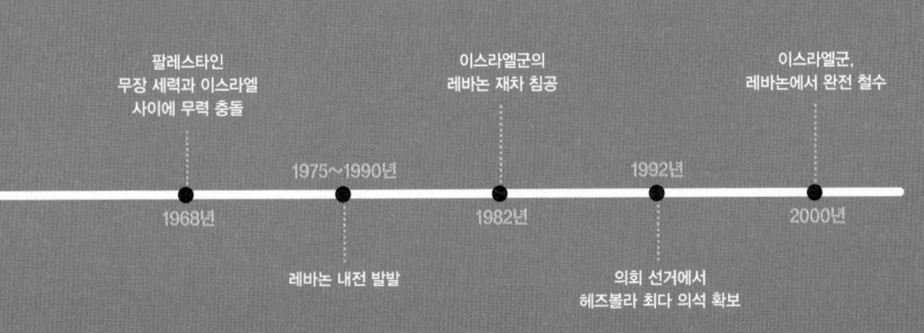

지중해 최고의 휴양지에서 화약고로

지중해의 푸른 바다와 아랍풍 음악이 은은히 흐르는 오리엔탈 분위기의 멋진 카페테리아. 참 멋있을 것 같지? 나도 이런 카페에서 아라빅 커피 한잔을 하는 걸 좋아한단다. 그래, 멋진 카페들이 바닷가에 줄지어 있는 곳이 바로 레바논의 수도 베이루트이지. 정말 아라비안나이트가 눈앞에 펼쳐질 것 같은 이국적인 풍경이 베이루트 시내 곳곳에 배어 있어. 그래서 여름이 되면 유럽과 중동 부유국의 관광객이 자주 찾아오곤 해. 최고의 휴양지인 데다가 아랍 음식의 진수를 보여 준다고 할 만큼 산해진미가 유명한 곳이야.

하지만 지금 그곳에는 관광객의 발길이 뜸해졌어. 아무리 아름다운 나라라 해도 전쟁이 여러 차례에 걸쳐 일어나 위험해지니 외국 관광객이 찾지 않는 거야. 그렇게 레바논의 국운이 기울기 시작했고, 이제는 폭탄 테러가 벌어지는 전쟁의 땅이 되었단다. 그 이야기를 지금부터 들려줄게.

2005년 2월 14일, 베이루트 시내 한 호텔 앞 도로에서 폭탄이 터졌어. 무려 450킬로그램이 넘는 폭탄은 파괴력이 어마어마해서 도로 한가운데 엄청나게 큰 구덩이를 만들었지. 그 사건으로 당시 레바논의 라피크 하리리 총리가 희생되었단다. 하리리 총리는 종파와 계파를 아우르며 좋은 정치를 하려고 노력한 정치인이었어. 그가 온갖 정치적 역경을 딛고 부단히 애쓴 끝에 레바논은 간신히 전쟁의 상흔에서 벗어나 막 날갯짓을 하려던 참이었단다. 그런 그가 갑자기 폭탄에 희생된 거지. 그러나 그것은 레바논이 처한 비극 가운데 극히 일부에 불과해.

중동의 동네북이 된 레바논

레바논은 정말 작은 나라야. 우선 땅덩어리가 우리나라 경기도 크기와 비슷해. 차를 타면 서너 시간 만에 나라를 횡단할 수 있을 정도로 작단다. 그러나 지중해를 끼고 있어서 풍광이 아름다운 레바논은 일찍부터 많은 항구가 발달했고, 좋은 항구 덕분에 옛날부터 교역의 중심지로 번영할 수 있었지. 약 5,000년 전인 기원전 3000년경부터 페니키아인이 해안 지대를 근거지로 해서 티루스(지금의 티레), 시돈 등의 도시국가를 건설했어.

그렇게 시작된 레바논이라는 나라는 당시부터 이미 항구도시로 유명했고, 그만큼 문명이 발달한 지역이었어. 지금도 티레나 시돈에 가면 그 흔적이 고스란히 남아 있단다. 이곳은 그 옛날 예수가 어머니 성모 마리아와 함께 전도 여행을 다녀갔을 만큼 부귀와 영광의 땅이었어. 물론 오랜 세월을 거쳐 오는 동안 수많은 사건과 사고가 이 땅에서 벌어졌지만, 레바논은 정치적으로는 중

립주의를, 경제적으로는 철저한 자유화 정책을 추진해 아랍 여러 나라들 사이에서 물자와 정보를 중계하는 역할을 하며 나라를 안정적으로 유지해 왔단다. 그런 레바논의 평화가 흔들리게 된 것은 1948년 이스라엘이 건국되면서부터야. 중동 지역에 여러 차례 전쟁이 일어났고, 그 불똥이 레바논으로 튀기 시작했어.

문제는 이스라엘과 팔레스타인의 싸움이야. 그 둘의 싸움인 중동전쟁 이후 이스라엘의 박해를 피해 팔레스타인을 탈출한 난민들이 레바논 국경을 끝없이 넘어왔어. 특히 1970년, 요르단 내전 이후에는 요르단으로 피란 갔던 팔레스타인 난민까지 레바논으로 몰려들었단다. 팔레스타인 사람들은 같은 아랍 민족인 레바논을 형제의 나라라고 생각해. 그러니 레바논은 이스라엘을 피해 가족을 데리고 국경을 넘어오는 팔레스타인 사람들을 막지 못하고 받아들일 수밖에 없었지.

갑자기 팔레스타인 난민촌이 레바논 곳곳에 생겨나기 시작했어. 그런데 이 난민촌이 팔레스타인해방기구(PLO)라는 임시정부를 중심으로 한 팔레스타인 무장 세력의 근거지가 되었단다. 쉽게 말해서 단순한 민간인들만이 아니라 총을 비롯한 각종 무기로 무장한 팔레스타인 무장 세력도 같이 레바논으로 온 거야. 평범한 팔레스타인 사람들 가운데서도 점점 많은 사람이 이스라엘에 대한 분노로 무장하기 시작했어. 레바논에 있는 팔레스타인 난민촌은 그야말로 총 든 사람들의 집합체가 되어 갔단다. 잠시 피란 왔다가 다시 고향으로 돌아갈 줄 알았던 팔레스타인 사람들은 아에 레바논에 눌러앉았지. 이스라엘과 팔레스타인의 분쟁이 지금까지도 끝나지 않았기 때문이야.

레바논은 불쌍한 팔레스타인 난민들을 받아 주었어. 하지만 총과 무기가 가득한 팔레스타인 난민촌은 점점 레바논의 치안을 불안하게 만들었어. 이스라엘 입장에서는 팔레스타인 편을 들고 있는 레바논이 당연히 밉겠지. 그리고 팔레스타인 입장에서도 같은 아랍 사람이면서 이스라엘에 중립적 태도를 취하고 있는 레바논이 불만이야. 그러다 보니 양쪽에서 보복성 공격을 받기 마련이지. 마치 고래 싸움에 새우 등 터지는 격이란다. 레바논 입장에서는 미칠 노릇이지. 갈 데 없는 불쌍한 팔레스타인 사람들을 받아주었는데, 이게 화근이 되어 새우 등이 터지고 있으니까.

걷잡을 수 없이 확산되는 갈등의 고리들

결국 1982년 6월, 이스라엘이 레바논을 침공하고 말아. 이스라엘은 팔레스타인 무장 세력을 소탕하기 위해 레바논 수도 베이루트를 완전히 포위하고 두 달 동안 무차별 폭격을 가했어. 그때 많은 레바논 사람이 죽거나 다쳤지. 전쟁이란 한번 일어나면 많은 인명 피해가 나기 마련이지만, 레바논 입장에서는 팔레스타인 문제로 자국민이 희생된 것이니 억울할 뿐이었어. 어처구니없는 전쟁은 그해 8월, 미국의 중재로 간신히 수습되었어. 하지만 이후에도 시도 때도 없이 이스라엘에서 날아오는 미사일 세례가 끊이질 않았지. 이스라엘은 팔레스타인 무장 세력을 소탕하기 위해서라고 주장하지만, 이스라엘이 쏜 미사일이 떨어지는 곳은 레바논 땅이야.

엎친 데 덮친 격으로 레바논에서도 종교 갈등이 심해져 폭탄 테러가 끊이지 않고 있어. 레바논은 아랍 민족임에도 이슬람교와 기독교가 거의 반반 비율로 사이좋게 사는 나라였어. 아랍 사람이라고 모두 이슬람교를 믿는 것은 아니야. 기독교인들도 있단다. 하지만 이스라엘이 레바논을 공격하면 할수록 이슬람교에서는 반이스라엘 감정이 높아졌지. 이 반감이 이스라엘뿐만 아니라 레바논 내 기독교인에 대한 미움으로 옮아갔어. 그러다 보니 이제는 레바논에서도 자국민까지 서로 싸우는 내전이 벌어졌지. 이슬람과 기독교의 종교전쟁이 일어난 거야. 레바논은 이처럼 팔레스타인 사람들을 받아 주었다가 결국 잘 지내던 기독교도와 이슬람교도가 서로 원수가 되어 버리고 말았단다.

1984년 1월에는 이스라엘군의 철수를 요구하는 이슬람교 세력과 정부군, 기독교 민병대 사이에 내전이 또다시 격화되었어. 그 와중에 그동안 레바논을 위해 중재 노력을 하던 미군까지 가세하게 돼. 미국 해군이 이슬람교 민병대 거점에 재차 함포 사격을 가한 거야. 이스라엘과 팔레스타인 분쟁이 이스라엘과 레바논 분쟁으로 옮아 붙더니, 레바논 내전에 이어 미국까지 개입함으로써 민족과 종교, 국가 간 대치가 격화되어 레바논 전역이 벌

집을 쑥서 놓은 듯 한시도 안심할 수 없는 전쟁의 나라가 되고 말았어.

이스라엘 공격 목표는 레바논 헤즈볼라

2006년에도 레바논은 이스라엘로부터 엄청난 침공을 받았어. 이번에는 헤즈볼라가 문제였어. 헤즈볼라는 '신의 당'이란 뜻으로, 레바논에서 이슬람 시아파가 조직한 합법적인 정당이야. 흔히 헤즈볼라라 하면 불법 무장 단체 혹은 게릴라 조직으로 잘못 알기 쉽지만, 헤즈볼라는 우리나라의 더불어민주당이나 자유한국당처럼 레바논의 합법적인 정당이야.

이슬람에는 크게 시아파와 수니파가 있는데, 기독교에 장로교나 감리교가 있는 것과 비슷해. 헤즈볼라는 시아파로, 많은 사람이 이슬람 시아파의 종주국인 이란의 지원을 받는다고 여기고 있어. 그러니까 레바논의 합법적인 정당이면서 이란에서 자금을 받는 거지. 헤즈볼라는 레바논 시아파 교도 수천 명에게 학교, 병원, 농업 운영 등 여러 사회 활동을 지원하며, 레바논 정치에서 중요한 역할을 한단다.

문제는 이들이 무장한 군대를 가지고 있다는 거야. 우리나라 정당은 군대가 없지? 헤즈볼라는 알라의 군대라고 해서 자신들만의 군대가 있어. 이들은 아랍과 무슬림 세계의 저항 운동을 지향하며 이스라엘과 전쟁도 불사한단다. 그러니 이스라엘 입장에서는 반드시 없애야 하는 위험한 집단인 셈이지.

헤즈볼라에 대해서는 각 나라의 평가가 엇갈린단다. 이스라엘과 미국, 영국, 캐나다, 네덜란드, 오스트레일리아 등 서방 6개국에서는 헤즈볼라 전체 혹은 일부를 테러 집단으로 규정하고 있는 반면, 유럽연합은 이들을 테러 집단으로 단정 짓지 않아. 사실 나도 헤즈볼라가 과연 테러 집단인지에 대해서는 고개를 갸우뚱하게 돼. 레바논에서는 엄연히 합법적인 정당이니까.

헤즈볼라 군대는 1982년 레바논 내전이 일어났을 때 이란의 호메이니를 지지하며 이스라엘의 침략에 대항한 시아파 민병대야. 레바논 내전 당시 헤즈볼라의 지도자들은 호메이니의 영향을 받았는데, 이란 혁명수비대가 그 군대를 조직해 훈련을 시키기도 했단다. 헤즈볼라 지도자들은 이스라엘 파괴를 주장하며 이스라엘을 '주인을 몰아내고 빼앗은 땅에 세운 시온주의 나라'라고 비난했어.

작은 민병대로 출범한 헤즈볼라는 레바논 정부에 진출했으며, 라디오와 위성 텔레비전 방송국을 갖추고 사회 발전 계획을 추진하는 단체로 성장했단다. 헤즈볼라가 이렇게 급성장할 수 있었던 데는 이란의 막대한 자금 지원이 큰 역할을 했지. 레바논의 시아파 사람들은 헤즈볼라를 열렬히 지지했고, 레바논 연립정부가 구성되자 헤즈볼라 출신의 장관까지 배출되었으며, 2019년 의회에서는 과반을 확보했단다.

이렇게 헤즈볼라가 정치적으로 세력이 커지는 것을 이스라엘 입장에서는 두고 볼 수 없는 노릇이었어. 그래서 이스라엘은 레바논 헤즈볼라 본거지를 계속해서 공격해 헤즈볼라의 많은 지도자를 사살하려는 거야.

헤즈볼라의 핵, 하산 나스랄라

헤즈볼라의 최고 지도자는 1992년 사무총장으로 선출된 셰이크 하산 나스랄라인데, 레바논 시아파에게는 헤즈볼라 최고의 영웅이란다. 그는 헤즈볼라를 레바논 정계의 주류 세력으로 끌어올렸으며, 미국과 유엔을 자주 비난하고 오랫동안 이스라엘과 싸워온 그는 아랍 세계에서 영웅적인 인물로 널리 알려져 있어. 헤즈볼라와 레바논 시아파 주민은 하산 나스랄라를 헤즈볼라 지도자 자리에 지금까지 연임시킬 정도로 그에 대한 믿음이 절대적이야.

1960년생으로 젊은 지도자였던 나스랄라는 카리스마 넘치고 영리한 인물이지. 그는 지난 1992년 헤즈볼라 사무총장으로 임명된 이래 이스라엘을 상대로 무력을 동원한 공격과 위협, 협상 등을 골고루 사용하는 고도의 전략을 구사해 성공을 거두었어.

나스랄라는 1997년 레바논 남부의 이스라엘 진지들을 공격하다가 열여덟 살 된 아들을 잃기도 했지. 그는 아들이 전사하자 신이 가족을 순교자로 삼음으로써 자기에게 '은혜와 친절'을 베풀었다고 말했어. 그의 이런 발언은 곧 헤즈볼라와 레바논 시아파 주민을 열광의 도가니에 빠뜨렸고, 이제 하산 나스랄라는 죽기 전에는 그 누구도 넘볼 수 없는 헤즈볼라 최고의 지도자로 굳어졌어.

2006년에는 헤즈볼라가 이스라엘 병사 2명을 납치하는 사건이 발생했단다. 이 사건의 주인공인 이스라엘 병사들은 지금도 살았는지 죽었는지 알 수 없어. 이 사건을 계기로 이스라엘이 자국 병사를 되찾는 것은 물론, 그동안 눈엣가시였던 헤즈볼라를 소탕하겠다고 나서면서 전면전이 일어났어. 그해 7월, 이스라엘이 선제공격을 했고 레바논은 다시 쑥대밭이 되었어. 무력이 우세한 이스라엘이 연일 공격을 퍼붓자 전 세계 뉴스의 초점이 레바논에 모아졌단다.

레바논 헤즈볼라는 현재 문제되는 요르단강 서안 지역인 가자 지구에서 이스라엘이 철수해야 한다는 거야. 그러나 이것은 이스라엘에 절대 불가능한 일이지. 헤즈볼라의 요구와 상관없이 이스라엘은 초강경 군사적 대응으로 맞섰단다. 그러니 해결은커녕 점점 더 큰 감정싸움으로 번지게 되었지. 자칫하면 5차 중동 전쟁으로 확산될 수 있었던 이 전쟁은 레바논에서 1,000명이 넘는 민간인이 숨지며 국제사회의 비난이 거세지자 이스라엘군이 34일 만에 레바논에서 철군하며 끝이 났어.

전쟁으로 레바논 땅은 사회 기반 시설이 모두 파괴되고 말았어. 이스라엘 공군은 약 7,000곳의 목표물에 7,000번이 넘는 공습을 가했고, 이스라엘 해군이 폭격한 횟수는 약 2,500회야. 이 어마어마한 공격으로 레바논의 공항, 항구, 상하수도 처리 시설, 전력 시설 등 주요 기반 시설 31곳과 다리 80곳, 도로 94곳, 주유소 25곳 이상, 900개가 넘는 사업장이 파괴되었단다. 주택과 사무실, 상점은 3만 채 이상이 파괴됐고, 국영 병원도 2곳이나 완전히 무너졌어. 레바논 최대의 화력발전소인 지예 발전소도 폭격을 받아서 누출된 기름이 170킬로미터에 이르는 해안을 오염시켰는데, 이를 정화하는 데 10년 이상이 걸렸어.

인명 피해도 심각하단다. 전쟁으로 사망한 레바논 사람이 1,183명인데, 더 놀라운 사실은 그중 3분의 1이 13세 미만의 아이들이라는 거야. 부상자는 4,052명에 이르고, 레바논 전체 인구의 약 25퍼센트인 97만 명이 난민으로 전락했단다. 심지어 이곳에서 활동하는 유엔평화유지군도 4명이나 살해되었어.

하지만 최후까지 이스라엘의 공격을 막아 낸 헤즈볼라 지도자 하산 나스랄라는 아랍권의 새로운 영웅으로 떠올랐단다. 아이러니하게도 2006년 레바논 전쟁의 최대 승자는 헤즈볼라의 지도자 하산 나스랄라가 된 거야. 그렇다고 이스라엘이 아무것도 얻지 못한 것은 아니야. 34일에 걸쳐 레바논과 헤즈볼라를 막강한 화력으로 본때를 보여 준 것으로도 손해 보는 장사는 아니거든. 헤즈볼라도, 이스라엘도 '윈윈'한 전쟁이었지. 하지만 전쟁과 상관없는 무고한 레바논 시민이 1,000명 넘게 희생된 것을 두고 잘한 전쟁이라고 할 수는 없단다. 헤즈볼라든 이스라엘이든 그들의 생명을 다시 되돌릴 수는 없으니까.

일촉즉발의 화약고

이스라엘과 헤즈볼라가 자주 전쟁의 도화선이 되자, 레바논 정부가 국제연합(UN)에 긴급 SOS를 쳤어. 그리고 1978년 3월 19일, 안전보장이사회의 결의로 남부 레바논에 유엔레바논평화유지군(UNIFIL)이 파병되지. 유엔평화유지군은 지금도 이스라엘과 레바논 사이 국경에 자리 잡고 양국이 무력 충돌을 하지 않도록 감시하고 있단다. 프랑스, 가나 등 12개국 6,000명의 병력으로 구성됐으며, 국제연합 가입국의 분담금으로 운영되지. 한국에서도 2007년부터 동명부대를 파병해 국제사회 평화를 유지하려는 노력에 동참하고 있단다. 2019년, 22진까지 파병이 되었어.

하지만 레바논에서 유엔평화유지군이 맡은 활동의 위험성도 만만치 않아. 레바논에서 각종 무장 단체나 주민까지도 유엔군의 임무 수행을 방해하기 때문이란다. 지난 2009년 7월 19일, 레바논 남부 헤즈볼라 거점 지역의 무기 저장소를 수색하려던 유엔평화유지군이 이를 막으려던 현지 주민 시위대와 충돌해 부상당한 사건이 그 한 예야.

사건의 발단은 이렇단다. 이날 유엔평화유지군이 이스라엘 국경에서 20킬로미터 떨어진 헤즈볼라 거점 지역인 키르베트 셀름 마을의 불법 무기 저장소에서 레바논군과 함께 사흘 전(7월 16일) 발생한 폭발 사고를 조사했어. 그런데 갑자기 주민 100여 명이 무기 저장소를 둘러싸고 돌을 던지면서 조사를 막기 시작한 거야. 이날 평화유지군 14명이 돌에 맞아 부상당하고 평화유지군 차량도 크게 파손되었어.

이스라엘과의 전쟁을 중재해 주는 유엔평화유지군을 주민들은 왜 고마워하지 않고 공격했을까? 그곳이 헤즈볼라 마을이기 때문이야. 헤즈볼라가 장악한 마을에서 무기를 조사한다는 것은 헤즈볼라를 감시한다는 뜻으로 받아들여. 유엔평화유지군이라 할지라도 헤즈볼라는 감히 건드릴 수 없는 성역 같은 존재라는 거지. 그러나 평화 유지 임무는 이런 불법 무기를 찾아 분쟁의 소지를 없애는 것도 포함된단다. 레바논의 현실은 유엔군에게도 많은 갈등을 주지. 레바논에서 활동하는 유엔평화유지군에는 우리나라 동명부대도 참여하고 있고, 더구나 헤즈볼라가 장악한 지역을 관할하고 있어. 앞서 사건이 보여 주듯 동명부대도 헤즈볼라와 이스라엘 사이에서 곤란한 상황을 많이 겪을 거야.

헤즈볼라도 이스라엘도 유엔평화유지군에게 호의적이지 않아서, 이 둘은 지금도 전쟁을 불사할 수 있는 아슬아슬한 상황이 이어지고 있어. 이스라엘과 레바논의 국경은 언제든 다시 전쟁을 일으킬 수 있는 화약고와 다름없지. 그래도 우리나라 군인이 레바논 평화를 위해 파병된 것은 아주 훌륭한 일이야. 아무쪼록 우리 동명부대가 이 갈등을 잘 극복해서 레바논 평화에 기여하길 바란다.

레바논 팔레스타인 난민촌에서 만난 의사

레바논 남부 도시 시돈에 만들어진 팔레스타인 난민촌에서 어느 의사 선생님을 만난 일이 있단다. 팔레스타인 난민촌은 외국인은 물론 레바논 사람도 아무나 들어갈 수 없어. 레바논 정부의 까다로운 허가서가 있어야 출입이 가능해. 힘든 과정을 거친 뒤에야 비로소 담으로 둘러싸인 난민촌으로 들어갈 수 있었단다.

의사 마하르는 레바논 사람이면서 기독교인이었어. 그는 20년 전, 난민촌에 작은 건물을 짓고 병원을 열었어. 처음 그의 병원을 보고는 놀랐는데, 벽이 온통 총알 자국으로 벌집이 되어 있었기 때문이야. 팔레스타인 난민촌은 각종 무장 세력의 집합체야. 그러다 보니 자기들끼리도 알력이 생겨 총 쏘고 죽이는 일이 하루에도 몇 번씩 일어나지. 그 과정에서 발생한 총상 환자를 긴급히 수술하다 보면 환자를 내놓으라는 상대방 무장 세력에게 마취도 깨지 않은 환자를 빼앗기기도 한다더구나.

언제나 총 앞에 위협을 당하면서 환자를 돌보는 그는 살아 있는 성인처럼 보였어. 물론 환자에게 돈도 한 푼 받을 수 없지. 그는 "가난한 팔레스타인 난민이 어디서 돈이 나서 치료비를 지불합니까? 그저 나는 국제 구호단체에 구걸하러 다니거나 동료 의

레바논에 있는 많은 팔레스타인 난민촌들은 아직까지 없어지고 있지 않다. 이를 두고 벌어지는 갈등으로 총소리가 끊이지 않아 레바논과 팔레스타인 아이들은 어릴 때부터 총소리를 듣고 전투를 보며 자란다.

사에게 애걸해 약품을 얻어 옵니다. 내가 환자를 볼 수 있게 숨을 쉬고 있는 것만도 감사하지요"라고 말했어.

이렇게 위험하고 힘든 환경에서도 팔레스타인 난민촌을 떠나지 않고 있는 이유를 묻자, 그는 "레바논이 전쟁 중이라 해도 사람은 살아야지요. 아이들에게 예방접종도 해야 하고요. 나는 이스라엘이고 팔레스타인이고 따지고 싶지 않군요. 사람이 살아야 싸우기도 하는 것 아닙니까. 난 최소한 사람을 살리는 작업을 하고 있는 겁니다. 의사니까요"라고 대답해서 내 눈에 눈물이 고이게 했단다. 그분은 내가 만난 의사 중에 가장 아름다운 분이었어. 너희 세대가 자라서 마하르처럼 훌륭한 의사가 많이 나오길 바란단다. 그의 말대로 정치적으로 이스라엘이니 팔레스타인이니 해도 사람이 살아야 싸움도 하는 거야. 사람의 생명이 우선이라는 것을 실천하는 그를 보며 아마도 레바논 전쟁의 해답도 여기에 있지 않을까 생각했단다.

더 알아보고 싶다면

#헤즈볼라 #하산 나스랄라 #라피크 하리리 총리 #베이루트

#유엔평화유지군 #시아파 #티레 #시돈 #시온주의 #호메이니

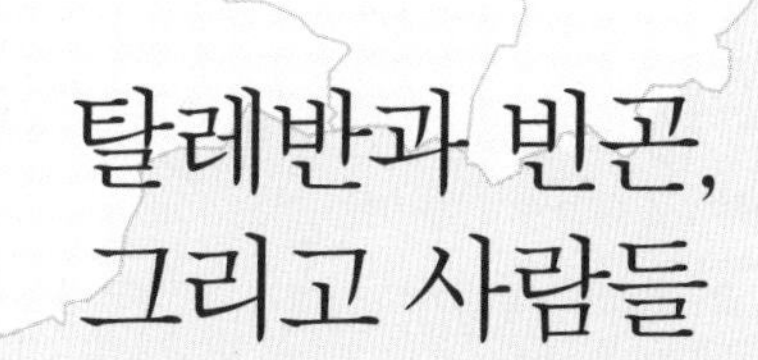

아프가니스탄

Afghanistan

아프가니스탄 Afghanistan

- 아프가니스탄은 인구는 약 3,700만 명, 면적은 약 65만 3,000㎢로 한반도의 3배가 넘는 중앙아시아의 큰 나라야. 더울 때는 기온이 40도 가까이 오르고 추울 때는 영하 20도에 이를 정도로 연교차와 일교차가 커. 국토가 넓어서 험한 산악 지대, 고원, 평원, 사막까지 모두 있어.
- 알파벳순으로 입장하는 올림픽에서 그리스 다음으로 가장 먼저 입장하는 나라야. 2008년 베이징 올림픽에서 로훌라 니크파이라는 태권도 선수가 아프가니스탄에 올림픽 첫 메달을 안겨 줘서 태권도의 인기가 높아.
- 종교는 거의 이슬람교(99%)를 믿지만, 파슈툰족(42%), 타지크족(27%), 하자라족(9%), 우즈베크족(9%)으로 이뤄진 다민족 국가야. 아프간이라는 말은 페르시아어로 파슈툰족을 가리키는 말이야.

• 주요 연혁

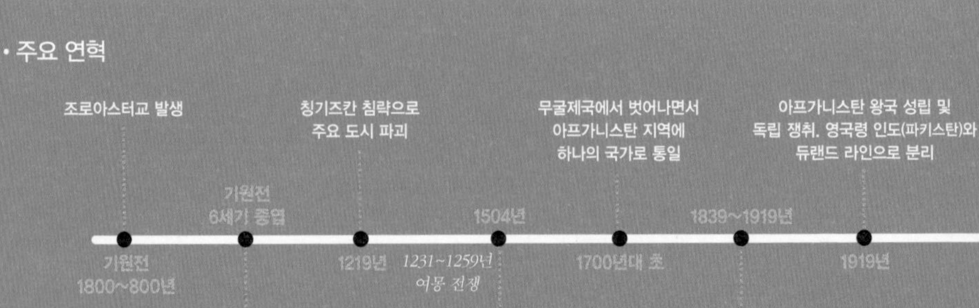

실크로드: 아프가니스탄은 동서 문명의 교차점이자 옛날부터 여러 민족과 나라가 거쳐 간 요충지여서 알렉산드로스 대왕, 칭기즈칸 등 많은 세력의 지배를 거쳤어.

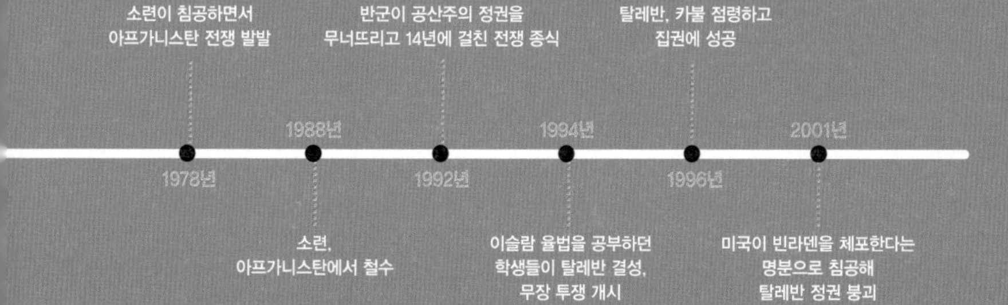

탈레반의 이슬람 원리주의

아프가니스탄 하면 9.11 사건이 먼저 떠오르는구나. 2001년 9월 11일, 미국 뉴욕에 있는 세계무역센터 쌍둥이 빌딩에 두 대의 비행기가 날아와 부딪혀서 무너진 사건이란다. 아주 유명한 사건이지. 미국은 이 사건을 일으킨 세력이 알카에다라고 공식 발표했어. 이 알카에다의 우두머리인 빈라덴이 바로 아프가니스탄에 있었지.

당시 아프가니스탄은 탈레반 정부가 통치하고 있었어. 탈레반은 우리말로 '이슬람 신학생'이라는 뜻이야. 가장 엄격한 이슬람 율법인 '샤리아'라는 이슬람 원리주의를 믿는 거지. 샤리아는 우리가 상상하는 것 이상이야. 여성은 머리에서 발끝까지 가려야 하고, 도둑질을 하거나 간통하면 공개 처형을 해. 지구상에는 이 샤리아 이슬람을 믿는 나라가 여럿 있어. 아프가니스탄뿐만 아니라 사우디아라비아나 수단, 소말리아도 샤리아를 믿거든.

당시 아프가니스탄 탈레반 정부는 이 샤리아 이슬람 교리에 맞는 국민이 되길 강요했단다. 탈레반은 여성이 학교에 갈 수 없게 했고 머리에서 발끝까지 감추는 옷을 입게 했어. 아마 방송이나 사진을 통해서 하늘색 아프가니스탄 의상을 본 적 있을 거야. 그 옷을 부르카라고 부른단다. 남자도 수염을 길러야 했고, 음악과

머리에서 발끝까지 가리는 아프가니스탄의 고유 복장인 부르카. 탈레반 정권은 이 복장을 여성들에게 강요했다. 미국은 아프간 여성 해방을 위해 전쟁을 일으켰으나 아직도 여성들은 부르카를 벗지 못하고 있다. 여성 해방은 전쟁만으로 해결이 불가능하기 때문이다.

텔레비전뿐만 아니라 온갖 오락 행위를 금지했어. 스포츠도 안 돼. 전 세계 사람이 모두 좋아하는 축구 경기도 금지했어. 반바지를 입고 대중 앞에 나서는 축구 선수들이 신의 뜻을 거스른다고 말이야. 탈레반 정부는 이슬람 종교 활동만 인정하는, 정말 꽉 막힌 정부였던 거지.

빈라덴은 사우디아라비아의 왕족 출신이야. 그는 돈이 많은 재산가였고, 그 돈으로 아프가니스탄에서 이슬람 전사들을 키우고 있었어. 당시 탈레반 정부 대통령 격인 아프가니스탄 최고 지도자 무하마드 오마르의 친구이자 오른팔이었지. 미국은 그가 조직한 알카에다가 뉴욕에서 쌍둥이 빌딩을 공격했다고 주장했어.

미국은 9.11 테러가 일어난 후 아프가니스탄 탈레반 정부에 빈라덴을 체포해서 넘겨주기를 요구했어. 탈레반 정부도 빈라덴을 넘겨주려 했지. 하지만 빈라덴을 넘겨주려 한 바로 10월 7일, 미국은 아프가니스탄 수도 카불을 공격했어. 탈레반 정부는 빈라덴을 넘겨주기도 전에 미국의 공격을 받아 뿔뿔이 흩어지고 말았지. 그리고 2001년 11월 13일, 미국이 마침내 카불을 함락했어.

카불이 미군에 의해 함락되자마자 엄마도 취재를 하러 아프가니스탄에 들어갔단다. 그때 아프가니스탄에 도착해 받은 첫인상은 마치 타임머신을 타고 중세로 온 듯했어. 푸른색 부르카가 거리마다 넘실대고 당나귀와 마차가 눈에 띄었어. 아프가니스탄은 이전에도 많은 내전이 있던 나라야. 오랜 전쟁의 상처를 보여 주듯 건물마다 총 자국으로 구멍이 송송 뚫려 있었고, 아이들은 폭격으로 무너진 건물 사이에서 구걸하기 바빴단다.

미국이 당시 아프가니스탄과 전쟁을 벌이면서 내세운 이유는 빈라덴 체포와 탈레반 정부로부터 여성을 해방하겠다는 거야. 미군은 카불에 들어오자마자 여성도 학교에 다닐 수 있고 부르카를 입지 않아도 된다며 아프가니스탄 여성이 해방되었다고 했어. 그런데 미국이 "이제 탈레반의 상징인 부르카를 벗어도 돼요"라고 아무리 외쳐도 여성들은 부르카를 벗지 않았다는 거야. 시간이 가면서 나는 그 옷이 탈레반의 전유물이 아닌 그냥 민속 의상이라는 사실을 알았어. 우리 조상이 조선 시대에 외출할 때 쓰던 쓰개치마처럼 아프가니스탄 사람의 고유 의상인 거야. 물론 그 후 청바지와 신식 옷을 입기 시작한 신여성도 있었지만, 전쟁이 일어난 지 20년 가까이 된 지금도 아프가니스탄 여성들은 부르카를 입고 다녀. 아마 미국은 부르카를 탈레반의 상징이라고 알고 있었겠지만, 그것은 미국이 아프가니스탄 문화를 잘 이해하지 못했기 때문일 거야.

미국이 아프가니스탄을 침략한 공식 이유 중 또 하나는 9.11 테러를 일으킨 빈라덴을 잡는다는 거였어. 하지만 그때부터 무려 10여 년간 빈라덴을 체포한다는 작전을 아프가니스탄에서 펼쳤지만 빈라덴은 오리무중이었어. 오랜 추적 끝에 2011년 빈라덴은 아프가니스탄이 아닌 파키스탄에서 미군의 공격을 받고 사망했단다.

미군이 끝내 얻지 못한 민심

2001년 아프가니스탄 전쟁 이후 2005년까지 4년간 아프가니스탄은 겉으로는 많이 발전하는 듯 보였어. 그동안 못 보았던 외제차가 카불에 나타나고 쇼핑센터와 휴대전화가 들어왔어. 사람들은 탈레반 정부 시절 못 보았던 텔레비전도 실컷 볼 수 있고, 여성도 학교를 가게 되었지. 아프가니스탄 사람들은 점점 세련되어 가고 문명에 눈을 뜨기 시작한 듯 보였어. 미국 덕분에 아프가니스탄이 서서히 개방되는 것처럼 보인 거지. 그러나 아프가니스탄 사람들 사이에 미국에 대한 불만이 생기기 시작했어.

아프가니스탄에는 미군뿐만 아니라 23개국 연합군(ISAF)도 들어와 있었어. 이 외국 군인들이 빈라덴을 잡기 위해 군사작전을 펼치다가 애꿎은 민간인을 대량 학살하는 일이 종종 벌어졌단다. 빈대 잡으려고 초가삼간 태운다고 미군 무기가 워낙 화력이 세다 보니 단 한 번의 폭격에도 죄 없는 아프가니스탄 사람들이 많이 죽어 간 거야. 미군이 한 마을에 폭격을 하면 마을 사람들이 100여 명 가까이 죽어 갔어. 때로는 희생자 반 이상이 아이나 여자들이었어. 무고한 사람들이 죽어가면서 가족을 잃은 아프가니스탄 사람들의 가슴에 미군에 대한 원망이 싹텄지. 미군과 아프가니스탄 사람들은 그렇게 서로 멀어졌단다.

새로운 아프가니스탄 정부의 대통령이 된 사람은 하미드 카르자이였어. 미국에서 살던 아프가니스탄 사람으로, 아프가니스탄

민족의 다수를 차지하는 파슈툰족 출신이지. 미국은 그를 대통령으로 강력하게 밀었고, 10년 넘게 아프가니스탄 대통령으로 재임했단다. 그런데 문제는 이 카르자이 대통령과 그의 형제들이 부정부패의 대명사라는 거야. 형과 동생이 아프가니스탄 주요 관직에 있으면서 각종 부정부패 사건에 연루되었고, 세계 각국에서 아프가니스탄으로 들어오는 구호 원조금을 착복했어. 그때마다 형제인 카르자이 대통령이 감싸면서 무마되었어. 덕분에 카르자이는 아프가니스탄 사람들에게 '미국의 앞잡이'라는 오명을 썼단다.

2006년 5월, 카불에서 시민들이 아주 큰 폭동을 일으켰지. 그 발단은 미군 차량이 카불 시내 한복판에서 교통사고를 냈는데 아프가니스탄 사람 6명이 순식간에 사망한 사건이야. 미군이 실수한 것일 테지만, 아프가니스탄 사람들은 그동안 미군에게 쌓인 불만이 폭발했지. 카불 시내에 한 명 두 명 모여들기 시작한 군중은 수천 명으로 늘어났고, 시내 곳곳에 불을 지르고 총을 들었어.

이틀 동안 화염에 휩싸였던 카불은 대통령 궁까지 위협할 정도로 아수라장이 되었어. 화난 시민들은 "미국은 너희 나라로 돌아가라", "카르자이에게 죽음을"이라고 주장하며 격한 시위를 벌였지. 이 사태는 미군이 급히 사과하고 아프가니스탄 군인과 경찰이 나선 뒤에야 간신히 진화되었단다. 하지만 이를 시작으로 아프가니스탄 사람들에게 미국은 공공의 적이 되고 말았어. 그리고 그 혼란을 틈타 과거의 탈레반들이 서서히 모였지.

아편과 탈레반의 복귀

미국이 카불을 함락한 후 정신없이 쫓겨난 탈레반이 2006년 다시 돌아오기 시작했어. 아프가니스탄 사람들이 미국을 미워하기 시작하자 탈레반은 미군을 몰아내고 부정부패를 없애자며 아프가니스탄 사람들을 사로잡은 거지. 그렇게 아프가니스탄 사람들의 마음을 등에 업고 탈레반 세력은 아프가니스탄 곳곳에 다시 탈레반 기지를 만들고 미군에 대한 반격에 나섰어.

탈레반이 본격적으로 미군 공격에 나서자 이라크 등지에서 활동 중이던 알카에다 세력이 탈레반을 지원하기 위해 아프가니스탄으로 몰려들었지. 이들은 그동안 이라크에서 갈고 닦은 테러 기술과 무기, 돈을 탈레반에게 지원했어. 탈레반의 성지로 불리는 아프가니스탄 남부 칸다하르는 탈레반이 다시 차지했고, 아프가니스탄 사람들의 지지 속에 점점 더 많은 지역이 탈레반 손으로 들어가고 말았어.

탈레반이 이렇게 빨리 돌아올 수 있었던 데는 민심과 알카에다의 지원 외에도 아편이라는 돈줄이 있었기 때문이란다. 아프가니스탄은 세계 아편 생산량의 98퍼센트를 차지하는 아편 생산 국가야. 아편은 각 나라가 금지하는 마약으로, 국제연합은 미군이 아프가니스탄으로 들어가자마자 아프가니스탄에서 아편 생산을 금지하고 양귀비밭을 파괴했지.

아편은 양귀비라 불리는 식물에서 추출한 마약이야. 아프가니스탄에는 봄이 되면 붉고 아름다운 양귀비꽃이 피는 밭이 많단다. 하지만 아프가니스탄 사람들은 아편이 왜 나쁜지 잘 몰라. 2006년 여름에 양귀비밭을 방문한 적이 있는데, 아프가니스탄 농부가 왜 외국인은 우리 농사를 망치게 하느냐면서 항의하더구나. 교육을 제대로 받지 못한 시골 농부의 눈에는 양귀비도 채소나 옥수수처럼 그저 하나의 돈이 되는 농작물로만 보이기 때문이야.

그러니 아편을 재배하는 농부들 편에서 보면 미국과 국제연합은 자신의 농사를 방해하는 세력일 뿐이야. 농부 입장에서야 아편의 폐해가 어느 정도인지 알 리도 없고, 가난한 아프가니스탄에서 이만큼 돈 되는 농사도 없단다. 탈레반은 이 아편 농부들에게 미군과 국제연합이 아편 농사를 방해하지 못하도록 도와줄 테니 아편을 재배해서 번 돈의 일부를 군자금으로 달라고 요구했지. 농부들은 탈레반에게 일부를 주더라도 아편 농사를 계속하는 것이 더 이익이니까 마다할 이유가 없다고 생각하지 않겠니? 그래서 탈레반은 양귀비밭 주변에 진을 치고 미군과 연합군이 오면 공격을 해. 아편 농부들은 이렇게 탈레반의 보호를 받으며 다시 아편 농사를 지었고, 민심과 돈을 얻게 된 탈레반도 미군을 다시 공격할 수 있는 기반을 다진 셈이야.

그 결과, 2006년부터 아프가니스탄은 다시 전쟁의 회오리에 휩싸였어. 이라크와 마찬가지로 아프가니스탄에서도 미군 사상자는 더욱 늘어 갔지. 미군뿐만 아니라 영국, 캐나다 등 아프가니스탄에 파병된 많은 나라 병사들이 희생을 당하고 있단다.

탈레반의 공격은 주로 미군을 상대로 도로에 폭탄을 설치해서 터뜨리는 방식으로 진행된단다. 많은 양의 폭약으로 폭탄을 만들기 때문에 한 번 터지면 많은 미군이 사망하게 되지. 특히 다리나 외길 같은 곳에는 반드시 폭탄이 설치되어 있기 때문에 미군은 작전을 수행할 때마다 새로 다리를 만들어서 지나갈 정도였어. 또 탈레반은 미군 최대 기지인 바그람 공군기지나 칸다하르 기지까지 습격해서 전투를 벌일 만큼 대담한 공격을 펼치곤 해.

미군과 연합군도 이에 맞서면서 전투가 날로 심해졌단다. 미군이 비록 각종 최신 무기들로 무장하고 탈레반과의 전투에 나서기는 하지만, 치고 빠지는 식의 탈레반 전술에 힘겨워했어. 최신 무기들이 동원될수록 더 많은 민간인이 희생된단다. 미군이 가지고 있는 미사일은 한번 쏘면 마을 전체가 날아가 버리지. 2009년 5월, 미군의 공습으로 아프가니스탄 서부 파라주에서 130여 명 가까운 민간인이 희생된 것을 비롯해, 같은 달 서부 발라 불루크 지구에서 교전 도중 미군의 폭격으로 민간인 수십 명이 목숨을 잃는 등 많은 사건 사고로 사람들이 죽어 갔단다. 과학이 발달할수록 무기도 강해지고, 그 피해도 더 커지는 거야.

아프가니스탄 사람들도 더위에 지치듯 전쟁에 지쳐 갔어. 탈레반이 도로에 설치한 폭탄에 미군이 희생된 사건을 취재한 적이 있단다. 그 사건이 일어나자 동료가 죽었다는 사실에 미군은 분노했어. 미군이 그 사건 현장을 수색하는 과정에서 17세 아프가니스탄 청년을 사살하는 일이 벌어졌지. 미군은 청년이 탈레반이라고 했지만, 청년의 가족은 사건 현장에 우연히 구경하러 갔을 뿐이라고 항변했어. 탈레반은 군복을 입은 것도 아니기에 미군의 말이 맞는지, 죽은 청년 가족의 말이 맞는지 알 수 없었단다. 죽은 청년만이 진실을 알겠지.

진실이야 어쨌든, 청년의 장례식 날에 너무도 슬프게 우는 그의 동생을 보고 나는 마음이 아팠단다. "형, 어디 있어? 형 가지 마" 하며 거의 자지러지듯이 울부짖으며 죽은 형의 이름을 부르던 모습이 지금도 생생하단다. 나중에 들은 바로는 그 슬피 울던 열다섯 살 소년은 탈레반 병사가 되어 아프가니스탄 남부로 떠났더구나. 형의 복수를 위해 미군을 죽이러 탈레반이 되었다는 거야. 그 이야기를 들으니, 장례식 때보다 마음이 더 안 좋았단다. 이렇게 전쟁에서 복수는 또 다른 복수를 낳아.

모두 집으로 돌아갈 때

전쟁을 결정했던 부시 미국 대통령에 이어 버락 오바마 대통령이 새로 취임한 후에도 아프가니스탄 전쟁은 계속되었어. 2009년에 오바마 대통령은 아프가니스탄 상황을 진정시키기 위해 아프가니스탄에 더 많은 미군을 파병했지. 2009년 7월 1만 2,000명에 이어 2010년 초에는 3만 명의 미군을 추가 파병했지만, 이상하게도 미군을 많이 보낼수록 더 많은 미군이 희생되었단다. 2009년 7월 이후 미군 사상자가 갑자기 늘어나서, 이제는 심지어 불과 1년 동안 발생한 사상자 수가 과거 7년간 발생한 사상자 수를 넘어설 조짐을 보이자 미국 국민도 점점 지쳐 갔어. 10여 년 동안 치른 두 번의 큰 전쟁으로 미국 국민의 아들과 딸이 희생당했고, 막대한 전쟁 자금이 국민의 세금으로 충당되고 있었기 때문이야.

마침내 오바마 대통령은 2011년에 미군을 철수하겠다는 약속을 했지. 미군이 아프가니스탄에서 떠나면 탈레반 정부가 다시 들어설 수도 있지만, 미국도 긴 전쟁에 버틸 수 있는 형편이 아니었어. 전쟁은 일단 시작되면 끝을 내는 것이 더 힘들단다. 오바마 대통령도 그런 면에서 고심했지. 그리고 아프가니스탄 전쟁이 끝난다 해도 전쟁으로 희생된 수많은 생명이 되돌아올 수는 없어. 아프가니스탄 사람들도 많은 가족을 미군 폭격에 잃어야 했지만 미국인도 사랑하는 아들과 딸을 도로에 설치된 탈레반의 폭탄에 잃었단다.

미군 병사는 18~23세가 대부분이야. 나는 그 나이에 참혹한 전쟁으로 피지도 못한 꽃봉오리가 꺾인 것 같아 마음이 아팠단다. 아프가니스탄에 취재 갔을 때 한번은 미군 부대에서 미군 병사들과 지낸 적이 있어. 그때 열아홉 살인 미군 일병이 내 나이가 자기 엄마와 같다며 나를 엄마라고 부르며 따라다녔지. 그 병사가 낮잠을 자면서 "엄마 집에 가고 싶어"라고 잠꼬대를 하는데, 그만 눈물이 나더구나. 마음 같아서는 당장 그 병사를 엄마에게 돌려보내고 싶었어. 지금쯤 그 병사는 집으로 돌아가서 엄마가 해 주는 맛있는 음식을 먹고 있을까?

전쟁이 나면 어린 나이의 병사들이 참전해. 고등학교를 막 졸업하고 세상 물정도 모를 때 무지막지한 전쟁터로 나오는 거야. 그들에게 미군에 입대한 이유를 물어보면 "대학교에 가고 싶어서"라는 대답을 많이 한단다. 그들이 고등학교 다닐 때, 미군이 입대 설명회를 하러 학교에 방문하지. 멋진 제복을 차려입고 학생들 앞에 서서 경례한 다음 대학에 무료로 갈 수 있고 비싼 의료비도 국가가 책임진다면서 세계의 자유를 위해서 군대에 지원하라고 해. 그러면 학생들은 넋을 잃고 그들을 바라보는 거야. 특히 가난해서 비싼 학비를 감당할 수 없는 학생들에게 군대는 대학을 갈 수 있는 유일한 길처럼 보이지. 또 다른 이유는 "제복이 멋있고 영화나 방송에 나오는 것처럼 쿨해 보이는 군인들의 모습이 좋아서"라고 대답하더구나. 그래, 너희 나이엔 그런 군인들의 모습이 쿨해 보일 수도 있겠지. 하지만 현실에서의 군인은 그렇게 쿨하지만은 않단다.

미군에 입대하려면 남자는 만 17세가 되어야 해. 그리고 만 18세가 넘으면 부모님 동의도 필요 없지. 그렇게 전쟁의 실상에 대해 아무것도 모르고 군인이 되어 아프가니스탄 전쟁터로 내몰렸던 거야. 이 끔찍한 전쟁을 겪기에는 아직 준비가 되지 않은 어린 병사들이 기지 밖을 나갈 때마다 호시탐탐 그들의 생명을 노리는 폭탄이 어떻게 두렵지 않았겠니? 그나마 아프가니스탄 복무가 끝나서 온전히 집으로 돌아올 수 있는 병사들은 다행이야. 미군 사망자 명단에는 10대 이름도 심심찮게 보이거든. 죽은 병사들의 가족과 친구들은 엄청난 슬픔을 겪어. 그로 인해 부모님이 이혼하기도 하고, 남은 가족들이 평생 슬퍼하며 살기도 하지. 이러니 아프가니스탄 전쟁은 미국인에게도 많이 힘든 전쟁이었단다.

아프가니스탄 전쟁은 탈레반이니 알카에다니 하는 국제적인 문제뿐만 아니라 가족의 해체도 가져온 무서운 전쟁이었어. 이런 무서운 전쟁을 왜 빨리 끝내지 못할까? 그것은 미국의 정치적인 입장 때문이었어. 미국은 미국대로 이 긴 전쟁으로 국제사회에 보여 줄 성과가 있어야 했지. 자유를 수호하러 아프가니스탄으로 진격했는데, 남은 것이 막대한 군사비와 미군 사상자라면 체면이 말이 아니잖아. 미국은 이러지도 저러지도 못했던 거야. 어쩌면 요즘 표현대로 센 척하고 나섰다가 뒷수습이 안 되는 상황이지.

2011년 미군은 아프가니스탄에서 일부 병력만 남겨두고 대부분 철수했단다. 하지만 전쟁이 완전히 끝난 것은 아니야. 아프가니스탄 전쟁은 미국 전쟁사 중 가장 긴 전쟁 기록을 경신하고 있어. 그 긴 전쟁 끝에 남은 건 수많은 사람의 사망과 건물의 폭격 자국, 미국에 대한 원망뿐이지. 애초 미국이 전쟁을 하려고 한 이유는 아프가니스탄을 탈레반에게서 해방시키는 것이었는데 아직도 탈레반은 아프가니스탄에서 활발하게 활동 중이야. 자살 폭탄 테러와 탈레반과의 교전은 여전히 진행 중이라는 뉴스가 나오는구나. 그래도 전쟁이 끝이 보기기 시작해서 다행이라고 생각해. 적어도 미군 병사들이 그들 소원대로 대학에 가서 공부할 수 있고 그의 가족들이 마음 졸이지 않을 수 있으니까. 아프가니스탄에서 죽은 형의 복수를 위해 집을 떠났던 당시 열여섯 살 소년도 집으로 돌아갈 수 있으니까. 전쟁은 하루라도 빨리 끝내는 것이 최선이야. 사람들이 살아가야 하니까. 이제 아프가니스탄이 빨리 전쟁의 상처를 이겨 냈으면 좋겠다. 그 상처는 아프가니스탄 혼자 극복할 수 없어. 전 세계의 사람들이 관심을 가져 주는 것, 그것이 그들의 상처 치유에 가장 필요한 것이란다. 우리도 함께 아프가니스탄에 관심을 가져 주자.

더 알아보고 싶다면

#탈레반 #칸다하르 #바그람 공군기지 #카불 함락 #아프가니스탄 서부 파라주 #무하마드 오마르 #빈라덴 #외상후스트레스증후군(PTSD) #미군 사망자 #오바마 대통령의 아프가니스탄 정책 #2011년 아프가니스탄 미군 철군 #도로 매설 폭탄

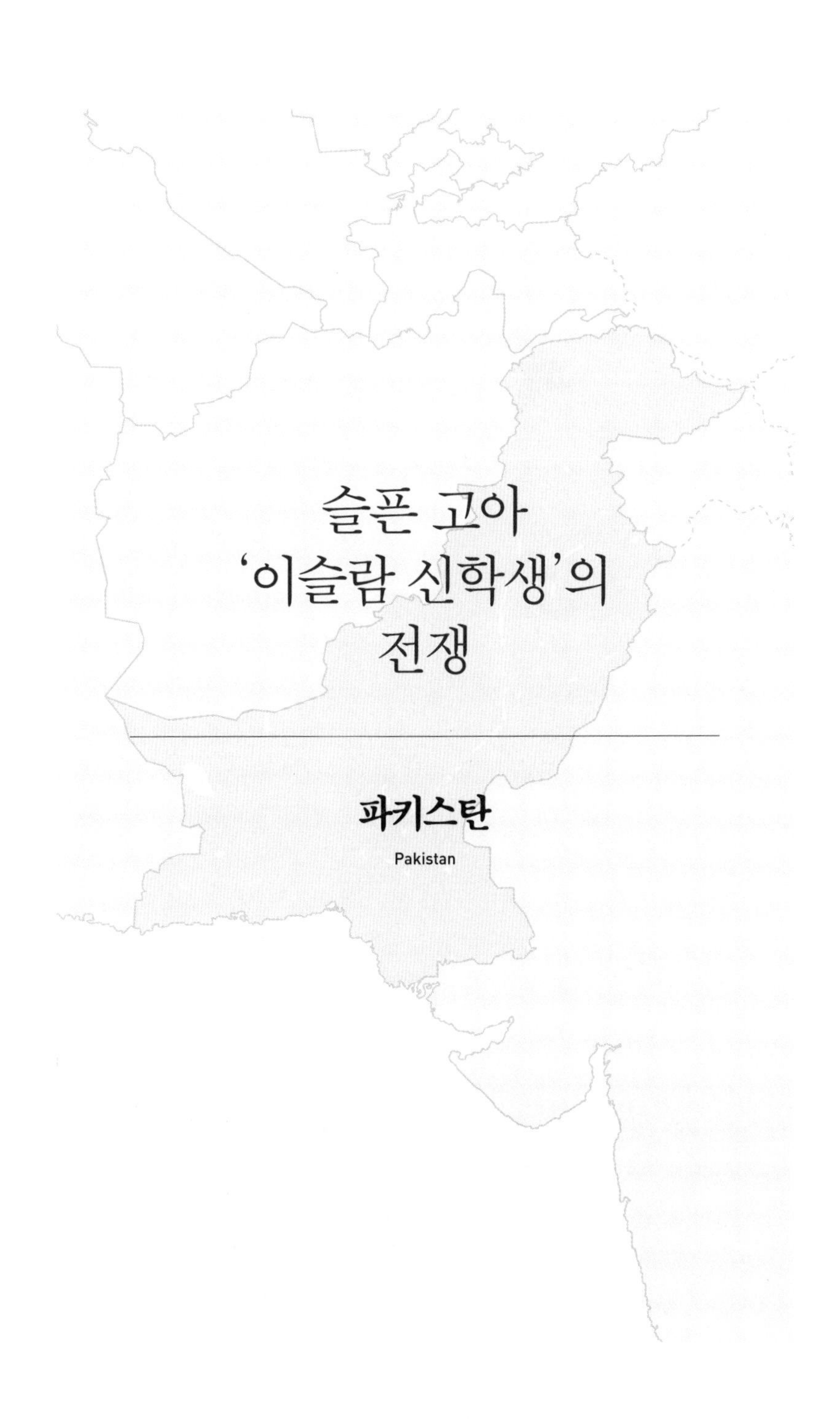

슬픈 고아 '이슬람 신학생'의 전쟁

파키스탄

Pakistan

파키스탄 Pakistan

- 파키스탄은 면적은 약 80만㎢로 이웃 아프가니스탄보다 조금 크지만 인구는 무려 2억 명을 돌파한 인구 대국이야. 고온 건조한 아열대기후여서 우기와 건기가 있어.
- 오랫동안 인도의 일부였지만 힌두교를 믿는 인도와 달리 이슬람교도(97%)들이 대다수이고 언어, 민족, 문화 등도 판이하게 달라 1947년 8월 14일에 독립했어.
- 여러 민족과 언어가 있는 복잡한 지역이라 분리운동이 심해. 인도 동쪽에 있던 방글라데시가 1971년 파키스탄으로부터 독립했고, 카슈미르 지역을 두고 여전히 인도와 싸우고 있어.
- 이슬람 근본주의 성격이 강해서 음주가 금지되어 있고 일반 상점에서 판매하지 않아. 하지만 지정된 곳에서 비무슬림들은 술을 마실 수 있어.
- 영국의 식민 지배를 받은 영향으로 크리켓이라는 스포츠가 인기가 많아서 인도와 경기를 할 때면 한일전처럼 열기가 뜨거워진단다.

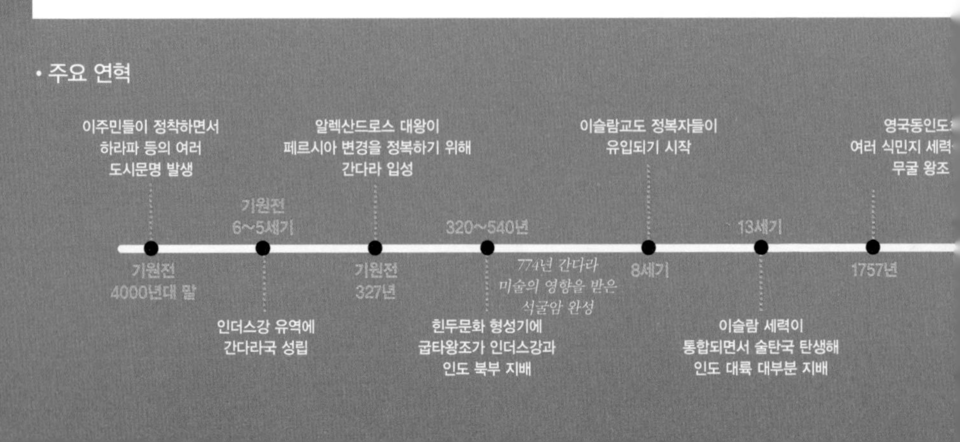

인더스강: 파키스탄을 관통하는 인더스강은 인더스문명의 발상지야. 인더스강의 수자원이 가진 잠재력은 인도와 파키스탄이 카슈미르를 포기할 수 없는 이유이기도 해.

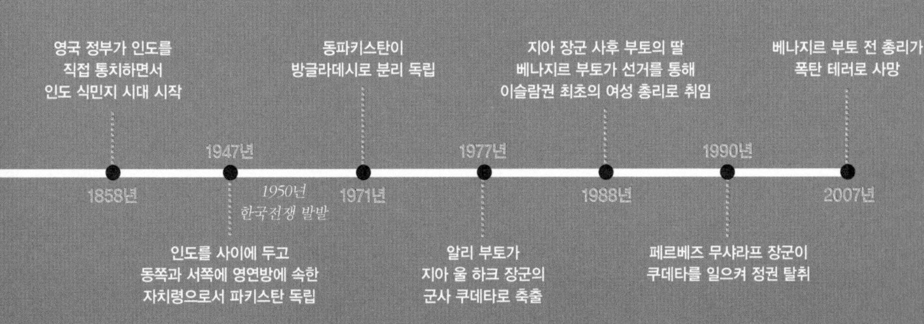

그들만의 세계, 탈레반 성지

파키스탄은 1947년 8월 14일, 그러니까 지금으로부터 70여 년 전에 영국에서 독립한 나라야. 엄마는 파키스탄 하면 먼저 탈레반이 떠오른단다. 탈레반은 아프가니스탄 전쟁의 주역이기도 하지만 파키스탄에서도 왕성한 활동을 했어. 그런데 왜 이 두 나라에만 탈레반이 있을까? 그것은 탈레반이라 불리는 사람들이 주로 파슈툰족이기 때문이야. 파슈툰족은 아프가니스탄과 파키스탄의 국경을 중심으로 퍼져 있단다. 그들은 복수를 전통으로 아는 아주 호전적인 민족이야. 그런 민족이 과격한 이슬람교를 받아들였으니 얼마나 전투적이겠니?

원래는 파슈툰족이 사는 파키스탄 국경 지역도 아프가니스탄 땅이었어. 19세기 말에 영국이 아프가니스탄을 침략한 적이 있는데, 1893년 지금의 아프가니스탄 지역과 파키스탄 지역을 구분하기 위해 그 사이에 일방적으로 금을 그었고, 그 선이 지금의 아프가니스탄과 파키스탄의 국경선이 된 거지. 말하자면 파슈툰족이 살던 땅이 두 동강 나서 하나는 아프가니스탄이 되고 다른 또 하나는 파키스탄이 된 거야. 그 국경선을 영국 사람 모티머 듀랜드 경의 이름을 따서 듀랜드 라인이라고 부른단다. 듀랜드 라인은 아프가니스탄과 파키스탄을 강제로 분할했고, 그때 파슈툰족이 아프가니스탄 쪽과 파키스탄 쪽으로 나뉜 거야. 물론 파슈툰족은 듀랜드 라인을 인정하지 않아. 그들은 파키스탄과 아프가니스탄 국경의 '부족 지역(Tribal Area)'이라고 부르는 곳에 국가 없이 부족 중심으로 모여 산단다. 이 부족 지역은 아프가니스탄도 아닌, 그렇다고 파키스탄도 아닌 이상한 땅이 되었어.

2007년 겨울, 나는 '파키스탄 탈레반'을 취재하러 이 지역을 찾아갔단다. 파키스탄 수도 이슬라마바드에서 차를 타고 2시간 정도 서쪽으로 가면 노스웨스트프런티어주에 이르러 페샤와르라는 도시가 나와. 그곳에 머물면서 이 부족 지역에 대해 취재하려 했어. 내가 그 부족 지역에 취재하러 간다고 하니 현지인들이 극구 말리더구나. 그곳이 법과 질서는 없고, 무기란 무기는 다 있는 무서운 지역이라 너무 위험하다는 거야. 파키스탄 현지인들도 그곳에 가기 꺼리고, 파키스탄군과 경찰도 무용지물이라고 하더구나.

사실 나는 2002년 6월에도 그곳을 통과해 아프가니스탄으로 들어간 적이 있단다. 그래서 그때 이야기를 해 주었지만, 현지인들은 여전히 막무가내였어. 그때는 총 든 경호원들을 데리고 들어갈 수 있었을지 모르지만, 지금은 그런 경호원을 아무리 많이 데려가도 위험하다는 거야. 5년이 지난 사이 더욱 위험해져서 아무리 취재를 위해서라고 해도 그곳에 들어갈 수 없다더구나. 그 무법 지대에 탈레반 세력이 부상해 거의 탈레반 왕국을 이루고 있기 때문이지.

파슈툰족끼리 모여 살고, 아프가니스탄이나 파키스탄 정부의 영향을 거의 받지 않으며, 각종 무기를 가지고 있으니 파키스탄 국경 지대는 탈레반에게 안성맞춤이지. 더군다나 미국이 탈레반을 소탕하기 위해 아프가니스탄에 온 신경을 쏟고 있지만, 이곳은 파키스탄 땅이니 미군이 마음대로 드나들지 못하는 이른바 사각지대야. 결국 부족 지역을 취재하긴 했단다. 부족 지역 원로들의 도움을 받아서 기적처럼 취재를 할 수 있었지. 대신 원로들과 연결하는 시간이 많이 걸려서 더 깊이 있게 취재하지 못해서 아쉬움이 남았단다.

파키스탄에 있는 탈레반은 아프가니스탄에 있는 탈레반과 서로 각별하게 지원하는 사이란다. 미군의 공격으로 아프가니스탄에 있는 탈레반이 밀리면 잠시 파키스탄 탈레반에게 와서 있다가 상황이 잠잠해진 뒤 아프가니스탄으로 돌아가는 거야. 파키스탄 탈레반은 아프가니스탄 탈레반이 아프가니스탄에서 미군과 싸울 수 있도록 돈과 무기를 지원해. 그러니 미국으로서는 파키스탄의 탈레반이 있는 한 아무리 아프가니스탄에서 탈레반을 소탕한다고 해도 밑 빠진 독에 물 붓기지.

특히 국경 지대에 있는 와지리스탄이라는 곳은 파키스탄 탈레반에게 수도와 같은 지역이야. 이곳은 파키스탄 정부도 미국도 건드리지 못할 정도로 탈레반 성지란다. 파키스탄 정부가 몇 차례 탈레반 소탕 작전을 펼쳤지만, 큰 소득은 없는 듯하구나. 미국은 파키스탄의 탈레반을 없애기 위해 파키스탄 정부에 많은 지원금을 주고 있지만 파키스탄 정부는 탈레반 소탕 작전을 그저 미국의 테러 원조 자금을 받을 수 있는 구실로 삼을 뿐이야. 탈레반과 파키스탄 정부가 공생관계에 있기 때문이지. 파키스탄 정보부가 탈레반을 도와준다는 사실은 이제 공공연한 비밀일 정도란다.

하여간 파키스탄 정부는 미국에게 "우리가 탈레반을 체포할 테니 그 자금을 대 주세요"라고 해 놓고 군사작전은 하는 둥 마는 둥 해. 그러고서는 탈레반 100여 명을 죽였다느니 하는 형식적인 보고서를 내는 거야. 죽였다는 사람들이 탈레반이라는 증거도 없고, 진짜 100여 명을 사살했는지도 알 수 없어. 파키스탄군이 강력한 작전을 펼쳤다고 언론과 미국에 아무리 떠들어도 파키스탄 국경 지대의 탈레반은 여전히 건재하다는 게 그 증거란다.

미국은 속만 태울 뿐 아직 이 파키스탄의 탈레반을 소탕할 대책을 세우지 못했단다. 그사이 탈레반은 페샤와르뿐만 아니라 파키스탄 북부 지역 그리고 수도 이슬라마바드 인근까지 꾸준히 세력을 확장했어.

간다라 불교 문화유산의 최후

파키스탄 북서부 지역은 원래 관광지였단다. 실크로드라고 들어봤지? 파키스탄 북서부는 그 유명한 실크로드가 지나가던 곳이야. 지금은 이 지역 사람들 대부분이 이슬람교도지만 옛날에는 불교를 믿는 사람이 많았어. 교과서에 나오는 간다라미술도 바로 이곳에서 꽃피웠지.

간다라미술은 기원전 1세기부터 기원후 7세기까지 지금의 파키스탄 북서부와 아프가니스탄 동부 지역에서 발달한 불교미술 양식이란다. 무려 8세기에 걸친 세월 동안 동서양 문명의 교역로인 실크로드를 바탕으로 발달했어. 실크로드가 지나가는 지점인 파키스탄 북서부에 스와트라는 지방도시가 있는데, 그 옛날 바로 간다라미술의 중심지 중 하나였단다. 나는 스와트를 취재하면서 2,000년 전에 세워진 불상과 불탑을 실제로 봤어. 박물관에서도 보기 힘들다는 귀중한 간다라 유물을 정말이지 마음껏 볼 수 있었단다. 교과서에서나 볼 수 있는 인류의 문화유산을 생생하게 만날 수 있다는 것은 피디로서 아주 소중한 경험이었지.

그런데 취재하던 도중에 탈레반이 이 지방을 순식간에 점령해 버렸어. 탈레반 경찰서와 관공서가 생기고, 여학생은 학교 등교가 금지되었어. 그들은 이슬람 이외의 모든 종교를 배척한단다. 불교 문화유산도 죄악으로 치부하는데, 아프가니스탄에서 일어났던 '바미안 불상 파괴 사건'이 대표적이란다.

아프가니스탄 바미안이라는 지방에는 세계에서 제일 큰 불상이 있었어. 크기가 53미터나 되었지. 당나라의 현장 법사는 이 불상을 보고 "황금이 번쩍이는 화려한 불상"이라고 극찬했고, 신라의 승려 혜초도 이 불상을 보기 위해 신라에서 이곳까지 먼 길을 찾아왔을 정도야. 그렇게 1,700여 년을 웅장하게 버틴 이 불상을 탈레반이 2001년 폭탄으로 파괴하고 말았단다.

당시 탈레반이 이 불상을 파괴하는 영상을 보면, 폭파와 동시에 불상이 맥없이 가라앉고, 탈레반은 감격에 젖어 "신이시여, 당신은 위대합니다"라고 외쳤어. 하지만 아마도 그들의 알라가 이렇게 귀중한 문화유산을 파괴하라고 시키지는 않았을 거야. 그들 멋대로 해석해서 알라가 이 불상을 반대한다고 생각했겠지. 내가 취재하러 바미안을 갔을 때는 불상이 있던 자리는 텅 비어 있었단다. 이제는 나도, 너도, 우리 자손도 다시는 이 불상을 볼 수 없어. 유네스코(UNESCO)에서 세계 문화유산으로 지정할 만큼 귀중한 유산이 그렇게 사라진 거지.

아프가니스탄의 탈레반이 그랬듯이 파키스탄에서도 탈레반은 불상과 석탑을 보이는 족족 파괴했단다. 나는 탈레반이 곧 파괴할 것이라고 공언한 탁타베이라는 곳에 있는 석불과 탑을 취재하러 갔단다. 불상과 석탑은 2,000년 전에 세워진 불교 수도원 안에 있었는데, 오랜 세월이 지났건만 온전하게 보존되어 있더구나. 간다라미술의 불상은 온화한 미소로 유명하지. 그곳에 있는 불상의 온화한 미소도 금방이라도 말을 걸 것처럼 사실적이었단다. 엄마는 비록 불교 신자는 아니지만 곳곳에서 풍기는 엄숙함과 아름다움에 반했단다. 촬영하는 동안 이 아름다운 문화유산인 불상과 석탑이 파괴된다고 생각하니 가슴이 너무 아팠어. 탈레반이 아무리 독실한 이슬람교도라고 해도 우리 후손에게도 물려주어야 할 귀중한 유산을 파괴한다는 것은 도저히 이해하기가 힘들더구나.

아마 지금쯤은 그때 보았던 불상과 석탑이 없어졌을지도 모르겠다. 그 지역이 탈레반 수중으로 넘어갔고, 탈레반은 당시에도 폭파하겠다고 공언했으니까. 탈레반이 파키스탄 북서부로 세력을 넓히면서 우리는 실크로드로 유명한 유서 깊은 그곳을 아직도 여행할 수 없단다. 간다라미술 자체를 이제 볼 수 없게 될까 봐 엄마는 걱정스러워.

적대감을 먹고 자라는 아이들

파키스탄에서 활동하는 탈레반 중 대부분은 '이슬람 신학교'라는 뜻의 마드라사 출신이란다. 나는 페샤와르 인근에 있는 탈레반 학교 하카니 마드라사도 취재한 적이 있단다. 하카니 마드라사는 아프가니스탄 대통령 격이었던 최고 지도자 오마르를 비롯해 탈레반 지도자 대부분을 배출한 명문 탈레반 신학교야. 여성인 내가 그곳에서 카메라로 촬영한 것은 거의 기적이었단다. 탈레반은 여성의 얼굴을 보는 것도, 카메라에 본인이 찍히는 것도 죄악이라고 규정하거든. 오랜 설득 끝에 얼굴과 몸을 모두 가리고 카메라로 촬영하기 위한 눈 한쪽만 보이게 한다는 조건으로 간신히 허락을 받았어.

교실에서 부르카를 입고 카메라를 돌리는 나를 보고 깜짝 놀라던 탈레반 학생들의 얼굴이 지금도 생생하구나. 그날 만난 대부분의 탈레반 학생은 전쟁고아거나 아주 가난해서 어려서부터 부모 얼굴도 제대로 모르고 자란 불쌍한 청년들이었어. 그들은 미군의 폭격으로 일가친척이 모두 죽거나 형제나 부모가 죽었다며 인터뷰를 하는 내내 미국에 대한 적개심을 감추지 않았단다.

학생들은 엄마의 정이나, 가족의 소중함도 모른 채 학교 기숙사에서 같은 처지의 친구들과 어릴 때부터 함께 자란단다. 너희에게는 숙제 안 한다고 잔소리하거나 게임 많이 한다고 야단치는 부모님이 계시지? 얄미운 여동생이나 항상 골탕 먹이는 오빠나 형 때문에 짜증 나기도 할거야. 하지만 이 마드라사에 있는 학생들은 그런 것을 전혀 모르고 자란단다. 다섯 살 무렵에 이곳으로 와서 이슬람 교리와 미국에 대한 적개심만을 배우지. 이 학생들이 자라면 국경 지대나 아프가니스탄으로 가서 탈레반 주축 세력이 되는 거야.

만약 미국이 아프가니스탄을 공격하지 않았다면 이들이 전쟁고아가 되었을까? 이들이 전쟁고아가 되지 않았다면 지금처럼 과격한 탈레반이 되지도 않았을 테지. 이 학교에서 새로 배출되는 탈레반은 영화 〈괴물〉에 나오는 돌연변이 괴물처럼 미국이 만든 괴물이 될지도 모른다는 생각이 드는구나.

부토 여사 암살과 수렁 속으로 빠지는 파키스탄

파키스탄에서 영향력 있는 탈레반 지도자들 가운데 가장 유명한

파키스탄 페샤와르의 한 마드라사 탈레반. 탈레반은 이슬람 원리주의자들이다. 이들은 탈레반 중에서도 가장 과격하다는 파키스탄의 하카니 그룹의 탈레반이다.

사람은 바이툴라 마흐수드란다. 이슬람 신학교 출신으로 국경 지대에 머물면서 아프가니스탄에 있는 탈레반을 지원하고 파키스탄 내에서도 영향력을 확장하고 있지. 그는 전투에도 능하고 독실한 이슬람 지도자라서 지역 사람들의 존경을 한몸에 받는단다. 하지만 과격한 방법을 많이 사용해서 파키스탄 내 자살 폭탄 테러나 암살의 직접적인 배후로 알려져 있어.

2007년 12월, 파키스탄의 총리를 지낸 베나지르 부토 여사가 암살되었어. 부토 여사는 이슬람권에서는 최초의 여자 총리이자 파키스탄에서는 살아 있는 신화로 존경받았단다. 하지만 파키스탄 대통령이었던 페르베즈 무샤라프의 군사 쿠데타에 밀려 두바이에서 오랜 망명 생활을 해야 했어. 망명지에서 다시 파키스탄으로 돌아온 지 얼마 되지 않아 끔찍한 사건이 일어난 거야. 이 사건의 배후로 지목된 인물이 바로 바이툴라 마흐수드야. 나는 바이툴라가 "미국에 협조적이고 더군다나 여자인 부토 총리는 제거해야 할 대상"이라고 공공연히 말했다는 증언을 파키스탄 기자한테 직접 들었단다.

나는 부토 여사가 암살되기 한 달 전에 그녀를 인터뷰했단다. 세련되고 아름다울 뿐만 아니라 예의가 바르고 친절한 분이었어. 부토 여사는 인터뷰 내내 미소를 잃지 않았고, 한국에도 지대한 관심을 보였어. 그때 내가 "신변 안전에 이상은 없습니까?"라고 물었더니, "파키스탄에는 나를 죽이고 싶어 하는 사람이 많습니다. 하지만 나는 개의치 않습니다. 그것이 바로 역사이고, 나의 현실입니다. 나는 죽는다 해도 파키스탄 땅에 묻히는 것만으로도 다행이라고 생각할 것입니다. 그래야 파키스탄이 언젠가 안정될 때 나도 지켜볼 수 있지 않을까요?"라며 의연하게 말하더구나. 그 인터뷰가 부토 여사가 생전에 외국 언론인과 한 마지막 인터뷰가 되었어. 부토 여사는 결국 바람대로 파키스탄 땅에 묻혔단다. 그 분이 암살되고 파키스탄은 엄청난 혼란에 빠졌어.

부토 여사를 잃은 슬픔이 나라 전체를 가라앉게 했지. 국민에게 존경받던 부토 여사마저 잃고 나니 파키스탄은 이제 더 이상 희망이 없어 보였기 때문이 아닐까. 이슬람 국가에서 여성이 총리가 되었다는 것도 대단하지만, 조국 파키스탄을 위해 헌신하다가 희생된 부토 여사는 이제 파키스탄의 신화가 되었단다.

부토 여사가 암살되고 얼마 지나지 않아 바이툴라 마흐수드도 미군이 파키스탄 국경 지대에서 벌인 야간 공습으로 부인과 함께 죽었단다. 그의 사촌인 하키물라 마흐수드가 파키스탄 탈레반 총사령관으로 부임해서 바이툴라의 뒤를 이었어. 그런데 하키물라 마흐수드는 사촌 형 바이툴라 마흐수드보다 더 과격한 인물로 정평이 나 있단다. 외국 기자들을 국경 지대로 초청해 자신의 참모들을 소개하고, 염소 고기를 대접하는 대담함을 보이기까지 했지. 본인은 물론이고 참모들도 미국의 제거 대상 영순위인 인물들인데도 말이야. 그는 기자들을 친절하게 대접하고 일일이 소개하는 여유를 보였단다. 하지만 각종 사건 사고를 일으킬 때는 사촌 형보다 더 잔인한 수법을 동원할 정도로 냉혹했지.

그는 2013년 미군의 드론 공격으로 사망했어. 그리고 한동안 파키스탄에는 자살 폭탄 테러가 유행했지. 지금은 예전보다 폭탄 테러 횟수가 확실히 줄었단다. 탈레반들도 아프가니스탄으로 많이 이동해서 파키스탄에서는 활동이 줄었단다. 그 이유는 파키스탄 사람들이 테러에 진절머리를 치며 먹고사는 일에 더 집중하자고 마음을 합쳐서란다. 여론이 탈레반에 불리해지자 파키스탄 탈레반은 더 이상 폭탄 테러 같은 대형 사건을 벌일 수 없었지. 그래서 아프가니스탄으로 많이 이동하게 된 거야. 그 뒤 파키스탄의 대도시 중심으로 중국 자본이 들어와 부동산 열풍이 불고 있지. 덕분에 그동안 위험해서 가지 못하던 파키스탄 관광지에 외국인 관광객이 조금씩 들어가기 시작했어. 파키스탄 북쪽은 살구꽃과 아몬드꽃이 아름답게 피는 훈자 계곡도 있고 히말라야의 낭가파르바트도 파키스탄 쪽에서 등반한단다.

2013년에 등반하던 외국인들이 탈레반 무장 전사들에게 공격을 당한 뒤로 사람들이 많이 기피하는 곳이야. 지금도 여기는 대부분의 지역이 우리나라 정부가 여행경보 3단계로 지정한, 적색경보인 철수 권고 지역이야. 파키스탄 사람들에게는 중요한 관광 수입원이고 전 세계 산악인에게는 올라가고 싶은 꿈의 히말라야 봉우리지만 아직은 위험한 요소가 많단다. 나중에 시간이 지나 파키스탄이 완벽하게 안전해지면 너희는 그곳을 자유롭게 갈 수 있을 거야.

엄마는 아직도 그곳의 살구꽃과 아몬드꽃이 눈에 선하다. 그 예쁜 풍경을 꼭 너에게 보여 주고 싶단다. 어른들의 잘못으로 너에게 지금 그 풍경을 못 보게 해서 미안한 마음이 많아. 어른들보다 더 평화를 사랑하는 세대가 될 너희에게 많은 기대를 한단다. 꼭 너희 세대는 멋진 낭가파르바트를 평화롭게 등반하기를 바란다.

더 알아보고 싶다면

#듀랜드 라인 #바이툴라 마흐수드 #부토 총리 #와지리스탄

#마드라사 #페샤와르 #간다라미술 #바미안 석불 #파슈툰족 #이슬라마바드

이슬람 시아파와 수니파는 어떻게 구별하나요?

이슬람의 분열

우리가 자주 듣는 이슬람은 알라를 믿는 종교란다. 알라는 아랍말로 '하나님'이라는 뜻이야. 알라와 하나님이 따로 있는 게 아니라, 그냥 하나님을 아랍말로 알라라고 불러. 이슬람에는 수니파와 시아파라는 큰 종파가 있어. 기독교로 말하자면 장로교와 감리교 등으로 나뉘는 것과 비슷해. 그중 수니파가 전체 이슬람 신자 중 80~85퍼센트 이상을 차지해. 시아파는 10~15퍼센트야. 다시 말해 이슬람교도는 대부분 수니파란다. 문제는 이 소수의 시아파와 다수의 수니파가 서로 으르렁거린다는 거야. 이슬람교도 사이에도 종파 간 분쟁이 있다는 뜻이야. 그러면 어떤 기준으로 수니파와 시아파가 나뉘는 걸까?

이슬람교는 무함마드가 1,500년 전 창시한 종교란다. 그런데 무함마드가 632년 6월 8일 메디나에서 갑자기 세상을 떠나. 그때 이슬람 사람들은 엄청나게 당황했어. 무함마드가 후계자를 지명하지 않고 죽었기 때문이야. 그래서 무함마드의 장례식과 더불어 매우 중요한 회의가 열렸어. 그때까지만 해도 이슬람은 종파가 따로 있지 않은 하나의 교단이었는데 이슬람교의 성지인 메카와 메디나에서 서로 다른 후계자를 내세웠단다. 메카의 이슬람 사람들은 무함마드와 가장 친하고 신뢰받는 친구인 아부 바크르를 후계자이자 지도자로 추대했지. 아부 바크르를 지도자로 선택한 사람들이 바로 수니파란다. 그러나 메디나에서는 무함마드의 딸 파티마와 결혼한 알리가 선거를 통해 무함마드의 후계자이자 이슬람 지도자로 선출되었어. 시아파는 무함마드의 사위인 알리와 그의 지지자들이 만든 거란다. 말하자면 무함마드 친구파가 수니파이고, 무함마드 사위파가 시아파야.

이렇게 생겨난 수니파와 시아파는 1,500년이 흐른 지금까지 후계 문제로 싸우고 있단다. 우리는 하루 이틀 친구와 싸워도 기가 빠지는데, 그 오랜 세월 동안 지치지도 않고 싸우는 것을 보면 참 대단하지? 사우디아라비아, 시리아, 요르단 등 대부분의 아랍 국가는 수니파를 믿고 이란과 이라크, 레바논 등은 시아파가 주를 이룬단다. 그중 이란은 국민 대부분이 시아파인 나라야.

수니파와 시아파는 모스크(이슬람 사람들이 기도하는 교회 같은 곳)를 비롯해 많은 부분에서 다르단다. 여성들이 입는 옷이 대표적인데 시아파 여자들은 머리에서 발끝까지 검은색 아바야를 입고 얼굴만 내놓는단다. 그래서 시아파 여인들은 쉽게 알아볼 수 있지. 우리가 흔히 아는 히잡은 머리만 가리는 스카프인데, 수니파 여성은 히잡을 하거나 걸프 지역에서처럼 눈만 내놓고 전체를 가리는 차도르를 입지. 또 아프가니스탄에서는 머리부터 발끝까지 모두 가리고 눈 부분에 망사를 씌워 눈동자도 보이지 않게 한 부르카를 입는단다. 시아파 여성이 입는 아바야는 한여름에 입으면 일사병에 걸리지 않을까 걱정될 정도로 까맣고 긴 의상으로 쉽게 구분할 수 있단다. 그러나 남자들은 외모만 봐서는 수니파와 시아파를 거의 구별할 수 없어. 다만, 이란에서 왔다거나 이라크 남부 사람이라고 하면 '시아파구나' 하고 짐작할 뿐이지.

1,500년 전 시대를 사는 시아파

이라크는 시아파의 고향이라고 할 수 있어. 이라크 남부 나자프나 카르발라 같은 지역은 해마다 시아파의 성지순례로 인산인해를 이룬단다. 특히 시아파는 이슬람력으로 1월 10일에 아슈라라는 축제를 벌이는데, 이날은 시아파의 창시자인 알리의 아들이자 무함마드의 손자인 후세인이 사망한 날이야. 아슈라는 시아파 최대 축제로, 이때가 되면 그야말로 일대가 아수라장이 된단다.

나도 이라크에서 아슈라 축제를 실제로 본 적이 있단다. 이라크 수도 바그다드에서 80킬로미터 떨어진 카르발라까지 시아파 사람들이 걸어가는데, 그냥 걸어가는 것이 아니라 1,500년 전에 죽은 알리와 후세인을 생각하며 울면서 가는 거야. 여자들은 검은 아바야를 입고 가슴을 치면서 통곡하고, 남자들은 칼이나 채찍으로 자해를 한단다. 수십만 명이 모인 가운데 여기저기에서 피와 눈물이 낭자해 처음 아슈라 축제를 본 나는 기겁을 했단다.

나는 운전기사, 동료 피디, 통역과 함께 시아파를 취재하러 이라크 남부로 내려가는 길이었어. 그런데 동료 피디가 차 안에서 "알리는 어떻게 죽었어요?"라고 통역에게 물었어. 그러자 통역이 느닷없이 차 안에서 통곡하는 거야. 덩치는 소만 한 사람이 눈물을 뚝뚝 흘리면서 마치 어제 부모님이 돌아가신 것처럼 대성통곡을 하더구나. 아직도 1,500년 전에 죽은 알리를 생각하면 슬픈 거야. 사실 동료가 그 질문을 할 때 나는 "안 돼!" 하고 소리를 질렀어. 통역이 시아파 사람이었거든.

전에 외국인 친구 기자들이 알리가 왜 죽었는지에 대해서 시아파 사람들에게 절대로 묻지 말아야 한다고 엄마한테 귀띔해 준 적이 있단다. 시아파 사람들이 감정을 주체할 수 없을 정도로 슬퍼한다는 거야. 말로는 들었지만 막상 눈앞에서 벌어지니 황당하기 그지없더구나. 하여간 그 통역은 온종일 우느라고 우리는 취재도 제대로 할 수 없었단다. 친구들이 왜 그 질문을 시아파에게 하지 말라고 했는지 뼈저리게 느꼈지. 시아파 사람들은 그 정도로 1,500년 전 시대를 살고 있는 듯했단다.

이라크 남부의 나자프는 시 전체가 공동묘지라고 불릴 만큼 묘지가 많단다. 시아파 사람들이 죽어서 시아파 성지인 나자프에 묻히길 바라기 때문이야. 심지어 1,000킬로미터 떨어진 곳에서도 관을 싣고 와서 나자프에 묻고 가는데, 이란이나 레바논 사람들도 이곳에 묻히는 것을 최고의 영광으로 여긴다는구나. 이라크 전쟁으로 많은 사상자가 났을 때는 관들이 줄을 서서 나자프로 향했단다. 한여름에 승용차 지붕에 관을 싣고 나자프로 가던 모습이 너무나 충격적이라 지금도 잊을 수가 없구나.

시아파와 수니파의 대립

시아파와 수니파의 갈등은 특히 이라크에서 아주 심하단다. 이라크 전쟁이 나기 전인 사담 후세인 시절, 이라크에 사는 시아파 사람들은 엄청난 핍박을 받았어. 이라크 국민의 70퍼센트가 시아파인데 당시 이라크의 통치자인 사담 후세인은 수니파였거든. 겨우 20퍼센트밖에 안 되는 수니파가 70퍼센트의 시아파를 지배한 거지. 나머지 10퍼센트는 기독교도들이야.

사담 후세인은 시아파를 아주 미워했단다. 그 이유는 시아파 종주국인 이란과 시아파가 한통속이라고 생각했기 때문이야. 더군다나 사담 후세인이 8년간의 이란-이라크전을 치른 다음이라 그는 시아파에게 치를 떨었고, 강력한 공포 정치로 시아파 사람들을 핍박했단다. 물론 시아파 사람들도 여러 번 후세인에게 저항했지만, 그때마다 무참하게 죽임을 당하고 숨도 제대로 못 쉬고 살았지.

그러다가 2003년 이라크 전쟁이 일어나고 미국이 이라크로

들어온 후 시아파 사람들은 절호의 기회를 잡았어. 공포의 대상이었던 후세인이 없어지고 시아파 세상이 온 거야. 미국도 후세인의 추종 세력인 수니파보다는 시아파 입장을 두둔하는 자세를 취했단다. 그 결과, 현재 이라크 정치를 시아파가 장악했어. 시아파 정당이 득세하고 수많은 시아파 인사가 정부 요직을 차지한 거야.

하지만 수니파의 반발도 만만치 않단다. 아슈라 축제가 시작되고 시아파 인파가 몰려들면 폭탄이 터지기 일쑤지. 한번 폭탄이 터지면 수백 명이 그 자리에서 죽는단다. 그러면 이번에는 시아파 사람들이 수니파 모스크를 폭파하지. 물론 그다음에는 시아파 모스크가 폭파되는 거고. 이렇게 주거니 받거니 하면서 터지는 폭탄 세례에 무고한 생명이 계속 죽어 나갔단다. 미국이 이라크에서 발을 뺀 2010년부터 그 갈등은 더욱 심해져서 이라크 전역이 시아파와 수니파가 주고받는 폭탄에 쑥대밭이 되고 있단다.

시아파가 문제가 되는 것은 이들이 극단적이기 때문이야. 종교적으로뿐만 아니라 정치적으로도 극단적이지. 이라크 시아파 뒤에는 이란이 있단다. 이란은 이라크에 있는 시아파가 형제나 마찬가지야. 그러니 이란 입장에서는 이라크 시아파가 이라크를 장악하는 것이 마치 천군만마를 얻는 듯 좋은 일이지. 이란에서 돈과 사람이 끊임없이 이라크로 넘어 온다고 여겨지는 이유란다.

이라크에서 시아파가 다시 득세할 수 있었던 것은 미국의 도움이 컸단다. 그렇다고 미국과 시아파의 사이가 좋은가 하면 전혀 아니야. 오히려 시아파 사람들은 미국에 나쁜 감정이 많아. 시아파 종주국인 이란이 미국과 원수이고 같은 시아파인 이라크 시아파 세력에게도 미국은 절대 친구가 될 수 없기 때문이야. 이라크 시아파 사람들에게 존경받는 이슬람 지도자이자 이라크 총리까지 올랐던 이브라힘 자파리를 인터뷰할 기회가 있었는데, 나는 그 자리에서 "미국이 시아파를 도와주었으니 앞으로 미국과 친하게 지낼 것인가?" 하고 물었지. 그는 그 자리에서 "우리는 미국의 친구가 아니다"라고 강한 어조로 말했던 기억이 나는구나.

이라크 시아파는 마흐디 민병대라는 자신들만의 군대가 있단다. 마흐디는 '세상을 구하는 사람'이라는 뜻이란다. 마흐디 민병대는 정식 군인은 아니고 시아파 사람들이 스스로 만든 군대야. 민병대의 지도자는 무크타다 알사드르라는 사람인데, 사진을 보면 엄청 나이 들어 보이지만 당시에는 30대 중반으로 젊은 나이였어. 그는 이라크 시아파의 최고 지도자로, 직접 마흐디 민병대를 이끌고 미군과 수니파를 모두 겨냥해 싸웠어.

마흐디 민병대는 이라크 역사상 가장 강하고 악랄한 군대로 평가되며, 특히 미군을 상대로 온갖 전투를 벌인 것으로 유명해. 미군도 마흐디 민병대를 상대로 여러 차례 전투를 치렀지만 번번이 제압에 실패하기 일쑤였지. 그러니 미국과 원수인 이란이 이 마흐디 민병대를 마다할 이유가 전혀 없는 거야. 이렇듯 이란은 마흐디 민병대뿐만 아니라 이라크 시아파에 음으로 양으로 많은 지원을 한다고 알려져 있단다.

이슬람 시아파 민병대인 마흐디 군대. 이들은 이라크와 레바논 이란에 걸쳐서 시아파 주민들 사이에서 민병대를 조직, 각종 전투에 참여하고 있다. 특히 레바논 시아파의 헤즈볼라는 마흐디 군대를 적극 지원한다.

비타협적 원리주의자, 시아파

앞에서도 말했듯이 이란은 시아파 사람들의 종주국이야. 이란 국민 대부분이 시아파를 믿는단다. 지구상에서 가장 큰 시아파 나라라고 할 수 있지. 이란은 원래 조로아스터교를 믿는 나라였어. 조로아스터교란 불을 믿는 종교인데, 지금도 시아파가 우글거리는 이란에서 수천 년 이어져 온 조로아스터교를 믿고 있는 사람이 있단다. 이런 이란에 어떻게 이슬람 시아파가 득세했을까? 그 배경에는 복잡한 이란의 역사가 있단다.

사실 이란의 역사는 세계사 교과서에서도 중요한 위치를 차지해. 이란 역사만 알아도 고대 역사의 많은 부분을 이해할 수 있지. 우선 이란의 옛날 이름은 페르시아제국이란다. 페르시아 하면 엄마는 페르시아 고양이나 양탄자가 생각난단다. 페르시아는 그 옛날 알렉산드로스 대왕이나 칭기즈칸도 노릴 정도로 대단한 번영을 누린 나라였어. 그러나 226년에 건국한 사산조페르시아가 7세기경에 이르러 아라비아반도에서 출현한 아랍 이슬람 국가의 침입을 받으면서 서서히 조로아스터교 대신 이슬람교를 그들의 종교로 따르게 된 거란다. 그리고 오늘날에는 이란 헌법에 따라 시아파가 국교로 승격되고, 인구의 98.5퍼센트가 이슬람교도이며, 또 이들 중 대부분이 시아파란다.

이란은 레바논 정당 헤즈볼라와도 아주 친하단다. 그 이유야 당연히 헤즈볼라가 같은 시아파이기 때문이지. 헤즈볼라 최고 지도자 하산 나스랄라도 이란을 시아파 종주국으로 받들어. 그들은 서로 뭉쳐서 종교만 공부하는 게 아니라 무력과 정치력을 구사한단다. 그래서 수니파를 국교로 삼고 있는 여러 아랍 국가들의 눈총과 핍박을 받지. 하지만 시아파 사람들은 본인들만 유일하게 이슬람 창시자 무함마드의 후손이고 정통 이슬람이라고 굳게 믿고 있어. 그래서 이것을 건드리면 누구에게라도 총을 들이대는 거야.

증오의 고리를 끊는 길

그렇게 시아파와 수니파는 자꾸 부딪치며 무려 1,500년 가까이 서로 싸우고 있어. 그런데 시아파의 적은 수니파만이 아니야. 그들은 미국과도 싸우거든. 시아파를 둘러싼 모두가 그들의 적인 거지. 또 그럴수록 그들은 마치 광신도처럼 똘똘 뭉쳐서 '믿을 수 있는 것은 오로지 알라와 시아파 우리 자신'이라고 생각하면서 더욱더 단결한단다.

시아파를 취재하면서 그들의 꽉 막힌 사고에 질린 때가 많았단다. 그동안 당하고만 살아서 그런지 의심이 유난히 많은데, 특히 헤즈볼라는 감시원 두세 명이 따라다니며 "여기는 찍으면 안 된다. 저기도 찍지 마라" 하면서 온갖 간섭을 하지. 그들이 그럴 때마다 그동안 얼마나 힘들게 살았으면 저럴까 하는 동정심마저 들더구나. 아무리 종교가 좋아도 우선은 사람이 사람답게 살아야 하지 않을까?

2007년 레바논의 헤즈볼라를 취재할 때 일이란다. 어느 시아파 마을에서 겨우 일곱 살도 채 안 된 아이가 이스라엘 쪽 땅에 돌을 던지면서 울부짖으며 이스라엘과 미국을 저주하는 것을 보았단다. 그 아이를 보면서 겨우 일곱 해를 살고서 무얼 안다고 저럴까 하는 안타까운 마음이 들었지. 그저 부모가 일러 주는 대로 미국과 이스라엘은 나쁜 놈들이라고 하니 그 아이도 그렇게 세뇌되었을 거야. 다른 부모들도 아이들에게 그렇게 주입을 시킨단다. 좋은 것을 가르쳐 줘도 모자랄 판국에 증오를 가르치는 부모들이 이해가 안 가지만 한편으로 가슴속에 증오가 얼마나 많으면 금쪽 같은 자식에게 증오를 물려줄까 하는 안타까움도 든단다. 그렇게 세대를 거듭하며 증오가 증오를 낳다 보면 아이들이 커서 세상의 주인이 되었을 때 그 아이들도 그곳에서 시아파의 주역이 되어 전쟁을 일으키겠지?

이 지구라는 작은 별에서 이렇게 서로 다른 생각을 하며 아이들이 성장하는구나. 이것이 때로는 싸움의 시작이 되기도 해. 그래서 우리도 시아파를 잘 알고 시아파 사람들도 세상에는 자신들과 다른 가치관이 있다는 것을 알게 된다면, 조금은 서로의 사이가 가까워지지 않을까 하고 기대해 본단다. 우리 어른 세대는 그 차이를 전혀 극복하지 못했지만 자라나는 너희 세대는 조금은 달랐으면 좋겠구나. 너희는 시아파와 수니파가 서로 싸우지 않는 세상에 살았으면 좋겠다. 그래야 우리가 간절히 바라는 평화의 세상이 올 테니 말이야.

더 알아보고 싶다면

#조로아스터교 #아슈라 축제 #마흐디 민병대 #헤즈볼라 #무크타다 알사드르

#나자프 #이란-이라크 전쟁 #이라크 전쟁 #사담 후세인 #이란 시아파

#페르시아제국 #수니파 #히잡 #차도르 #부르카 #아바야 #모스크

#이맘 알리 #메디나 #메카 #무함마드

2

독립을 위한 전쟁

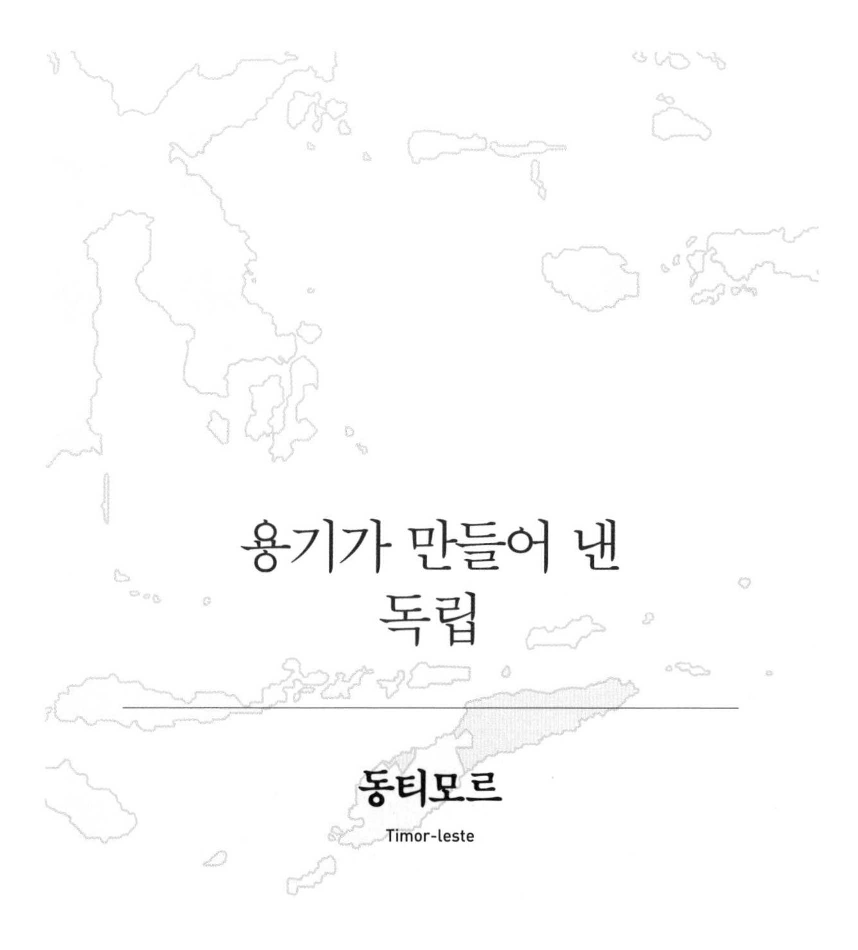

용기가 만들어 낸 독립

동티모르

Timor-leste

동티모르 Timor-leste

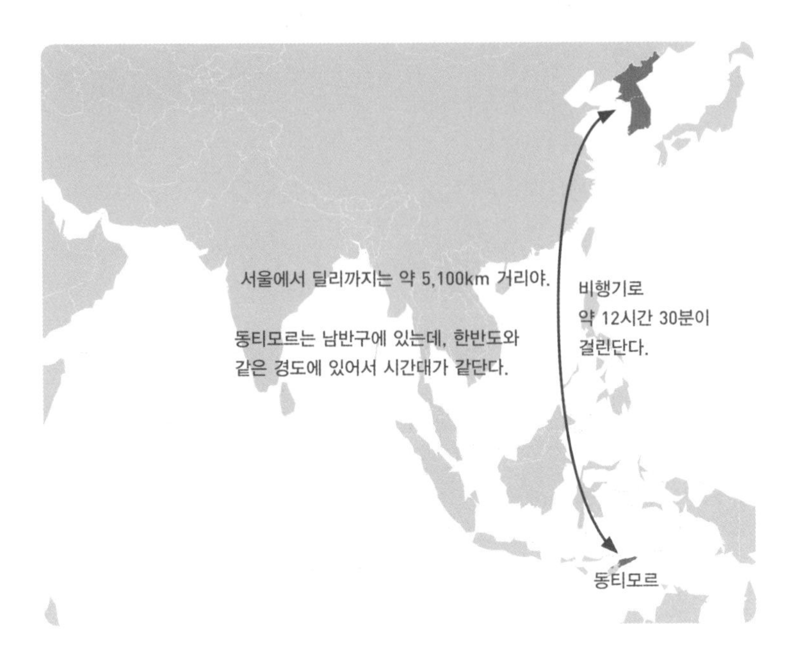

- 동티모르는 면적이 약 1만 5,000㎢, 인구는 약 135만 명으로 강원도만 한 크기의 아주 작은 나라야. 열대와 아열대의 중간 정도로 연중 무더운 날씨가 계속되지.
- 동티모르는 2002년 독립했는데 21세기에 독립한 최초의 나라야. '티모르'라는 섬 이름은 마인어로 동쪽이라는 뜻이지.
- 포르투갈이 16세기부터 티모르섬을 지배하면서 종교도 영향을 받아 이슬람교인 이웃 인도네시아와 달리 주민 대부분이 가톨릭교를 믿는단다.

• 주요 연혁

- 1520년: 포르투갈인이 처음으로 티모르섬에 정착한 이후 네덜란드와 포르투갈이 티모르섬의 지배권을 두고 각축전
- 1860년, 1893년: 조약에 따라 포르투갈과 네덜란드가 섬의 동서를 분할해 지배
- 1942~1945년: 일본이 동티모르를 강점하여 6만여 명 살해
- *1947년 제주 4.3사건 발생*
- 1978년: 포르투갈의 식민 통치는 종식되었으나 인도네시아가 무력으로 동티모르 강점
- 1976년: 인도네시아가 동티모르를 27번째 주로 강제 병합
- *1980년 5.18민주화운동 발생*
- 1991년: 인도네시아군, '딜리 대학살 사건' 자행

하무스 오르타: 조제 하무스 오르타는 동티모르가 인도네시아에 강점된 이후 독립운동을 한 공로로 1996년 노벨평화상을 받았어. 이후 동티모르의 2대 대통령을 지냈어.

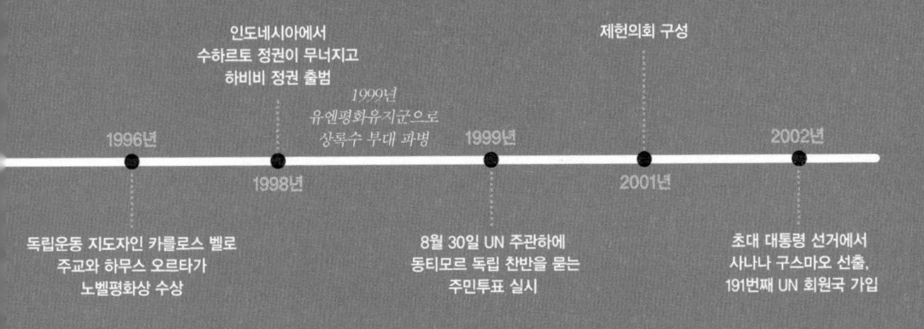

아름다운 섬나라의 비극

동티모르는 내가 처음으로 취재한 나라란다. 그전에는 지구상에 그런 나라가 있는지도 몰랐거든. 20여 년 전 엄마가 동티모르를 처음 접한 건 신문 기사를 통해서야. 신문에 동티모르 내전으로 학살당한 여대생들의 사진을 보고, 나는 꽃다운 나이에 왜 그처럼 비참하게 죽어야 했는지 궁금했단다. 그 궁금증을 풀고자 동티모르로 떠났어.

동티모르 땅을 처음 밟았을 때 받은 첫 느낌은 무척 아름다운 섬나라라는 거였어. 바닷물이 사파이어처럼 햇살에 빛나고 푸른 야자수와 바나나 나무가 우거진 동티모르는 관광지라고 해도 믿을 만큼 아름다운 나라였지. '이토록 아름다운 나라에서 여대생들까지 희생되는 내전이 왜 일어났을까?' 하는 의문으로 내 인생의 첫 취재를 시작했단다.

동티모르는 원래 티모르라고 불리던 나라야. 한국이 남한 북한 이렇게 나뉘듯이 티모르도 동티모르와 서티모르가 있어. 티모르는 아시아에 위치한 나라지만, 이상하게도 오랫동안 유럽의 식민지였단다. 그것도 여러 나라가 돌아가면서 티모르를 식민 통치했단다. 이 나라의 역사는 식민지 시대의 연속이라고 할 수 있을 정도야. 1520년 포르투갈 사람들이 티모르섬을 접수하면서 동티모르 식민지 역사가 시작되었단다. 그 후 스페인, 네덜란드, 영국, 일본 그리고 마지막에는 인도네시아가 차례차례 식민지로 삼았어. 특히 2차 세계대전 당시 일본은 군대를 진입시켜 동티모르 사람 6만 명을 학살하는 만행을 저질렀어. 일본은 우리 역사에만 불행을 준 것이 아니라 동티모르에도 끔찍한 기억을 남겼지. 그런 면에서 우리는 동티모르 사람들의 슬픔을 조금이나마 더 잘 이해할 수 있을 거야.

티모르가 동티모르와 서티모르로 갈라지게 된 것도 여러 나라의 식민지를 거치면서란다. 유럽 여러 나라가 서로 티모르를 가지고 싶어 하다 보니 자기들 마음대로 둘로 쪼갠 거지. 그 주범은 네덜란드와 포르투갈이야. 이 두 나라가 티모르의 지배권을 두고 각축전을 벌인 결과, 포르투갈이 동티모르를, 네덜란드가 서티모르를 차지하기로 했어. 그렇지 않아도 작은 티모르가 동티모르와 서티모르로 나뉘었지.

동티모르 사람들은 식민지를 거부하고 포르투갈에 저항했단다. 1719년과 1895년, 1959년 식민 지배에 맞서 큰 반란을 일으켰지. 하지만 그때마다 반란은 처참하게 진압되었어. 식민지가 무서운 건 반란을 일으키는 것 자체가 너무도 많은 사람의 죽음을 가져올 수밖에 없기 때문이야. 동티모르 사람들은 반란이 실패하고 큰 피해를 당하자 좌절했어. 그래서 그 뒤로 대항보다는 눈치를 보며 소극적인 태도로 그저 자신들의 문화라도 유지하며 연명하는 길을 택해야 했지.

그렇게 300년이 흐르고 1974년, 동티모르를 지배하던 포르투갈 신정부가 자신들의 식민제국을 해체하기로 결정하고 동티모르에 대한 식민 통치를 종식하겠다고 발표했어. 근대 시대에 들어 식민지를 유지하는 자체가 힘들어진 데다 포르투갈하고 동티모르는 너무 먼 거리라 포르투갈로서는 식민지를 포기하는 편이 더 편한 길이었단다. 이렇게 해서 독립할 수 있는 천우의 기회를 얻은 동티모르 사람들은 당연히 흥분의 도가니였지. 하지만 독립의 기쁨도 잠시, 동티모르 사람들 중에 식민화 정책에 길들여진 친 포르투갈 세력과 독립운동 세력 사이에 소규모 내전이 일어났어. 이제는 동티모르 사람들끼리 싸우게 된 거야.

식민지가 이래서 무서운거야. 식민지 시대가 오래되다 보면 어떤 사람들은 마치 노예처럼 주인이 자기를 버리고 떠난다는 느낌으로 그 주인을 잡으려 한단다. 식민화 정책에 철저히 세뇌되었기 때문이야. 우리나라도 독립운동가와 친일파가 있었잖아? 동티모르 사람이지만 머릿속은 이미 포르투갈 사람처럼 세뇌되어 마치 독립하면 세상이 망할 것 같은 착각을 일으키는 부류가 생겼지. 일본이 우리나라를 식민지로 지배하면서 우리말이나 글을 못 쓰게 하고 이름까지 일본식으로 바꾸게 한 것도 한국 사람을 세뇌하려는 식민지 문화 정책이었어. 이런 문화 정책은 사람들이 분열되게 만드는 것에 목적이 있어.

동티모르도 포르투갈에 세뇌된 사람들과 그렇지 않은 사람들이 서로 싸우게 되었단다. 이 내전에서 포르투갈을 반대하고 동티모르 독립을 지지하는 운동 조직인 동티모르독립혁명전선(프레틸린)이 승리했어. 프레틸린은 포르투갈 식민 정책에 반대하던 사람들이 총을 들고 산속에서 만든 동티모르 자생 군대로, 지금도 동티모르 독립의 상징이란다. 우리나라로 치면 광복군이나 독립군에 해당하지.

포르투갈은 내전의 소용돌이와는 상관없이 1974년 8월에 동티모르에서 철수했어. 이제 동티모르의 독립이 눈앞에 다가온 것처럼 보였지. 그런데….

'9일 천하'와 인도네시아의 과욕

그해 프레틸린은 동티모르 전역을 장악한 뒤 11월 28일, 마침내 300년의 포르투갈 식민지에서 벗어나 동티모르민주공화국 건국을 선포했어. 하지만 기쁨도 잠시, 프레틸린이 새로운 나라를 수립한 지 불과 9일 만에 어처구니없게도 다시 인도네시아의 식민지가 되었단다. 1년도 아니고 겨우 9일이라니… 동티모르의 불행은 끝이 없구나. 더군다나 그토록 싸우던 유럽 열강도 아니고 이웃 나라 인도네시아가 군대를 이끌고 느닷없이 동티모르를 접수한 거란다.

인도네시아는 곧바로 동티모르를 27번째 주(티모르티무르주)로 강제 병합했어. 물론 이 일은 국제사회의 비난을 불러일으켰어.

국제연합총회와 안전보장이사회에서 인도네시아의 침략 행위를 비난하고 인도네시아군의 철수와 합병 철회를 요구했어. 하지만 인도네시아는 들은 척도 하지 않았어. 그렇게 동티모르는 다시 식민지가 되고 말았단다. 동티모르 독립을 주도한 프레틸린도 9일 만에 국가를 잃은 억울함을 뒤로한 채 인도네시아군에 쫓겨 다시 산속으로 들어가 기나긴 무장투쟁에 돌입할 수밖에 없었지.

그런데 인도네시아는 지금껏 동티모르를 지배했던 그 어느 나라보다 악랄했단다. 인도네시아는 무력 침공 2개월 만에 당시 동티모르 전체 인구의 10퍼센트에 이르는 6만여 명을 학살했지. 2차 세계대전 기간에 일본군도 동티모르 사람 6만 명을 학살했는데, 또다시 6만여 명이 더 학살당했으니 그 조그만 섬에 사람이 많지도 않은데 동티모르 사람들의 씨가 마를 지경이 되었단다.

인도네시아군은 동티모르 사람들이 저항할까 봐 인도네시아 군인 3만 명을 동티모르에 상주시키면서 대규모 진압과 강제 이주, 초토화 작전을 펼쳤어. 이 와중에 동티모르 사람들을 납치, 고문, 강간하는 등 반인륜 행위도 서슴지 않았지. 동티모르 사람들은 정말 무서운 시기를 보내야 했어. 인도네시아 군인이 동티모르 사람들에게 얼마나 공포의 대상이었던지, 내가 취재하러 갔을 당시인 2000년에도 동티모르에서는 우는 아이에게 "인도네시아 군인 온다" 하면 바로 울음을 그쳤단다. 아이들도 어른들도 겨우 숨만 쉬면서 그 공포의 시간을 견뎌야 했던 거야.

숨죽이며 살던 동티모르 사람들도 1990년에 들어서면서 기지

개를 펴기 시작했단다. 수도 딜리에 있는 딜리 대학교 학생을 중심으로 인도네시아에 반대하는 시위를 벌이기 시작한 거야. 딜리 대학교는 우리나라로 치면 서울대학교라고 할 수 있어. 옛날이나 지금이나 어느 지역을 막론하고 세상의 등불이 되는 것은 역시 학생들인 듯하구나.

1991년 11월 12일 엄청난 사건이 발생했단다. 그전에 인도네시아를 반대하는 시위에 참가했다가 인도네시아군에 살해된 세바스티앙 고메스를 추모하기 위해 산타크루즈 공동묘지에 모인 대학생과 군중이 평화시위를 벌였어. 그런데 갑자기 인도네시아군이 군중에게 무차별 발포를 가해 271명이 죽고 382명이 다치는 사건이 발생했단다. 평화롭게 추모 행사를 하던 동티모르 사람들에게 총을 쏜 것은 인도네시아군의 명백한 범죄야. 한두 명도 아니고 200명이 넘는 사람을 총으로 쏘아 죽였다니 절대로 용서할 수 없는 잔인한 범죄지. 더구나 어린 학생들에게 총을 쏘다니, 천인공노할 일이 아니니? 이 사건이 발생한 산타크루즈 공동묘지가 동티모르 수도 딜리 한복판에 있어서 그날의 사건을 '딜리 대학살 사건'이라고 부른단다.

누르면 더 밀치고 나오는 것이 자유를 위한 군중의 힘이란다. 이 사건이 발생한 뒤 오히려 항의하는 시위가 동티모르 전역으로 확산되었어. 하지만 동티모르 사람들이 저항하면 할수록 인도네시아군도 총과 살인으로 더 잔인하게 맞섰어. 그렇게 동티모르에서는 인도네시아군에 의한 피비린내 나는 살육전이 며칠간 계속

동티모르는 오랫동안 수많은 죽음을 겪은 슬픔의 땅이었다. 집집마다 희생자와 실종자가 없는 가족이 없을 정도로 극심한 전쟁을 겪었다. 하지만 이들과 고통을 함께하는 전 세계인들의 인류애로 21세기 마지막 신생 독립국가가 되었다.

되었단다. 내가 신문에서 본 사진들도 그때 인도네시아군이 딜리 대학교에서 자행한 딜리 대학살 사건을 촬영한 것이지. 내가 원래 취재하려던 문제의 궁금증은 풀렸어. 하지만 동티모르의 진실을 알고 나서부터 인도네시아군의 잔인함에 엄마는 분노했단다.

용감한 두 기자에 의해 진실이 알려지다

며칠에 걸쳐 잔인하게 벌어졌던 이 학살은 우연한 계기로 전 세계에 알려졌어. 마침 학살 현장에 있던 미국인 기자 에이미 굿맨과 앨런 네언이 몰래 촬영을 한 거야. 그리고 녹화한 비디오테이프가 전 세계 방송을 타기 시작했지. 차마 눈 뜨고 볼 수 없을 정도로 잔인했던 딜리 대학살 사건은 이 영상을 통해 국제사회에 큰 충격을 안겨 주었단다. 그때는 지금처럼 인터넷이 없던 시절이야. 영상이나 문서를 보내려면 직접 사람 손으로 들고 날라야 했지. 영상도 테이프에 녹화된 것만 있던 시절이야.

인도네시아 정부는 동티모르에서 일어난 일이 세상에 알려지기를 원치 않았어. 그래서 그들은 외국인들을 감시했고, 특히 딜리 대학살 사건의 전말을 숨기기 위해 총력을 기울였지. 진실을 알리기로 한 굿맨과 네언은 인도네시아군과 정부의 눈을 피해 영상을 밀반출하기 위해 천신만고의 탈출 작전을 감행했어. 만약 이 테이프의 존재를 인도네시아군이 알아챘다면 그들의 생명이 위태로운 것은 물론이고, 동티모르는 지금도 대학살의 만행으로 고통받고 있을지도 몰라. 다행히도 기자들의 용감한 행동이 고통 속에 버려진 동티모르 사람들을 살리는 계기가 되었단다. 무엇보다도 두 기자가 동티모르 사람들의 고통을 외면하지 않은 것이 진정한 용기라는 생각이 드는구나.

굿맨과 네언의 영상이 공개된 후 국제사회는 동티모르행동연대(ETAN)와 같은 비정부기구를 결성해 동티모르인의 저항운동을 지원하기 시작했단다. 국제사회의 관심과 지원을 받기 시작한 동티모르도 다시 한 번 독립의 꿈을 꾸기 시작했지. 이제 국제사회가 동티모르의 든든한 지원군이자 친구가 된 거야. 이런 분위기에 가장 자극받은 것은 동티모르의 광복군 프레틸린이야. 동티모르 정부를 인도네시아에 빼앗겨 '9일 천하'로 막을 내리고, 언제 끝날지도 모를 인도네시아군과의 싸움에 지쳐 갈 때 세계인의 관심과 지원이 그들을 다시 일으켜 세운 거지.

프레틸린은 이번 기회를 놓쳐 버릴 수 없었어. 그들은 미국을 비롯한 국제사회의 지지를 끌어내기 위해 다른 나라의 게릴라들이 흔히 벌이는 민간인이나 항공기를 목표로 한 테러, 납치 등의 과격 행위를 일절 하지 않았어. 그들은 동티모르 독립을 위해 온건한 투쟁 노선을 선택했단다. 오직 독립만을 원하니 폭력을 휘두르는 인도네시아군을 물리치게 제발 도와 달라는 메시지였지.

프레틸린 지도자인 사나나 구스마오는 아주 영리한 사람이라 이 온건한 투쟁 노선이 국제사회의 동정을 불러일으켜 관심을 모을 수 있다고 판단했어. 동티모르 사람들의 압도적인 지지를 받은 그는 훗날 동티모르 초대 대통령에 당선되는데, 나는 그를 두 번 인터뷰했단다. 인자한 이웃집 아저씨처럼 생긴 구스마오는 독립운동을 하면서 제일 힘들었던 순간이 언제인지 묻는 말에 "밀림에서 인도네시아와 싸우면서 우리를 도와줄 나라가 하나도 없다는 생각이 들었을 때가 제일 힘들었습니다. 하지만 나는 희망을 버리지 않았습니다. 내 나라 동티모르는 반드시 독립한다고 하루에도 수십 번씩 생각했습니다"라고 대답했지. 그러고는 "우리는 여러 친구 나라들의 도움으로 독립했습니다"라고 덧붙였던 게 가장 기억에 남는구나. 그 순간 입술을 떨며 나지막하지만 강한 어조로 인터뷰하던 얼굴이 너무도 강렬했기 때문이란다.

멀고도 험난한 동티모르 독립의 길

이윽고 1996년 동티모르의 독립운동 지도자인 카를로스 펠리페 시메네스 벨로 주교와 조제 하무스 오르타 전 대통령이 노벨평화상을 받으면서 동티모르 사태는 국제사회의 집중적인 조명을 받게 되었어. 두 사람은 구스마오 초대 대통령과 함께 훗날 동티모르 독립의 주역으로 불리는 인물이지.

1998년 5월, 영원히 무너지지 않을 것 같던 인도네시아의 수하르토 정권이 경제 위기와 대규모 반정부 시위에 밀려 마침내 붕괴했어. 말하자면 인도네시아에 내분이 일어난 거야. 이제 인도네시아는 자기 나라 단속도 힘든 상황이라, 동티모르까지 신경 쓸 겨를이 없었지. 1975년 이후 20년 넘게 인도네시아군의 잔인한 식민 통치와 기근, 질병으로 전체 인구의 25퍼센트에 이르는 20만여 명이 목숨을 잃은 비극의 땅 동티모르에 다시 새 희망이 보이기 시작했어. 그리고 1999년, 드디어 국제사회의 압력으로 동티모르의 독립을 결정할 주민투표를 하게 되었어. 국제사회를 대표해서 국제연합이 동티모르 사람들의 의사를 묻는 절차였어. 투표를 통해 동티모르 사람들이 독립을 원하냐 원하지 않냐를 알아보는 거야. 만약 동티모르 사람들 중 독립을 원하는 사람이 많으면 동티모르의 독립을 국제연합이 승인해 주는 아주 중요한 투표였지.

하지만 마지막까지 인도네시아군은 친인도네시아 민병대를 동원해 집요하게 투표를 방해했단다. 친인도네시아 민병대는 앞서 포르투갈 식민 시대와 마찬가지로 인도네시아에 세뇌된 동티모르 사람들로 구성된 조직이란다. 나도 이해가 안 가지만 그들은 인도네시아를 지지했어. 세상에 식민지를 환영하는 사람들이 있을까 싶지만, 식민지 정책에 세뇌되어 거꾸로 가는 이들이 있기 마련이란다. 결국 동티모르 땅에서는 독립을 원하는 이들과 인도네시아를 지지하는 사람들이 서로 싸우게 되었고, 동티모르는 다시 총소리가 끊이지 않게 되었단다. 그 여파로 투표는 두 차례나 연기되는 우여곡절을 겪었어. 1999년 8월 30일, 마침내 국제연합 주관 아래 투표를 할 수 있게 되었지. 개표 결과, 유권자의

78.5퍼센트가 인도네시아를 거부하고 독립을 선택했단다.

이로써 동티모르가 드디어 독립을 이루었어. 500년이 넘는 유럽의 식민지와 20년이 넘는 인도네시아의 공포 통치, 그리고 '9일 천하'에 머문 광복군 프레틸린의 억울함을 딛고 동티모르라는 나라가 탄생한 거야. 동티모르 사람들은 그 소식을 듣고 너무 기뻐 길거리로 뛰쳐나와 자유와 독립의 공기를 마음껏 즐겼어. 동티모르 국기를 들고 거리로 나온 학생들, 춤을 추는 시민들로 동티모르는 축제 분위기에 빠졌어. 하지만 그것도 잠시, 인도네시아가 친인도네시아 민병대를 동원해 사람들에게 총을 쏘기 시작했단다. 그들은 총으로 무장하고 딜리 시내로 진입해 주민들의 독립 의지를 꺾기 위해 닥치는 대로 살인, 납치, 방화를 저질렀어. 많은 집이 불타고, 독립을 기뻐하던 사람들은 급하게 산속으로 도망갔어. 그리고 많은 사람이 강제로 서티모르로 끌려갔어. 서티모르는 여전히 인도네시아의 영향권 안에 있고, 지금도 친인도네시아 민병대가 관할한단다. 동티모르는 주민투표 후에 또다시 친 인도네시아 민병대의 난동으로 수천 명이 사망하고 수만 명의 난민이 발생했지. 동티모르의 독립은 이렇게 멀고도 길어 보였단다.

5월 20일, 세계가 함께한 동티모르 독립일

드디어 국제사회가 칼을 빼어 들었어. 1999년 9월 말, 오스트레일리아군을 주축으로 한 유엔평화유지군이 친인도네시아 민병대를 진압하기 위해 딜리에 입성한 거야. 1999년 9월은 동티모르 사람들에게 2000년 밀레니엄을 앞둔 역사적인 의미가 있는 달이란다.

동티모르는 비로소 폭력에서 벗어나 국제연합의 관리를 받게 되었어. 동티모르 사람들은 유엔동티모르과도행정기구(UNTAET)의 통치를 받으며 완전한 독립을 향한 바쁜 발걸음을 재촉했단다. 2002년 4월에 실시된 초대 대통령 선거에서 독립운동 지도자 사나나 구스마오가 선출되었고, 같은 해 5월 20일, 동티모르는 수백 년에 걸친 식민주의의 족쇄를 풀고 마침내 완전히 독립했단다. 동티모르 사람들에게도 독립 기념일이 생긴 거야. 세계도 이 독립국가의 탄생을 진심으로 축하해 주었어. 그리고 동티모르는 그해 9월에 191번째 국제연합 회원국이 되었단다.

이제 막 걸음마를 시작한 동티모르는 한껏 희망에 차 있었어. 제대로 남아 있는 사회 기반 시설은 없지만 사람들은 서두르지 않았단다. 독립의 기쁨은 밥을 먹지 않아도, 잠을 자지 않아도 괜찮을 만큼 큰 것일지 모르겠구나. 나는 동티모르에 머무는 동안 내전으로 발생한 수많은 실종자 가족을 만났단다. 어디에 묻혔는지, 어떻게 죽었는지도 모르는 피붙이를 찾아다니는 사람들을 보며 그들이 그동안 당했던 고통을 느낄 수 있었어. 동티모르 독립운동의 주역인 프레틸린을 인터뷰할 때는 그들의 용감함과 무용담을 전해 들었지. 에이미 굿맨 같은 기자의 용기도 그때 알게 되었단다.

동티모르 독립은 이처럼 전 세계 사람들이 하나가 되어 인류애를 실천하여 이뤄낸 소중한 경험이란다. 갖춰진 것이 거의 없는 나라였지만, 나는 그 땅에서 전 세계가 보여 준 동티모르에 대한 우정과 용기를 확인했어. 아직도 이 지구에는 많은 나라가 내전으로 힘들어하고 있단다. 우리도 국제사회의 한 구성원으로서 다른 나라의 아픔에 침묵하지 말고 우정과 용기를 보여 주어야 하지 않을까? 그것이 바로 인류애라는 거야. 이 세상에 인류애가 살아 있다면 지구에서 더 이상 분쟁은 일어나지 않을 테니까. 아마 너희 세대에는 인류애를 실천하는 훌륭한 인물이 더 많이 나와서 동티모르 같은 친구들을 구해 주는 행복한 세상을 만들겠지?

더 알아보고 싶다면

#프레틸린 #사나나 구스마오 #에이미 굿맨

#카를로스 펠리페 시메네스 벨로 주교 #조제 하무스 오르타

#산타크루즈 공동묘지 #딜리 대학살 사건 #유엔평화유지군

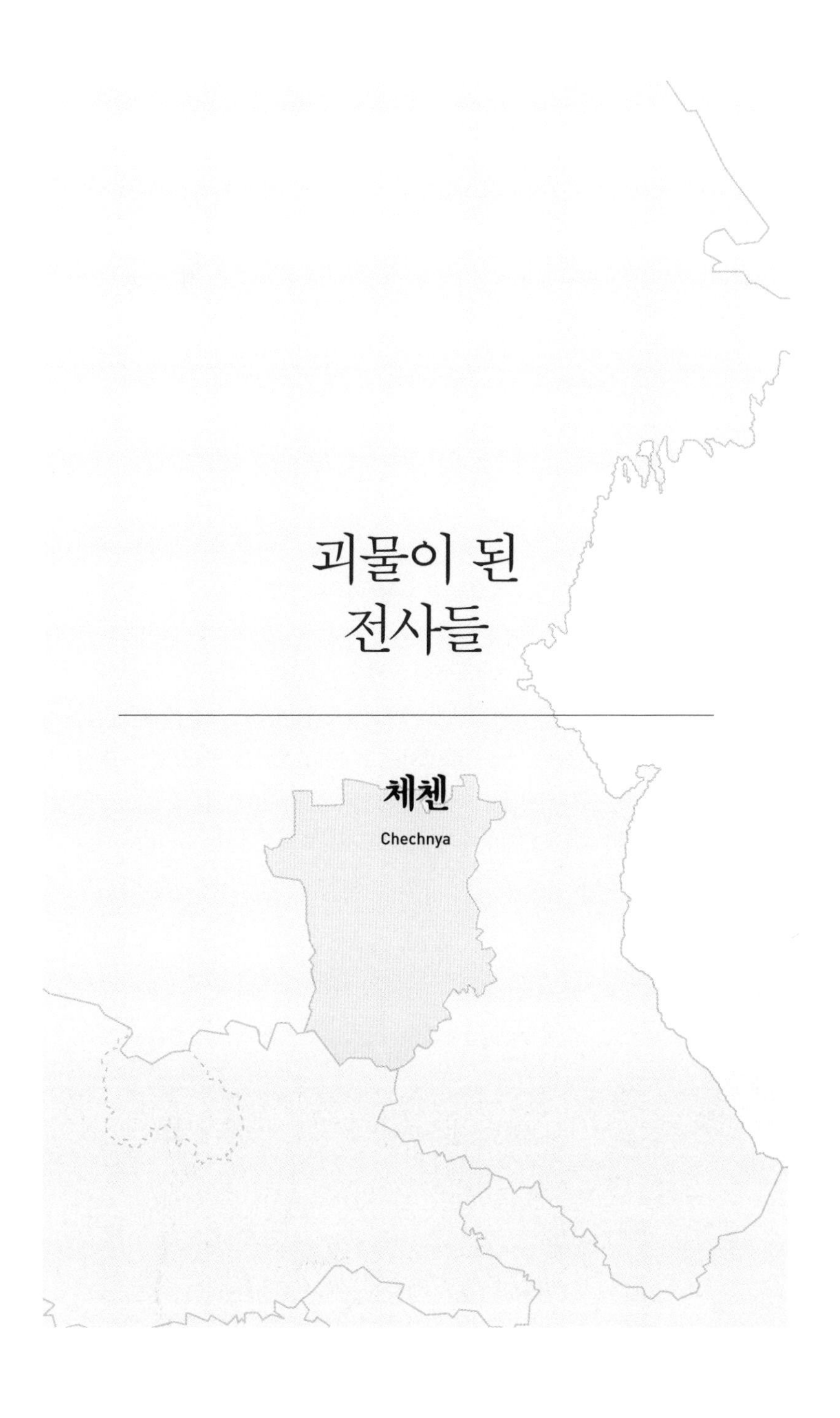

괴물이 된 전사들

체첸

Chechnya

체첸 Chechnya

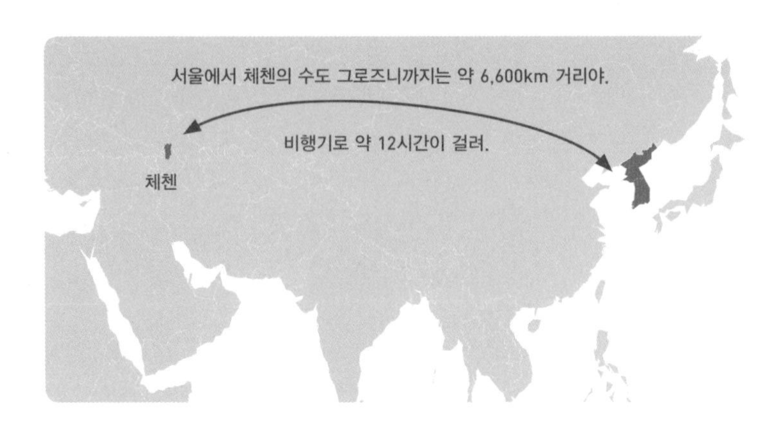

- 체첸은 면적이 약 1만 7,000㎢, 인구는 140만 명으로 경상북도만 한 크기의 지역이야. 러시아 서남쪽 끝의 흑해와 카스피해 사이의 캅카스(코카서스) 지역에 자리잡고 있어.
- 현재 체첸 공화국은 러시아 연방에 포함된 자치공화국이야. 체첸인들은 러시아정교회를 믿는 러시아인들과 달리 주민 대부분이 이슬람교를 믿고 언어도 달라.
- 체첸인들은 오래전부터 독립을 시도했지만 전략적 요충지인 데다가 카스피해에서 유전이 발견되면서 러시아와 오랜 전쟁을 치러야 했어.
- 남쪽으로 험준한 캅카스산맥이 이 지역을 가로지르고 있어서 지금도 부족 단위로 생활하는 곳이 많아.

• 주요 연혁

- 1859년: 러시아 팽창주의에 반대하던 체첸 지도자 이맘 샤밀이 체포되면서 러시아제국에 강제 합병
- 1920년: 소비에트사회주의 공화국연방이 들어서면서 자치공화국 설립
  - *1937년 소련 극동 지역 거주 고려인 17만 명이 카자흐스탄과 우즈베키스탄으로 강제 이주*
- 1943~1944년: 2차 세계대전 당시 독일을 도와 독립을 꾀했다는 혐의로 40만 명이 카자흐스탄과 시베리아로 추방
- 1991년: 소련 붕괴의 혼란기를 틈타 이츠케리아 체첸 공화국 설립
- 1994년: 체첸과 러시아의 1차 체첸 전쟁 발발

늑대: 늑대는 체첸의 상징이야. 우리 단군신화처럼 체첸인들에게도 늑대에 관한 여러 전설이 있어서 늑대의 후예라고 생각해. 그래서 체첸 반군을 '외로운 늑대'라고 불렀어.

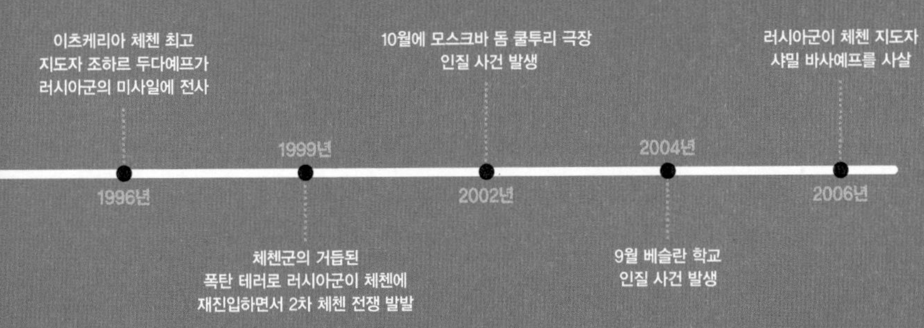

소련의 식민지였던 체첸

체첸은 원래 독립국으로 체체니아라고 불리던 나라였어. 구소련이 소비에트사회주의공화국연방이라는 이름으로 다른 지역들과 함께 한꺼번에 강제로 통합하면서 한 나라가 된 거야. 세월이 흘러 1991년 구소련이 붕괴되면서 체첸은 러시아에서 독립할 수 있었지. 그런데 이 과정에서 체첸 문제가 불거졌어. 소련의 공포정치에 숨죽이고 있다가 겨우 독립했는데도 러시아가 내정간섭을 계속하자 체첸은 짜증이 난 거야. 러시아와 체첸은 과거 오랜 세월 동안 사이가 좋지 않았어. 그리고 체첸이 구소련에서 독립한 이후에 그 갈등이 더욱 심해졌어.

체첸 문제는 식민 지배를 한 러시아와 식민 지배를 받은 체첸 사이에 벌어지는 갈등이라고 할 수 있어. 사실 체첸은 딱히 특별한 것도 없어서 국제사회에서 관심을 별로 받지 못하는 나라였단다. 인터넷으로 자료를 검색해 보아도 그저 인구 100만이 조금 넘는 작은 나라라는 설명만 겨우 들을 수 있을 뿐이야. 하지만 체첸은 역사적으로 오랜 세월 동안 러시아와의 소용돌이 속에서 숱한 고통을 감내하며 살아야 했어. 체첸 사람들은 피를 무서워하지 않는 타고난 전사들이야. 체첸의 아이들은 태어나면서 러시아로부터 조국을 지켜야 한다는 말을 듣고 자랄 뿐만 아니라, 남자 아이는 일곱 살만 되면 벌써 무기 사용법을 배운다는구나. 가족이나 친척이 피살되면 남은 사람이 반드시 피의 보복을 하는 전통도 내려오고 있어. 그래서 지금도 체첸 사람은 대부분 단검과 단총, 자동소총을 소지하고 능숙하게 다룬단다.

러시아는 그동안 체첸을 러시아에 동화시키는 정책을 펴 왔어. 하지만 체첸 사람들의 머릿속에는 산악 민족 특유의 저항 정신이 깊게 뿌리박혀 있단다. 그 저항 정신이 지금껏 자신들만의 종교와 언어를 지켜낼 수 있게 했고, 또 기회가 있을 때마다 러시아에 대항하게 하는 거란다.

내가 체첸에 처음 간 것은 2003년이야. 그때 검고 덥수룩한 턱수염에 '파파하'라는 전통 털모자를 쓰고 있던 체첸 남자들의 모습이 아주 강렬했단다. 고집스럽고 우직할 것 같은 인상이었거든. 그래서 속으로 '저런 사람들이 러시아에 고분고분할 리가 없지' 하고 혼잣말을 했던 기억이 나는구나.

두다예프, 체첸의 등불이 되다

체첸에서 아주 유명한 사람이 있단다. 체첸의 지도자이며 이츠케리아 체첸 공화국의 1대 대통령이던 조하르 무사예비치 두다예프야. 조하르 두다예프는 1944년 2월에 체첸-인구시 소비에트 사회주의 자치공화국에서 태어났지만, 구소련의 강제 이주 정책으로 카자흐스탄에서 13년 동안 거주했어. 똑똑하고 리더십이 뛰어난 그는 장래가 촉망되는 젊은이로 자랐단다. 모스크바의 공군학교를 졸업하고 전투기 조종사가 되어 소련 공군 소장까지 올라갔지. 체첸 사람이 러시아의 장군이 되다니 그야말로 개천에서 용이 나온 셈이야.

승승장구하던 두다예프는 1991년 11월 소련이 붕괴되고 체첸이 독립을 선포하자, 러시아 장군이라는 신분을 버리고 체첸으로 돌아갔어. 그가 그런 용기를 낸 것은 조국 체첸을 결코 잊지 않고 반드시 일으키고야 말겠다는 민족정신 때문이었어. 그는 자신이 직접 지휘했던 러시아 군대에 맞서야 했어. 러시아 정규군 장군에서 게릴라 지휘관이 된 그는 4년간 1차 체첸 전쟁을 이끌면서 체첸 독립운동의 영웅으로 떠올랐고, 체첸 국민의 존경을 한 몸에 받았단다.

하지만 체첸의 영웅 두다예프는 1996년 4월 21일 수도 그로즈니에서 러시아군의 폭격으로 전사하고 말았어. 두다예프가 사용하던 전화가 러시아군에 감청되었고, 러시아 방첩부가 두다예프의 음성과 대조한 다음, 러시아 공군의 수호이 25 전폭기 2기가 이동하던 두다예프의 승용차를 레이저유도탄으로 날려 버린 거야. 두다예프는 그렇게 장렬한 최후를 맞이했지만, 체첸인의 가슴속에 영원한 영웅으로 남았단다. 지금도 많은 체첸 사람이 두다예프의 이름만 들어도 눈물을 글썽일 정도지. 심지어 체첸 사람들은 지명을 바꿀 때도 그의 이름을 잊지 않았어. 나라 이름을 이츠케리야 체첸 공화국으로 바꾸면서 수도인 그로즈니의 이름을 두다예프의 이름인 조하르로 바꿨단다.

다윗 체첸이 골리앗 러시아를 격퇴하다

자, 그럼 두다예프가 어떻게 체첸의 영웅이 되었는지 살펴볼까? 체첸의 영웅 두다예프가 벌인 러시아와의 한판 승부는 1차 체첸 전쟁부터 시작되었단다. 그 출발은 1991년 8월, 두다예프가 러시아의 회유와 군사적 위협에도 불구하고 일방적으로 체첸 독립을 선포한 데서 시작되었어. 결국 러시아의 옐친 대통령은 그해 11월, 체첸 지역에 비상사태를 선포하고 병력을 투입했지. 그렇게 시작된 전쟁은 한 달 뒤 러시아 공군기들이 체첸의 수도 그로즈니를 공습하면서 걷잡을 수 없는 상황에 이르렀어. 두다예프는 여기서 물러서면 체첸 전체가 죽는다는 심정으로 결사 항전을 선언했고, 치열한 교전이 벌어졌어.

밀고 밀리는 처절한 전투가 계속되면서 체첸과 러시아 양측의 피해는 나날이 늘어났단다. 그리고 마침내 1995년 1월 1일, 러시아가 체첸의 수도 그로즈니를 제압했다고 발표했어. 그 과정에서 많은 체첸 시민이 죽어 갔지. 체첸의 처참한 모습이 연일 전 세계에 방송되자 국제사회는 러시아에 이제 그만 군사행동을 중지하라고 요구했지만, 옐친 러시아 대통령은 들은 척도 하지 않고 초강경 자세로 버텼어.

결국 체첸의 대통령궁이 러시아군에 넘어가고 말았어. 우리로 치면 청와대를 빼앗긴 거야. 이때부터 체첸군은 정규군 신분에서 게릴라군 신분으로 바뀌었어. 나라를 빼앗긴 체첸 사람들은 울분을 삼키며 그 추운 산악으로 들어가 독립운동을 시작했단다. 어제까지는 정규 군인이었지만 이제는 게릴라가 된 거지. 물론 러시아 입장에서 보면 그들은 게릴라라기보다는 테러리스트에 가까워. 하지만 체첸 입장에서 보면 독립운동을 하는 독립군이야. 이렇듯 어느 편에 서느냐에 따라 때로는 테러리스트가 되고 때로는 독립군이 되기도 해.

1차 체첸 전쟁 이후 체첸군은 산악으로 흩어졌단다. 체첸을 점령하고 승리감에 젖은 옐친 러시아 대통령은 체첸에서 군인을 철수하고 경찰을 투입해 치안을 유지했지. 국제사회가 러시아를 비난하자 이를 의식한 러시아가 군인 대신 경찰로 이 사건을 무마하려고 했던 거야. 하지만 옐친이 방심한 틈을 노려 체첸 독립군이 다시 반격에 나섰어. 군인과 경찰은 전투력이 다르거든. 당연히 군인이 더 강할 수밖에 없단다. 체첸의 군인이 러시아 경찰을 밀어내기 시작했어. 그리고 체첸 초대 대통령이자 러시아의 장군 출신인 두다예프는 그 누구보다 군사 전술에 뛰어났어. 결국 체첸군의 반격으로 러시아군은 수도 그로즈니는 물론 체첸 땅에서 철수하고 말았단다.

체첸의 분열, 다시 러시아를 부르다

수도 그로즈니를 회복한 체첸은 다시 독립국으로 인정받았어. 러시아를 몰아내고 드디어 꿈에 그리던 완전한 독립을 이룩한 거야. 체첸 사람들은 뛸 듯이 기뻐했어. 이렇게 해피엔딩으로 끝나는 듯했던 체첸은 곧 큰 혼란에 휩싸이고 말았단다.

생각지도 못한 문제가 체첸에 발생했단다. 체첸 사람들은 독립의 기쁨에 취해 러시아인을 모조리 추방했어. 그동안 러시아 사람들에게 억눌렸던 울분으로 가득 찼던 체첸 사람들은 러시아 사람이라면 꼴도 보기 싫었던 거야. 문제는 당시까지만 해도 러시아 사람들이 체첸의 모든 경제권을 쥐고 있었고, 체첸 사람들은 그 영향권에 있었다는 사실이야. 예를 들어 러시아 사람이 운영하는 공장에서 체첸 사람들이 일하고 있었는데, 그 공장 주인이 체첸 밖으로 추방당하자 공장이 문을 닫아 버린 거야. 물론 공장에서 일하던 체첸 사람들은 일자리를 잃게 되었지. 체첸의 경제는 자급할 능력을 완전히 상실하고 말았어. 쉽게 말해, 독립은 얻었으나 먹고살 길이 막막해진 거야.

체첸 사람들은 러시아에 대한 뿌리 깊은 원한으로 치열한 전투 끝에 러시아를 몰아냈지만 그 이후 사회 통합과 경제를 감당하지 못했어. 먹고살 길이 막막해진 체첸 사람들 사이에 갑론을박이 벌어지고, 급기야 서로 갈라지기 시작했어. 먹을 것은 정해져 있고 사람은 많다 보니 싸움이 벌어진 거야. 이제 체첸은 러시아가 문제가 아니라 내부 분열이 문제였어. 체첸 사람들은 평생 싸우는 것밖에 모른 데다 대통령마저도 총 들고 싸우기만 했던 사람이기에 그들의 분열은 어쩌면 정해진 수순이었는지도 모르겠구나. 한 번도 평화에 적응하는 방법을 배우지 못했던 것이 체첸의 진짜 비극이었어.

그 와중에 체첸 독립의 영웅이자 국민을 하나로 이끌던 두다예프마저 사망하자 분열이 극에 달했지. 이제 체첸은 걷잡을 수 없는 혼란에 빠졌고, 국가의 공권력은 그저 상징에 지나지 않았어. 자국민 사이에서 납치, 암살, 테러가 연일 일어났고, 체첸의 미래에 먹구름이 드리워졌단다.

석유 이권과 국제사회의 침묵

체첸이 사분오열해 내분에 휩싸이자 러시아가 다시 체첸을 노리기 시작했어. 1차 체첸 전쟁으로 어이없게 체첸에 독립을 내주어야 했던 러시아로서는 체첸의 분열이 반갑기 그지없었지. 더군다나 그즈음 체첸의 국경 지대인 캅카스 지역에 세계 최대 규모인 180억~350억 배럴의 석유와 가스가 매장되어 있다는 사실이 알려졌어. 이제 러시아가 국제사회의 비판에도 아랑곳하지 않고 체첸을 차지해야 하는 이유가 확실해졌단다. 체첸의 독립을 인정하면 엄청난 석유 이권을 포기해야 하기 때문이지.

때마침 체첸에서 분열이 일어났고, 러시아는 이를 기회로 삼아 본격적으로 체첸 공격에 나섰단다. 러시아 군사력은 상상을 초월했지. 체첸을 초토화시킬 정도로 막강한 화력이었어. 러시아군에 밀리기만 하던 체첸군은 결국 최후의 결전을 감행했어. 바로 러시아 영내에서 인질극을 벌인 거야.

하지만 체첸군의 인질극이 오히려 러시아에 유리하게 작용했단다. 그동안 국제사회에서 러시아는 약한 체첸을 괴롭히는 악당이라는 비난을 들어 왔는데, 인질극으로 인해 테러리스트에 맞서 싸우는 국가로 비춰지게 된 거야. 반대로 인질극까지 벌이면서 결사 항전하는 체첸군은 딱 테러리스트로 보였어. 더군다나 체첸 사람들은 대부분 이슬람교를 믿어서 테러리스트 이미지에 잘 들어맞았어. 러시아는 재빨리 이들을 테러리스트로 규정하면서 테러와의 전쟁에 앞장서는 정의로운 국가로 다시 태어났지.

체첸의 독립으로 막대한 석유 이권을 잃고 싶지 않았던 러시아는 9.11 테러 직후 미국이 아프가니스탄을 공격하는 것을 눈감아 주었단다. 그 대신 "체첸의 반군 지도자가 국제 테러 조직과 연관돼 있다"며 체첸을 탄압하는 데 대한 미국의 동의를 얻어 냈어. 이로써 미군은 아프가니스탄을 공격하고, 러시아군은 거리낌 없이 체첸으로 들어갈 수 있었지. 냉전 시대에 라이벌이던 미국과 러시아가 이렇게 죽이 잘 맞는 친구가 된 것은 중동의 석유 통제권을 장악하려는 미국과 체첸의 석유 통제권을 포기하지 않으려는 러시아의 이해관계가 절묘하게 맞아떨어진 덕분이란다. 미국이 러시아의 체첸 인권 탄압을 외면한 이유도 이것 때문이야.

9.11 테러 이전에 국제연합을 비롯한 국제사회의 입장은 체첸을 독립시켜야 한다는 것이었는데, 9.11 이후 테러라고 하면 우선 겁부터 먹는 국제 정서가 만들어졌단다. 이런 분위기에서 러시아가 일방적으로 테러 국가라고 부르는 체첸에 국제사회도 점점 등을 돌려 체첸은 벼랑 끝으로 몰렸어. 용감한 러시아가 테러를 제압하기 위해 테러리스트 국가 체첸에 대규모 공격을 감행한다는데, 그 누가 뭐라 할 수 있겠니? 러시아의 계산은 이처럼 치밀했단다.

독립 투쟁에서 종교전쟁으로

러시아는 체첸을 무자비하게 공격했고, 막대한 사상자를 낸 체첸군은 또다시 남부 산악 지대로 피신하고 말았어. 러시아군에 대항해 항전을 펼쳤지만 아무 소용이 없었지. 러시아 공군의 무자비한 공습과 육상으로 진입한 탱크 부대의 집중포화로 지상의 건물 90퍼센트 이상이 파괴된 체첸은 죽음의 도시가 되었어. 이로써 체첸은 독립에서 완전히 멀어졌고, 테러리스트 국가라는 눈총을 받으며 고난의 행군을 하고 있단다.

국제사회의 관심이 멀어지면서 체첸에 은밀히 손을 내미는 세력이 생겼단다. 바로 중동에 있는 이슬람 국가의 과격 이슬람 단체들이지. 이 단체들은 미국에 반감을 가지고 있으면서 체첸과 마찬가지로 이슬람 종교를 믿는 세력이야. 러시아가 체첸을 테러리스트 국가로 규정하면 할수록 체첸은 주변 이슬람 세력으로부터 동정을 받았어. 이슬람권에서는 체첸의 저항 세력이 이슬람 테러리스트로 알려질수록 지하드(성전聖戰: 이슬람교의 신앙을 전파하거나 방어하기 위해 이교도와 벌이는 성스러운 투쟁)를 수행하는 이슬람 전사로 보였지. 러시아가 체첸을 공격하는 것은 전적으로 이슬람권에 대한 탄압으로 해석되었고, 체첸 사람의 강력한 저항은 다른 이슬람 세력의 투쟁과 비슷하게 보인 거야. 그 결과, 중동의 이슬람 국가들에서 수많은 이슬람 전사와 군자금이 체첸으로 흘러들어 갔지. 처음에는 러시아에 대한 체첸의 항전이었던 것이 점차 이슬람교도들의 항전, 즉 종교전쟁으로 그 성격이 바뀌었단다. 하소연할 데 없이 산속에서 힘겹게 싸우는 체첸 사람들에게 이슬람 세력의 도움과 관심이 얼마나 고마웠겠니?

처음 체첸 문제는 독립 투쟁이었어. 하지만 전쟁이 길어지고, 러시아가 정치적 계산으로 체첸군을 테러리스트로 규정하면서 이슬람과 종교전쟁으로 발전한 거야. 이 점이 지금껏 체첸 분쟁의 불씨가 꺼지지 않고, 체첸 땅에 봄이 오지 않는 이유란다.

검은 미망인의 분노

그러다가 체첸이 다시 국제 뉴스에 크게 등장했어. 2002년 10월 23일, 체첸군이 모스크바의 한 뮤지컬 극장에서 러시아 사상 최대의 인질극을 벌인 거야. 체첸 지도자 아르비 바라예프를 비롯해 50명 정도로 추정되는 체첸군 '자살 특공대'가 모스크바 돔 쿨투리(문화의 집) 극장에서 "러시아군의 일주일 내 체첸 철수"를 요구하며 1,000명 정도의 관객과 배우를 인질로 잡고 사흘 동안 러시아와 대치를 벌인 사건이었어. 뮤지컬을 보러 왔다가 갑자기 인질이 된 러시아 관객과 배우들은 얼마나 황당하고 놀랐겠니?

러시아는 자살 특공대와 대치 끝에 특수부대를 투입해 진압에 나섰는데, 이 과정에서 마취제를 사용해 체첸군뿐만 아니라 인질로 잡혀 있던 민간인을 포함, 140명이나 사망하고 말았어. 140명이 한순간 목숨을 잃은 현장은 그야말로 참혹했단다. 민간인까지 희생된 과잉 진압 작전으로 러시아는 국제적인 비난에 휩싸였지.

그런데 사건을 수습하는 과정에서 러시아 사람들은 깜짝 놀라고 말았어. 인질극이 벌어진 극장 안에서 검은색 차도르를 쓰고 몸에 폭탄 띠를 두른 채 기관총을 든 체첸 여성 19명의 시신을 발견한 거야. 그들은 '검은 미망인(Black Widow)'이라고 불리는 체첸 전쟁의 미망인으로, 러시아군에 남편이나 가족을 잃은 체첸 여성이란다. 러시아에 대한 분노로 그들이 마지막으로 택한 선택은 몸을 던져 러시아에 저항하는 것이었어. 세상에서 제일 아름다운 테러리스트라 불리는 체첸의 검은 미망인은 산속에서 폭탄 조립과 은폐, 폭발 방법을 훈련받고 저항운동에 투입된 거란다.

2001년에 한 체첸 여성이 남편을 죽인 러시아군 장성을 살해한 사건이 일어났단다. 최초의 검은 미망인이었어. 이후 2000년대 초부터 러시아에 대한 분노와 이슬람의 종교적 신념으로 무장한 검은 미망인들이 러시아 곳곳에서 벌어진 테러 공격을 주도했단다. 이슬람 사회에서는 남편 없이 여성 혼자서 삶을 유지하기 힘들어. 그런 좌절이 미망인들에게 폭탄을 두르게 했는지도 모르지만, 17세부터 20대 초반에 이르는 어린 나이에 그렇게 희생되는 현실이 너무나 안타깝구나. 우리나라에서 열일곱 살이면 한창 멋 부리고 친구와 놀러 다니며 입시 준비하느라 바쁜 나이잖아? 그런데 무엇이 같은 또래의 체첸 여성들에게 폭탄을 두르게 하는 걸까? 이 미망인들이 절망의 벼랑에서 이런 가슴 아픈 선택을 해야만 하는 게 체첸 전쟁의 현실이란다.

모스크바의 인질극이 잊히기도 전인 2004년 9월 1일, 또 하나의 충격적인 사건이 발생했어. 북오세티야의 소도시 베슬란에서 체첸군이 초등학교를 기습한 거야. 사건은 아이들이 긴 방학을 끝내고 등교한 개학일에 일어났어. 학교에 갑자기 무장한 체첸군이 들이닥쳐 1,000명이 넘는 학생과 주민을 인질로 잡았단다. 인질은 물과 음식도 없이 꼬박 이틀 동안 공포에 떨었어. 사건은 러시아 특수부대가 투입되어 일단락되었지만, 8시간에 걸친 치열한

검은 미망인이라 불리는 17세 체첸 여성. 이슬람권이나 체첸에서는 남편을 전쟁에서 잃은 여성은 혼자 자립이 불가능하다. 슬프고 우울한 상황에서 이들이 선택한 것은 남편을 위한 복수로 자살 폭탄 테러나 요인 암살이었다.

교전으로 인질범 32명이 사망했고 어린이 186명을 포함해 민간인 334명이 목숨을 잃었단다. 무엇보다 아이들이 이렇게 많이 희생되었다는 사실이 러시아는 물론 전 세계에 큰 충격을 주었어.

이 두 사건은 국제사회가 더 이상 체첸 사건에 침묵해서는 안 된다는 위기감을 주었어. 체첸이라는 나라는 언제 어디서 터질지 모르는 시한폭탄이 된 거야. 체첸 사태는 이미 어디부터 손을 써야 할지 모를 만큼 엉켜 버린 상황이야. 아마 러시아의 욕심만 아니었다면 체첸은 이제 막 독립한 신생 국가로서 걸음마를 하고 있었을 텐데 말이야. 이 모든 게 각자의 이익을 추구하느라 국제사회가 체첸 문제에 침묵했기 때문이란다. 물론 극장과 학교에서 인질극을 벌인 체첸군도 분명한 범죄를 저지른 거야. 아무리 체첸의 독립이 소중해도 극장 나들이 나온 가족과 방학을 끝내고 등교한 아이들을 인질로 잡은 건 누가 뭐라고 해도 반인륜적인 범죄야. 하지만 체첸이 이렇게 괴물이 되어 가는 동안 국제사회가 사태를 방치한 책임도 한 번쯤 생각해 봐야 한단다.

체첸에 다시 봄이 오려면

체첸에 가면 곳곳에서 불기둥을 볼 수 있는데, 바로 유전 지대라는 뜻이야. 체첸의 수도 그로즈니는 산악 지대의 유전이 둘러싸고 있단다. 러시아가 체첸을 포기하지 못하는 것도 바로 이 유전 때문이지. 이 비극의 불꽃이 체첸에 있는 한 아마 전쟁은 피하기 힘들지도 모르겠구나. 하지만 유전은 체첸이 마지막으로 발돋움할 수 있는 살림 밑천이기도 해. 그래서 체첸 사람들도 이 유전을 포기할 수 없지.

전쟁으로 모든 것이 파괴되었지만 체첸에는 엄연히 사람이 살고 있어. 그들이 삶을 이어 가기 위해서라도 언제나 전쟁만 하고 있을 수는 없지 않을까? 체첸에서 언론인으로 활동하고 있는 내 친구 조르예프는 "이제 체첸 사람들도 많이 지친 것 같습니다. 러시아가 유전 지대를 안 건드린다는 보장만 있으면 우리도 각자 가족을 부양하는 데 전념하고 싶습니다"라고 말하더구나. 그만큼 전쟁에 지쳤다는 뜻이겠지.

체첸이 다시 세상에 등장한 건 2012년부터야. 시리아에 내전이 벌어졌는데 그 혼란을 틈타 IS(이슬람국가)라는 무장 조직이 이곳에 들어간 거야. IS는 처음에 시리아 사람들을 도와준다고 하더니 자꾸 외국인 전사들을 불러 모았어. 그중에 체첸 전사들이 가장 먼저 IS와 시리아로 들어왔단다. 체첸 사람들은 키도 크고 얼굴도 강인하게 생겨서 아랍 사람들과는 외모가 많이 다르단다. 체첸 전사들은 그동안 러시아와 싸우며 길러 온 전쟁 기술을 선보이며 IS 전투의 최전선에 등장했지. 우리가 들어 본 IS의 잔인한 수법은 거의가 체첸 전사들이 IS에게 전해 준 거야. 인질 참수나 잔인하게 사람 죽이는 방법 등으로 체첸 전사들은 다시 유명해졌어. 체첸 전쟁은 시간이 흐르며 이렇게 괴물을 만들어 낸 거야. 국제사회가 진작에 러시아와 체첸 전쟁을 중재했다면 시리아 내전에 체첸 전사들이 괴물처럼 등장하지 않았을지도 몰라. 시간이 흐를수록 그들은 분노와 원망으로 망가졌고 세계는 그들을 내버려 둔 거지. 이렇게 한 지역의 분쟁은 전염병처럼 다른 지역으로 옮겨 간단다. 그래서 지구 어느 편이든 전쟁이 나면 다른 나라들도 관심을 가져야 해. 언제 어디로 불똥이 튈지 모르기 때문이야.

지금 나는 안전한 나라에 사니까 나하고 상관없다고 언제까지 장담하지는 못해. 시리아 사람들도 체첸 전사들이 자기네 나라 분쟁에 와서 저렇게 잔인하게 사람을 죽인다는 것을 미리 알았다면 체첸 전쟁을 남의 나라 일로 바라보고만 있지는 않았겠지. 누구도 예상 못 한 일이었어. 지금 시리아 전쟁은 다시 그 불똥이 유럽으로까지 튀고 있어. 유럽의 난민 문제를 불러오거나 IS 테러의 온상이 되어 전 세계를 공포에 떨게 한단다. 우리가 다른 나라 분쟁에 관심을 더 가져야 하는 이유는 전쟁을 미리 막을 수 있기 때문이란다. 같은 지구에 살면서 슬픈 비극이 자꾸 되풀이되지 않게 해야 하잖아. 괴물이 된 체첸을 보며 엄마는 그 교훈을 깊이 새기게 되었어. 이제 또 다른 괴물이 안 나오게 우리가 다른 세상 소식에 관심을 좀 더 가져 보자.

더 알아보고 싶다면

#두다예프 #1차 체첸 전쟁 #검은 미망인 #체첸 무장 단체 #베슬란 인질 사건

#모스크바 극장 인질 사건 #그로즈니 #체첸 유전 지대 #2차 체첸 전쟁

살구꽃 땅의 전쟁

카슈미르

Kashmir

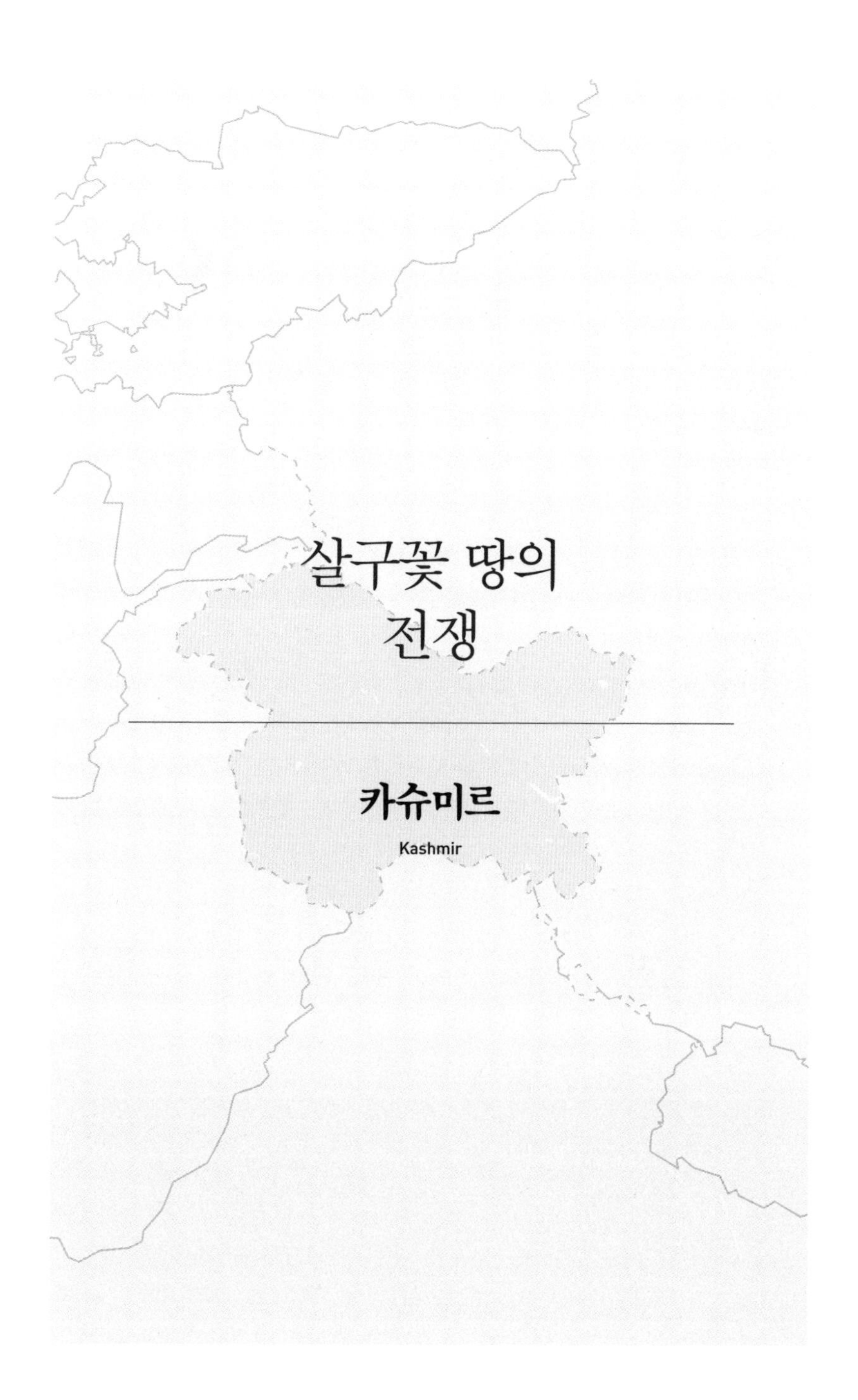

카슈미르 Kashmir

- 면적이 약 22만㎢로 한반도랑 비슷한 크기의 카슈미르는 대표적인 영토 분쟁 지역이야. 인도령인 잠무 카슈미르와 파키스탄령인 아자드 카슈미르로 나뉘어 있어.
- 면적의 60% 넘게 인도가 차지하고 있지만, 인구는 반대로 70%가 넘는 주민이 이슬람교를 믿어서 파키스탄에 더 가까워. 이렇게 된 건 파키스탄이 독립할 때 주민의 바람과 달리 당시 국왕이 힌두교도라서 인도를 선택했기 때문이야.
- 인도와 파키스탄은 이 지역을 두고 전쟁도 불사할 만큼 한 치도 물러서지 않고 대립 중이야. 지금도 무력 충돌이 계속 일어나고 있어. 인도와 파키스탄뿐만 아니라 일부 지역은 중국이 점령하고 있어서 상황이 더욱 복잡해졌단다.
- 히말라야산맥에서 이어진 카라코람산맥에 자리잡은 고원 지대로 땅이 비옥하고 자원도 풍부한 지역이야. 경치도 좋아서 무굴제국 시대부터 관광지로 유명했어.

• 주요 연혁

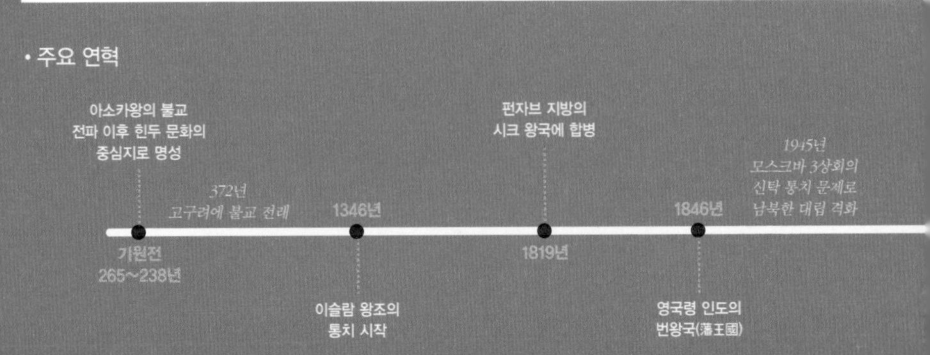

캐시미어: 카슈미르에서는 염소랑 산양을 많이 키우는데 이 솜털로 만드는 양탄자가 옛날부터 유명했어. 고급 원단인 '캐시미어(cashmere)'가 바로 여기에서 나왔어.

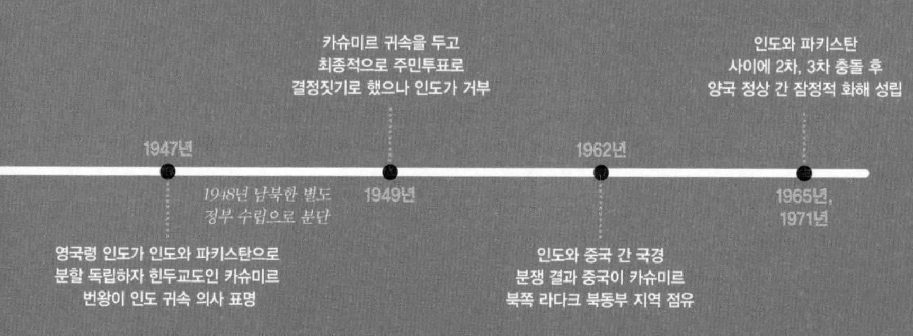

'동양의 알프스'에 불어닥친 피바람

인도와 파키스탄의 국경에 카슈미르라는 지역이 있단다. 히말라야산맥의 끝자락과 카라코람산맥의 만년설이 병풍처럼 우뚝 서 있고, 만년설이 녹아 흘러내리는 물이 푸른 계곡을 이루고 숲과 초원을 만든 땅, 이곳을 전 세계인은 '동양의 알프스'라 불러. 너희 세대는 잘 모르겠지만, 엄마의 학창시절 유명했던 영국의 세계적인 밴드 레드 제플린이 〈카슈미르〉라는 곡에서 "태양이 내 얼굴에 부딪히고 별들이 내 꿈을 채운다. 당신을 그곳으로 데려가게 해 달라"라며 카슈미르의 아름다움을 노래했을 정도란다.

카슈미르는 대부분 산악과 구릉 지대로 되어 있어. 북쪽으로는 해발 8,000미터가 넘는 히말라야산맥 고드윈오스턴산(일명 K-2)과 낭가파르바트산이 우뚝 서 있는데, 세계적인 산악인들도 히말라야에 모두 오르려면 반드시 올라가야 하는 산이지. 히말라야산맥 아래쪽 구릉 지대는 초원과 사막이야. 카슈미르 사람들은 대대손손 이곳에서 만년설이 녹아 흘러내리는 깨끗한 물로 농업과 목축업을 하며 살아왔어. 특히 북부 아자드 카슈미르 지역은 살구가 아주 유명한데, 살구나무가 지천에 깔려 있어서 온통 살구 천지인데도 아무도 따 가는 사람이 없을 정도지.

하지만 카슈미르는 뭐니 뭐니 해도 가내수공업이 가장 유명하단다. 초원 지대에서는 주로 양과 염소 등을 기르는데, 그 털로 짠 캐시미어 티셔츠와 양탄자는 질 좋기로 이름이 높아. 세상에서 제일 부드럽다는 캐시미어 티셔츠와 숄은 전 세계로 팔려 나가며 사랑을 받는단다. 그래서 나도 카슈미르 하면 보들보들한 캐시미어 티셔츠가 먼저 떠올라. 그 부드러운 티셔츠를 만드는 땅에서 왜 그렇게 피바람을 부르는 전쟁을 할까.

카슈미르에서는 지난 반세기 동안 끊임없이 분쟁이 벌어지고 있단다. 카슈미르를 두고 파키스탄과 인도가 지겹게 싸우고 있거든. 인도와 파키스탄은 60년간 이 땅에서 세 차례 전쟁을 치렀어. 전쟁뿐만 아니라 이러저러한 분쟁으로 땅은 황폐해졌고, 최근 30여 년간 최소 8만여 명이 사망했단다.

땅 모양이 마름모꼴인 카슈미르는 북서쪽으로 아프가니스탄을 사이에 두고 러시아와 가깝고, 북동쪽으로는 중국과 맞닿아 있어. 그리고 그 카슈미르 땅 한가운데에 인도와 파키스탄의 국경이 지나가지. 이처럼 카슈미르는 서남아시아의 한복판에 위치하고 있어서 전략적 가치가 높은 지역에 위치해. 파키스탄과 인도가 카슈미르를 포기하지 못하는 것도 이 때문이지. 여러 나라가 맞닿아 있다 보니 오래전부터 이곳을 차지하려는 쟁탈전이 치열했어. 우리나라도 중국과 일본, 러시아가 가까이 있는 탓에 끊임없이 외세에 시달린 거야. 우리나라와 마찬가지로 카슈미르도 지리적으로 여러 나라가 맞대고 있어 분쟁이 계속되었단다.

카슈미르는 원래 평화로운 나라였어. 아시아와 유럽을 연결하는 문명의 교차로에 위치하고 있어서 수천 년간 화려한 문화의 꽃을 피웠지. 특히 간다라미술로 대표되는 아름다운 불교문화가 이곳에서 전성기를 이루기도 했단다. 오랜 세월 동안 서로 다른 인종과 종교가 어울려 평화롭게 지내 '지상의 낙원'으로까지 여겨지던 곳이지. 그런 카슈미르가 지금은 인도령 잠무 카슈미르와 파키스탄령 아자드 카슈미르로 나뉘어졌어. 나라가 두 쪽으로 갈라진 거지. 양쪽에는 각각 1,300만 명 정도가 살고, 전체 주민 가운데 약 77퍼센트가 이슬람교, 나머지는 힌두교와 불교, 시크교를 믿고 있단다.

카슈미르 사람들에게 종교는 오랫동안 아무 문제가 없었어. 종교와 인종은 다르지만 오순도순 사이좋게 살아왔지. 그 평화가 깨진 것은 최근 들어서야. 비극은 영국의 식민 통치에서 비롯되었어. 1947년, 영국은 200년 넘게 유지해 온 인도와 파키스탄에 대한 식민 통치를 끝내게 되었지. 그때 영국은 인도와 교역하는 데 250년, 점령하고 통치하는 데 250년의 세월이 걸렸지만 철수하는 데는 겨우 70일이 걸렸을 뿐이야. 그렇게 오랜 세월 동안 영향을 끼쳐 놓고 떠날 때는 나 몰라라 했어. 특히 영국은 카슈미르를 양국에 떠넘긴 채 누구 땅이라고 이야기도 없이 떠났어. 그 이후 카슈미르는 지금껏 두 나라가 서로 자기 땅으로 만들려고 첨

예하게 대립하는 일촉즉발의 땅이 되었단다.

영국에서 독립할 당시 카슈미르는 국왕이 통치하는 하나의 독립 왕국이었단다. 그런데 이 국왕의 황당한 결정이 카슈미르 분쟁의 시작이었어. 국왕은 어차피 파키스탄이든 인도든 선택해야 했어. 힌두교도였던 국왕은 이슬람교를 믿는 파키스탄 대신 힌두교 나라인 인도 쪽으로 마음이 기울었지. 하지만 카슈미르 인구의 70퍼센트 이상이 이슬람교도였어. 결국 국민 다수의 종교보다는 자신의 종교를 택한 거지.

국왕이 카슈미르를 인도로 귀속한다는 결정을 내리자 카슈미르 사람들은 이에 반대하는 시위를 벌였고, 이 혼란한 틈을 타서 파키스탄과 인도가 앞다퉈 병력을 파견했어. 그후 지금까지 70년간 카슈미르 땅에는 세 번의 전쟁이 벌어졌고, 서로 죽고 죽이는 분쟁이 일상처럼 된 거야. 그때 국왕이 국민 의사를 따라 좀 더 신중하게 결정했다면 카슈미르의 피비린내 나는 분쟁은 없었을지도 몰라. 카슈미르 분쟁을 간단히 말하면 이처럼 힌두교인 인도와 이슬람교인 파키스탄의 대립이라고 할 수 있어. 파키스탄의 최고의 적은 인도이고, 인도의 최고의 적은 파키스탄이야. 그래서 지금도 두 나라는 마치 개와 원숭이처럼 으르렁거리며 죽어라 싸우고 있단다. 그때의 카슈미르 국왕이 지금의 이 상황을 본다면 자신의 결정을 후회할지도 모르겠다.

카슈미르에서 첫 번째 전쟁이 일어난 것은 영국이 물러간 직후인 1947년 10월이야. 파키스탄이 카슈미르의 이슬람 무장 단체를 꼬드겨 카슈미르 수도인 스리나가르 점령을 시도하자, 이를 두고 볼 수 없었던 인도가 즉각 카슈미르에 군대를 파견하면서 전투가 벌어졌어. 이것을 1차 인도-파키스탄 전쟁이라고 부른단다.

전투가 점차 치열해지고 국제 여론이 안 좋아지자 한 달 후인 11월에 인도의 자와할랄 네루 수상은 주민투표에 따라 카슈미르의 장래를 결정하겠다고 약속했어. 네루는 인도 초대 총리로 빈민과 천민에 대한 사회적 관심의 필요성을 주장하고 민주주의의 가치를 존중하고 실천한 인물로 잘 알려져 있지. 그런 그에게도 카슈미르는 골칫거리였어. 그는 고심하다가 카슈미르 문제를 국제연합에 넘기기로 한 거지.

국제연합이 카슈미르 문제를 논의하는 와중에도 파키스탄과 인도의 전투는 계속되었단다. 우여곡절 끝에 전쟁이 난 지 1년 남짓 지난 1948년 8월에서야 정전 합의가 이뤄졌고, 1949년 1월부터 정전협정이 발효되었어. 이때 카슈미르 영토는 인도와 파키스탄에 각각 63퍼센트와 37퍼센트씩 분할되었는데, 양쪽을 가르는 통제선인 LOC(Line of Control)도 처음으로 그어졌단다. 그리고 드디어 국제연합 결의안이 발표되었어. 이에 따르면 "인도령 잠무 카슈미르가 인도와 파키스탄 중 한 곳을 선택할 때는 자유롭고 민주적인 주민투표를 통해 결정해야 한다"고 했어. 인도도 카슈미르의 장래를 주민투표로 결정하겠다고 약속했지.

이것으로 문제는 해결되는 듯 보였어. 하지만 인도가 국제사회와의 약속을 지키지 않았단다. 인도는 막상 주민투표를 할 수 없었어. 잠무 카슈미르의 주민 가운데 이슬람교도가 64퍼센트 이상이니, 당연히 그들은 파키스탄을 선택하지 않겠니? 인도는 이 투표가 자기들에게 불리할 것이라고 생각했고, 결국 투표는 없던 일이 되고 말았어. 이후 인도가 통치하는 잠무 카슈미르와 파키스탄이 통치하는 아자드 카슈미르로 나뉜 카슈미르는 지금까지 세 차례의 전쟁을 거치면서 아직도 싸우고 있단다.

그런데 카슈미르를 두고 파키스탄과 인도가 벌이고 있는 분쟁은 전 세계를 치명적 위험에 빠지게 할 수 있는 요소가 있단다. 바로 두 나라 모두 핵무기를 가지고 있다는 점이야. 중앙아시아의 화약고가 된 카슈미르를 놓고 인도와 파키스탄은 핵개발을 비롯한 군비 경쟁을 벌였어. 인도는 한 해 100억 달러, 파키스탄은 정부 예산의 무려 40퍼센트에 해당하는 35억 달러 규모의 군사비를 지출하고 있단다. 그 대부분은 카슈미르 분쟁과 직결되어 있어.

파키스탄과 인도는 카슈미르 정세가 불리해지면 언제든 핵무기를 사용하겠다고 엄포를 놓고 있는 상황이야. 그래서 국제사회는 4차 인도-파키스탄 전쟁이 벌어지면 핵전쟁이 될 것이라고 우려하고 있단다. 두 나라 싸움에 전 세계가 주목하고 있는 것도 이 때문이지. 만약 어느 한쪽이 핵무기를 쓴다면 그야말로 세계가 위험에 빠지고 말 거야. 최악의 경우에는 지구가 핵전쟁으로 멸망할지도 몰라.

누가 이 순박한 사람들을 슬프게 하나

내가 카슈미르를 취재하러 간 것은 2002년이었어. 그때 우리나라는 한창 월드컵 축제 분위기에 들떠 있었지. 나는 당시 월드컵을 단 한 경기도 보지 못하고 파키스탄을 통해 카슈미르로 향했어. 당시 일곱 살이던 너는 월드컵 응원 열기에 합류해 얼굴에 페인팅을 하고 사진까지 찍었더구나. 지금도 그 사진을 보면 카슈미르의 푸른 초원을 헤매고 다니던 생각이 나곤 한단다.

카슈미르로 가려면 파키스탄 정부의 통행 허가증이 필요해. 여러 날을 기다려 간신히 발급받은 통행 허가증을 손에 쥐고 카슈미르로 들어가는 다리를 건넜어. 그때 눈앞에 펼쳐진 아름다운 초원과 강이 넋을 잃게 하더구나. 이렇게 아름다운 땅에 왜 그토록 참혹한 전쟁이 70년 넘게 이어지는지 의심스러울 정도였어.

아름다운 풍경을 감상하는 것도 잠시, 그 땅에 사는 사람들의 생활은 너무도 참혹했단다. 세 번의 전쟁을 치르는 동안 건물은 총알 자국이 여기저기 박혀 있고, 집집마다 총격전으로 사망한 사람이 서너 명은 되었으니까. 일할 직장도 변변치 않은 그곳 사람들은 10명 가족이 한 달에 10만 원 남짓한 돈으로 살아가야 할 만큼 궁핍했어. 거리마다 가득한 군인과 총성은 이미 그들의 일상이 되어 있었단다. 파키스탄과 인도가 카슈미르를 두고 벌이는 분쟁의 피해가 고스란히 카슈미르 사람들에게 돌아간 거야. 두 나라의 충돌로 발생한 민간인 희생자 수와 가족과 집을 잃은 난민 수는 통계조차 잡히지 않고 있어.

전쟁이 끊이지 않아 인심이 각박할 만도 한데, 카슈미르 사람들은 천성이 선한지 더없이 순박하단다. 전쟁 희생자 가족을 만나러 가정집을 방문했는데, 그 없는 살림에도 손님이 왔다며 음식을 해서 내게 대접했어. 손님을 그냥 보내면 안 된다고 말하며 해맑게 웃던 주인아주머니가 지금도 생각나는구나. 카슈미르의 한 학교를 취재할 때는 이제 막 등교한 아이들의 예쁜 얼굴을 보면서 암울한 카슈미르의 상황을 대하고 먹먹해졌던 내 마음에 작은 위안을 받기도 했단다.

그런데 위안은 그리 오래가지 못했어. 간밤에 선생님이 그만 알 수 없는 총격전에 희생되었다는 소식이 날아든 거야. 카슈미르에서는 이런 일이 아무렇지도 않게 일어나 이유도 없이 사람들이 희생된다는구나. 이 학교 선생님도 그 희생자 가운데 하나일 뿐이지. 그것도 모르고 온종일 장난치며 선생님을 기나리던 아이들의 천진한 눈망울을, 내가 어떻게 잊을 수 있겠니? 아이들은 선생님이 오실 거라며 해가 저물 때까지 기다렸단다. 카메라맨과 나는 아이들의 기다림이 부질없다는 걸 알면서도 가슴이 아파서 선생님이 돌아가셨다는 이야기를 끝내 해 주지 못했단다.

2018년, 카슈미르 시위대가 인도군과 대치하는 상황. 인도군은 최루탄을 발사하며 시위대를 저지하고 때로는 총격전이 오간다. 카슈미르 사람들은 인도와 파키스탄 양 국가로부터 독립을 원한다.

카슈미르 사람들이 꼭 이뤄야 할 꿈

카슈미르 사람들도 더는 참을 수가 없었어. 1989년부터 인도와 파키스탄의 통치를 모두 거부하기 시작한 거야. 어느 나라도 카슈미르 사람들을 대변할 수 없다는 게 그들의 판단이었어. 그리고 그들은 옛날처럼 카슈미르만의 나라를 원했지. 카슈미르 독립만이 이 지긋지긋한 분쟁을 없앨 수 있다고 생각한 거야. 그래서 카슈미르 사람들은 카슈미르 독립을 위해 싸우는 카슈미르 무장 조직을 만들었어. 말하자면 카슈미르 독립군이지. 하지만 독립에 대한 카슈미르의 소망은 파키스탄과 인도 두 나라 모두의 탄압을 받았어. 두 나라는 카슈미르 사람들의 열망을 총칼로 짓밟았지. 지금도 인도령 잠무 카슈미르에는 1,500명에 불과한 무장 세력을 진압한다는 명분으로 최소 60만 명으로 추정되는 인도 군인이 주둔하고 있단다.

인도군은 테러 세력을 소탕한다며 카슈미르 청년들을 수시로 납치해 고문하고 살해했어. 지난 30여 년간 인도군에 의해 약 8만여 명이 사망했고 17만 5,000여 명 이상의 난민이 발생한 것으로 알려졌단다. 여기서도 인도군 입장에서는 카슈미르 독립군이 테러 세력이야. 테러라는 말이 어쩌다가 이렇게 자기 좋은 쪽으로 유리하게 사용하는 말이 되었는지 모르겠어. 인도 군인들은 무장 세력과 교전할 때 민간인을 인간 방패로 삼는가 하면 강간이나 집단 폭행 등의 강력 범죄를 저질러도 아무런 처벌도 받지 않아. 더욱이 인도 정부는 국제 인권단체들의 카슈미르 실태 조사조차 허용하고 있지 않단다.

인도 정부의 만행은 또 다른 비극으로 이어졌어. 당하기만 하던 카슈미르 무장 단체가 인도 정부에 복수를 시작한 거야. 그들은 카슈미르에 있는 힌두교도들을 공격하기 시작했어. 복수가 복수를 낳는 증오의 굴레 속에서 카슈미르 사람 모두가 불행해지는 거야. 풍부한 수자원과 기름진 옥토를 가진 카슈미르지만 분쟁이 계속되는 한 식량 걱정이 끊이지 않게 되었단다.

그리고 무엇보다 안타까운 것은 수천 년 동안 이어 온 문화유산이 총격전으로 철저히 파괴되고 있다는 사실이야. 카슈미르는 간다라미술이 꽃피운 곳으로 많은 문화재가 남아 있단다. 하지만 전쟁 중이다 보니 전혀 돌볼 겨를이 없어. 카슈미르의 상징이던 수공예 산업도 단절되고 말았어. 전쟁 때문에 물건을 사러 카슈미르로 오는 사람이 없거든. 청년들의 일자리가 끊긴 지 오래고, 카슈미르의 미래는 암울하기만 하단다.

나는 이 분쟁의 해법이 명확하다고 생각해. 영국이 이곳을 식민지로 만들기 전처럼 카슈미르를 카슈미르 사람이 다스리는 거야. 그러니까 카슈미르라는 나라를 다시 세우면 아무 문제가 없어. 카슈미르 사람들도 모두 파키스탄이든 인도든 더는 간섭하지 말고 카슈미르만의 독립된 나라가 생긴다면 분쟁은 사라질 것이라고 생각해. 그리고 동양의 알프스로 불릴 만큼 아름다운 카슈미르의 자연으로 관광산업을 발달시키면 많은 사람이 일자리를 얻을 거야. 또 그들의 자랑인 수공업을 활성화해 수출하면 나라 살림을 충분히 꾸려 나갈 수 있겠지. 그러면 그 옛날처럼 서로의 종교를 존중하며 어울려 살던 삶도 회복될 수 있을 거야.

그 꿈을 이루려면 무엇보다 국제사회의 관심이 필요해. 국제사회가 이 문제에 관심을 가지고 애정을 보이면 파키스탄도, 인도도 카슈미르에서 떠나게 될 거야. 우리가 카슈미르에 관심을 가진다면 카슈미르 사람들도 독립에 대한 꿈에 한 발 더 가까이 다가설 수 있을 거야.

카슈미르 취재를 마치고 한국으로 돌아올 무렵 같이 일하던 통역이 캐시미어 티셔츠 세 벌을 선물해 주더구나. 지금도 나는 그 셔츠를 소중히 입는단다. 너도 엄마 옷장에 있는 티셔츠 기억하지? 엄마가 세탁소에 맡겨서 네가 가끔 찾아오던 그 티셔츠 말이야. 지금도 그 옷을 입으면 따뜻했던 카슈미르 사람들의 체온을 느낄 수 있어. 그 순간만큼은 분쟁과 총격으로 피비린내 나는 카슈미르가 아닌 아름다운 초원과 순박한 사람들이 있는 카슈미르가 떠오른단다.

더 알아보고 싶다면

#잠무 카슈미르 #아자드 카슈미르 #통제선(LOC) #1차 인도-파키스탄 전쟁 #카슈미르 무장 세력 #카슈미르 수공업 #자와할랄 네루 수상 #인디라 간디

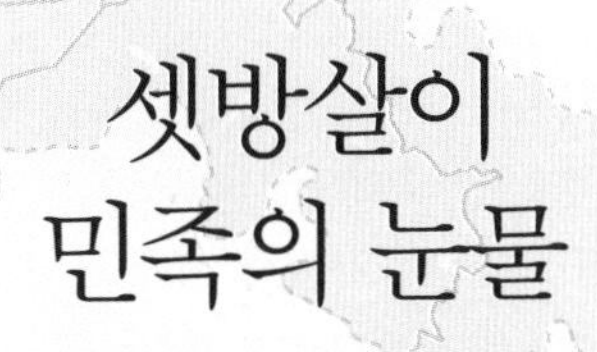

셋방살이 민족의 눈물

쿠르드족

Kurd

쿠르드족 Kurd

서울에서 쿠르드족 거주 지역까지는 약 7,100km 거리야.

쿠르드족이 많이 사는 모술, 아르빌까지
비행기로 약 16시간이 걸린단다.

- 독립국가가 없는 민족으로는 가장 인구가 많은 쿠르드족은 약 3,500만 명이 터키, 이라크, 이란, 시리아에 걸쳐 흩어져 살고 있어.
- 오스만제국 시절에는 쿠르디스탄 자치주에서 고유의 문화를 유지하며 살았어. 영국에게 독립을 약속받고 1차 세계대전에도 참전했지만 영국의 배신으로 자의적으로 만들어진 국경선에 따라 흩어지게 되면서 비극이 시작됐어.
- 쿠르드족은 단일한 혈통이나 인종, 종교로 구분하기보다는 여러 민족이 오랜 시간 쿠르디스탄 지역에서 살면서 융합된 같은 문화와 언어를 쓰는 집단이라고 할 수 있어. 500여 개가 넘는 부족이 다양성을 유지한 채 살고 있단다. 현재 쿠르드족은 대부분 이슬람교를 믿고 있어.

• 주요 연혁

- 기원전 12~9세기: 아리안족이 러시아 남부 지역에서 지금의 쿠르디스탄 지역으로 이주
- 기원전 6세기: 메데 왕국 건설 이후, 아시리아, 바빌로니아, 페르시아의 지배를 받음
- 7세기 무렵: 페르시아가 몰락하면서 이슬람교 전파
- *675년 신라의 삼국 통일*
- 1071년: 쿠르드족이 반호수와 자그로스산맥을 잇는 지역에 역사상 처음으로 쿠르드족 지역인 쿠르디스탄 공식 선포
- 1513년: 오스만튀르크가 중동 전역을 정복하면서 2차 세계대전 때까지 터키의 지배를 받음
- 1639년: 오스만-이란 협정에 따라 쿠르디스탄 지역이 양분됨

살라딘: 살라딘은 쿠르드족 중 가장 유명한 인물이야. 아이유브 왕조를 창건하고 예루살렘을 탈환했지. 십자군 전쟁에서 리처드 1세와의 대결과 우정으로 명성을 떨쳤어.

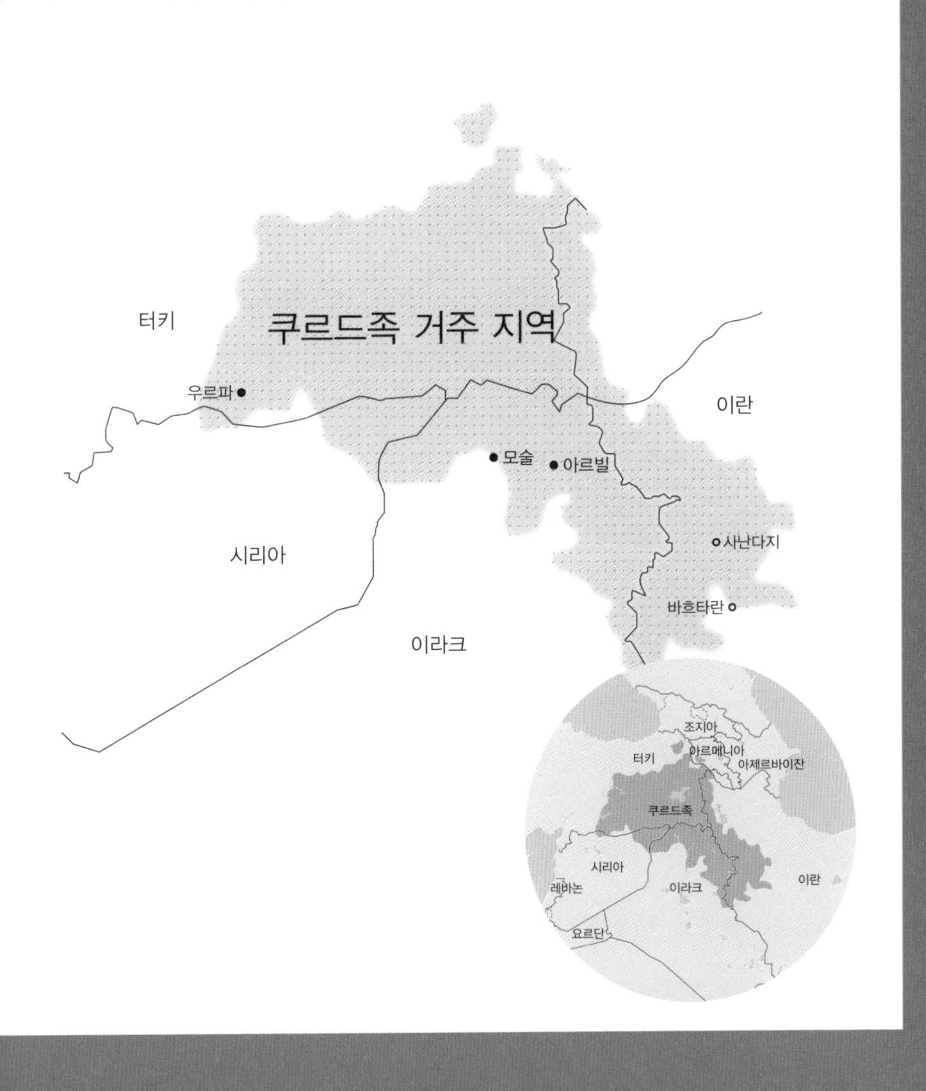

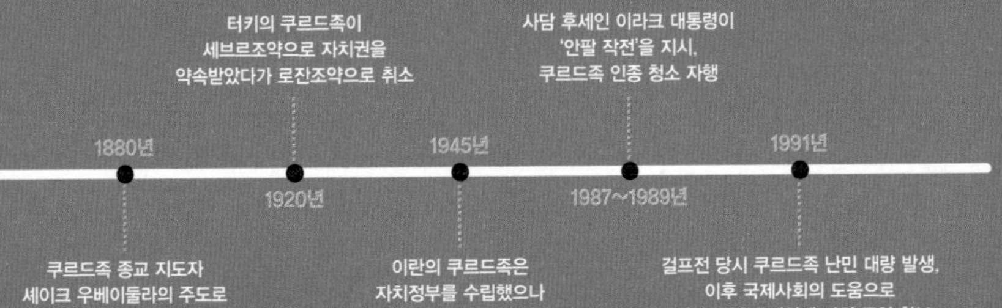

지구의 미아

그동안 취재를 다니면서 여러 민족을 만났지만, 가장 불쌍한 민족을 꼽으라면 단연 쿠르드족일 거야. 지구상에는 많은 민족이 있어. 그중에는 나라도 없이 이 나라 저 나라 떠돌며 다른 나라에 얹혀서 사는 민족도 있단다. 우리나라는 오랫동안 단일민족으로 살았기 때문에 민족 갈등이 없지만, 서너 민족이 함께 사는 나라는 살면서 서로 티격태격하다가 사소한 분쟁이 벌어지고, 끝내 큰 전쟁으로 이어지는 경우가 많아.

쿠르드족은 '지구의 미아'라고 불린단다. 그 수가 일단 3,500만 명이 넘어서, 나라 없이 떠돌아다니는 민족으로는 세계에서 가장 큰 단일민족이지. 인구가 그렇게 많은데도 아직 자신들만의 나라 없이 주로 이라크, 터키, 시리아, 이란 등에 모여 살고 있어. 시리아나 레바논에도 흩어져서 유목 생활을 하고 있어.

쿠르드족이 지금은 서러운 셋방살이로 떠돌아다니지만, 원래부터 이렇게 딱한 신세는 아니었어. 성경의 〈창세기〉에 나오는 메데족이 바로 쿠르드족이거든. 그들은 기원전 3000년경부터 이라크 북부 지역에서 산악 민족으로 살았다는 기록이 있어. 그만큼 오랜 역사와 고유 문화를 가졌다는 뜻이지.

문제는 그들이 살던 땅의 위치였어. 이라크 북부는 동서양 문명이 부딪치는 시기가 되면 분쟁에 쉽게 휘말릴 수 있는 지역이거든. 지도를 보면 알겠지만, 로마가 페르시아(지금의 이란) 쪽으로 진군하던 시기에 하필 바로 그 문턱에 쿠르드족이 있었고, 오스만튀르크(지금의 터키)가 남쪽으로 진격할 때도 쿠르드 지역을 지나가야 했어. 그야말로 동네북이 될 수밖에 없는 위치에 있다 보니 걸핏하면 자신들과 상관없는 전쟁에 시달리게 되면서 변변한 나라조차 세우지 못하고 세월만 보낸 거지.

쿠르드족 인종 청소 '안팔 작전'

쿠르드족이 국제 뉴스의 초점이 되기 시작한 것은 바로 이라크 때문이야. 이라크 북부에 쿠르드족이 살고 있는데, 그들은 이라크 공용어인 아랍어 대신 고유어인 쿠르드어를 사용할 뿐만 아니라 얼굴 생김새도 아랍 사람들과 달라. 아랍인은 그런 쿠르드족을 산악 민족이라고 얕보았고, 이라크 내에서 쿠르드족은 취직은 물론 주요 공직에도 올라갈 수 없었어.

차별을 받던 쿠르드족은 이라크 정부에 불만이 많았지. 그러던 중 1980년대에 들어 이란과 이라크가 전쟁을 하는 도중에 이란이 쿠르드족에게 이라크를 상대로 싸울 수 있도록 무기와 돈을 준 거야. 쿠르드족으로서는 이라크 정부와 싸워서 자신들만의 국가를 건설하고 그동안 받은 설움을 씻을 절호의 기회를 만났던 셈이지. 그들은 이란에서 받은 돈으로 전사를 모집하고 이라크와 전쟁을 할 준비 태세에 돌입했어. 쿠르드족은 이 전사들을 '페슈메르가'라고 불렀는데, 머리에 빨간 모자를 쓰고 다니는 것으로 유명했어. 페슈메르가를 앞세운 쿠르드족은 대규모 반란을 일으켜서 쿠르드족의 나라 쿠르디스탄을 세우기 위해 칼을 갈았지. 하지만 안타깝게도 사담 후세인 이라크 대통령이 쿠르드족의 반란 사실을 먼저 알았고, 그들의 꿈은 수포로 돌아가고 말았단다.

사담 후세인은 즉각 쿠르드족에 대한 복수에 나서면서 1987년부터 3년 동안 쿠르드족 인종 청소인 '안팔 작전'을 자행했어. 나는 인종 청소라는 말이 너무 무섭단다. 사람을 쓰레기처럼 청소해 버린다니 정말 무서운 단어야. 사담 후세인의 쿠르드족에 대한 인종 청소로 쿠르드족 19만 명이 죽고 쿠르드 마을 3,000곳이 지도에서 사라졌어. 겨우 3년 만에 이렇게 어마어마한 사람들이 죽다니 정말 끔찍한 일이었지. 그중에서도 '할라브자 학살 사건'이 제일 유명하단다. 우리나라에서 올림픽이 열렸던 1988년, 이라크 북부 할라브자라는 마을에서 사담 후세인이 화학무기로 어린이와 민간인을 비롯한 쿠르드족 5,000여 명을 한꺼번에 학살한 사건이야.

사담 후세인은 할라브자 학살 사건을 직접 지시했으며, 그의 사촌이자 오른팔로서 '케미컬 알리(화공 약품 알리)'라는 별명으로 불린 알리 하산이 진두지휘한 것으로 알려졌단다. 알리 하산은 할라브자에 사린가스와 겨자탄 등 4~5종의 화학무기를 사용해 5시간 만에 주민들을 몰살했어. 그 가운데 3,300명이 여성과 아이였단다. 케미컬 알리라는 별명도 이때 생긴 거야. 그렇게 죄 없는 사람들이 죽어 갔어. 나도 그때 사진을 보았는데 너무나 가엾은 여성과 아이들의 시신이 마구 널려 있더구나. 어떤 엄마는 아이를 안고 죽었고, 갓난아기부터 초등학생으로 보이는 소년까지 정말 인간이 이렇게도 잔인할 수 있구나 하고 생각했단다. 문제는 이런 사건에도 아무도 후세인이 나쁘다고 나서지 않았다는 점이야. 당시 레이건 미국 대통령을 비롯한 서방 국가들은 이라크가 이 같은 만행을 저지른 것을 알면서도 모른 척했어. 이라크에서 벌어진 일이지 자기들과는 상관없다면서 말이야. 물론 그들 나름의 정치적 상황이 있겠지만 죄 없이 죽어 간 쿠르드족의 아픔을 아무도 몰라준 것 같구나. 침묵하면 때론 공범이 될 수도 있어. 나는 그 죽음에 대한 침묵이 후세인의 만행에 동의한 것이나 다름없다고 생각한단다.

정처 없는 유랑의 길

1991년, 1차 걸프전이 발생했어. 1차 걸프전은 이라크가 쿠웨이트를 침략한 전쟁이란다. 사담 후세인이 전쟁으로 정신없는 틈에 쿠르드족은 다시 한 번 쿠르디스탄을 세우기 위해 모였어. 당시 미국은 쿠웨이트를 침략한 후세인과 맞섰고 역시 후세인을 적으로 보는 쿠르드 사람들의 손을 들어 주었어. 미국까지 자기편으로 만든 쿠르드족은 이번에는 자신 있었지. 하지만 이번에도 후세인의 분노만 사고 실패로 끝났단다. 분노한 후세인은 한창 걸프전을 치르는 중에도 이라크 군대를 동원해 쿠르드족에 대한 복수에 나섰어. 결과는 아주 참담했단다. 250만 명에 이르는 쿠르드족이 피란길에 오른 거야. 그동안 후세인에게 잔인하게 당할 대로 당했던 쿠르드족은 이번에도 대학살이 벌어질 거라고 예상하고 무조건 도망쳤어.

어마어마한 탈출 행렬이 터키 국경으로 향했어. 하지만 터키도 자국 내의 쿠르드족 때문에 골치를 앓고 있던 터라, 더 이상의 쿠르드족이 터키로 들어오는 것을 좋아할 리가 없었단다. 터키 정부는 급기야 국경을 폐쇄하고 말았어. 쿠르드족은 오도 가도 못하게 되었지. 남쪽에선 후세인이 추격해 오는데 북쪽에서는 터키가 문을 걸어 잠그고 안 열어 주니, 피란민은 영하 10도로 내려가는 눈 덮인 산에서 식량이나 물은 물론 텐트도 하나 없이 얼어 죽어 가는 비참한 상황에 놓였어. 굶주림과 병과 추위에 시달리다 죽어 가는 어린이와 노약자가 매일 1,000명이 넘었다고 하는구나. 말이 하루에 1,000명이지, 그 정도면 시신을 일일이 처리하지도 못할 정도야. 쿠르드족이 이토록 처참한 상황에 이르러서야 겨우 국제 뉴스에 등장했단다.

쿠르드족의 비참한 상황을 알리는 기사가 전 세계에 계속 보도되자 세계 언론들은 그 책임이 후세인에게 대항하라고 쿠르드족을 부추긴 미국에 있다고 비판했어. 그동안 미국은 사담 후세인의 잘못이라며 이라크 정부군에 쫓기는 쿠르드족 피란민을 본체만체했어. 어떻게 보면 미국의 말이 맞는 것 같지만, 쿠르드족이 이라크의 안팔 작전으로 인종 청소를 당했으면서도 다시 한 번 후세인에게 대항할 용기를 낼 수 있었던 것은 미국이 뒤에서 쿠르드족를 설득했기 때문이거든. 미국이 아니었다면 쿠르드족은 후세인과 싸울 생각을 하지 못했을 거야. 후세인과 싸우라고 할 때는 언제고 이제 와서 궁지에 몰린 쿠르드족을 미국은 나 몰라라 했던 거지.

언론이 끈질기게 쿠르드족의 비극을 보도하자, 부시 미국 대통령은 마지못해 쿠르드족을 구하기로 결정했어. 마침내 1992년 4월 16일, 부시 대통령은 특별 성명을 발표하고 인도적인 목적으로 미군을 이라크 북부의 쿠르드족 거주 지역에 직접 투입해서 이라크군의 접근을 막고 난민촌을 만들어 쿠르드족을 돕겠다고 발표했지.

미국이 마음을 바꾼 것은 "미국은 쿠르드족을 필요할 때는 써먹고 필요 없어지면 버린다"는 도덕적 비난이 빗발쳤고, 유럽 국가들이 터키 국경으로 가 대대적인 쿠르드족 긴급 구호에 나서자 더 이상 가만히 앉아서 모른 척할 수가 없었기 때문이야. 이로써 쿠르드족은 터키와 이라크 국경에서 죽어 가다가 겨우 목숨을 건졌어. 하지만 이미 많은 사람이 추위와 굶주림으로 죽었고, 쌓인 시신의 수는 상상을 초월할 정도였단다.

1995년 4월, 쿠르드족은 국제사회의 도움으로 마침내 헤이그에 쿠르드족 망명 의회를 설립할 수 있게 되었어. 이렇게 생긴 쿠르드족 망명 의회는 각종 국제기구에서 쿠르드족을 대표할 것이라고 선포했지. 같은 해 3월, 쿠르드족 위성방송인 MED TV가 영국에 세워져 하루에 3시간씩 쿠르드어 방송을 시작했어. 여러 나라에서 떠돌이 생활을 하는 쿠르드족에게 모국어로 방송하는 이 TV가 힘을 더해 주고 있단다.

세월이 흘러 미국이 사담 후세인 이라크 대통령을 축출하자 쿠르드족은 다시 한 번 재기를 꿈꿀 수 있게 되었어. 이제 그들을 괴롭히고 학살하던 사담 후세인도, '케미컬 알리'도 세상에 없기 때문이야. 게다가 새로 이라크 대통령이 되었던 잘랄 탈라바니는 그렇게 핍박받던 쿠르드족 출신이었어. 서러운 셋방살이를 하던 쿠르드족에서 대통령이 나와 이라크를 통치한다는 사실만으로 쿠르드족에게는 감격스러운 일이었을 거야.

계속되는 터키 쿠르드족의 저항

이라크의 쿠르드족은 사담 후세인의 몰락 이후 안정을 찾고 있지만, 다른 나라에서는 쿠르드족의 미래가 여전히 산 넘어 산이란다. 쿠르드족과 사이가 나쁜 것은 이라크만이 아니란다. 특히 터키에 사는 쿠르드족은 터키 정부와 심한 갈등을 빚고 있어. 터키에서 쿠르드족은 이라크에서와 마찬가지로 차별받는 민족이자 골칫덩어리야.

터키에는 터키 정부를 상대로 투쟁하고 있는 쿠르드노동자당(PKK)이 있단다. 이 당의 지도자는 압둘라 오잘란이었어. 나는 가끔 외국인의 이름이 어려워 우리말로 연상해서 외우곤 하는데, 오잘란은 정말 재미있는 이름이라 쉽게 외웠단다. '오! 잘난'이라고 우리말로 연상하면 아주 우스운 이름이 되거든.

오잘란은 1948년 터키 동남부 아나톨리아에서 가난한 농사꾼의 아들로 태어나 1970년대에 앙카라 대학교에서 정치학을 공부하면서 쿠르드 민족주의에 눈떴어. 터키에서 태어난 천덕꾸러기 쿠르드족이 대학까지 나왔다면 대단한 수재라는 뜻이야. 더군다나 앙카라 대학교는 한국으로 치면 서울대학교와 맞먹는 학교야. 오잘란은 정말 이름처럼 잘난 사람이었던 거지. 그는 쿠르드족이 정치적인 힘이 없기 때문에 설움을 받는다고 생각했어. 그래서 정치적인 힘을 키우기 위해 1978년 마르크스주의 이론을 기본으로 한 쿠르드노동자당을 만들고, 1984년부터 쿠르드족을 차별하는 터키 정부에 대항해 무장투쟁에 나섰단다.

무장투쟁이란 총을 들고 터키군과 직접 전투를 벌인다는 의미야. 그는 터키 남동부 산악 지대를 근거지로 신출귀몰하며 터키군과 전투를 벌여 승리를 이끌었어. 오잘란은 일순간에 쿠르드족에게 신화적 존재가 되었지. 하지만 그는 터키 정부가 체포하기 위해 압박해 오자 시리아로 도망쳐야 했어.

오잘란은 시리아로 도망가서도 터키에 있는 쿠르드노동자당을 지휘해 터키 정부를 상대로 한 무장투쟁을 계속했어. 그러자 터키 정부는 시리아에 오잘란을 내놓지 않으면 군사 공격을 가하겠다고 위협했어. 역시나 쿠르드족을 좋게 보고 있지 않던 시리아가 오잘란의 입장을 이해해 줄 리도 없었지. 오잘란은 결국 시리아를 떠나 그리스, 러시아, 이탈리아 등을 떠돌며 무장투쟁을 이어 갔어. 그렇게 터키 정부의 추적을 피해 여러 나라를 전전하던 오잘란은 1999년 2월 16일, 아프리카 케냐에서 터키 정부가 보낸 특공대에 체포되어 지금까지도 터키 감옥에 수감되어 있단다. 10여 년을 도망 다닌 오잘란도 대단하지만 아프리카까지 쫓아와 그를 잡아간 터키 정부의 집요함도 만만치 않지?

오잘란은 체포되었지만 쿠르드노동자당은 아랑곳하지 않고 터키 정부를 상대로 싸움을 계속하고 있단다. 실제로 뉴스에서 듣는 터키의 폭탄 사고나 각종 싸움에는 쿠르드족이 연루되어 있는 경우가 많아. 터키 정부는 쿠르드노동자당을 잡기 위해 병력을 이라크 국경 너머까지 투입하기도 한단다. 그만큼 터키 정부로서는 쿠르드족 문제가 중요하단 거지. 터키 정부 입장에서 보면 오잘란이나 쿠르드노동자당은 테러리스트에 불과해. 심지어 터키 공공기관에서 쿠르드어로 연설하거나 문서를 작성하는 것은 불법이란다.

진정한 친구가 되는 법

'중동의 눈물'이라 불리며 온갖 박해와 설움을 겪어 온 쿠르드족이 자유를 누릴 수 있는 날은 아직도 멀어 보이는구나. 나는 쿠르드족이 사는 이라크 북부 지역 아르빌에서 6개월간 취재한 적이 있단다. 3,000명의 우리나라 자이툰 부대가 주둔하기도 한 곳이야. 하지만 한국군이 그곳에서 쿠르드족의 친구가 되었는지는 잘 모르겠구나. 사실 쿠르드족에게는 친구가 아무도 없단다. 이란도 미국도 과거에 친한 친구인 것처럼 접근하여 이라크와 싸우라고 부추겨 놓고는 막상 쿠르드족이 위기의 순간에 처하자 나 몰라라 한 역사가 있기 때문이란다. 그동안 겪었던 아픔으로 쿠르드족의 마음은 상처뿐이었지. 그 상처는 여전히 반복되고 있어.

2011년부터 시작된 시리아 내전은 쿠르드족에게 또 큰 상처를 주었단다. 엄마가 체첸 얘기를 하면서 IS에 대해 설명했었지? IS는 알카에다 같은 무장 단체가 아니라 아예 '이슬람국가'라는 나라를 세우려고 했어. 시리아와 이라크에 걸쳐서 영토를 확보하고 IS 시민을 다스리며 국가를 만들려던 계획이었지. 세계를 경악하게 한 인질 참수 등 잔인한 수법으로도 유명했어. 그들이 시리아 내전에 끼어들며 시리아 상황은 더욱 복잡해졌단다.

나날이 세가 커지는 IS를 막기 위해 미국은 다시 물밑에서 쿠르드족을 불러들였어. 쿠르드 민병대가 IS를 소탕하게 하면 미국은 시리아 내전에 참전하지 않아도 되니까. 이미 미국은 아프가니스탄 전쟁과 이라크 전쟁으로 많은 전사자가 나와서 민심이 심하게 동요하는 상황이었어. 그 상황에 또 시리아 내전에 끼어들자니 국내 여론이 더 나빠질 테고 그렇다고 안 끼어들자니 국제 여론이 좋지 않을 테고. 이런 진퇴양난에 있었단다. 그런 미국에 쿠르드족은 더없이 좋은 대안이었지. 미국은 쿠르드족에게 IS를 소탕해 주면 쿠르드족의 꿈과 희망인 쿠르드 정부 '쿠르디스탄'을 국제적으로 인정해 주겠다고 약속하며 무기까지 구해 주곤 시리아 내전으로 끌어들였어.

쿠르드족은 지난 세월 속았지만 이번에는 아니겠지 하는 마음이 더 컸나 봐. 결국 쿠르드 민병대는 IS 소탕 작전에 올인했어. 전투가 시작되고 나서 쿠르드족 사상자가 많이 나왔지. 그래도 쿠르드족은 여성들까지 IS와의 전투에 참여하며 죽을힘을 다해 싸웠단다. 하지만 결과는 또다시 배신이었어. 2017년, IS 소탕 작전에 가장 앞장선 이라크 아르빌 기반의 쿠르드 자치정부인 KRG가 분리독립 투표를 하려고 하자 미국이 이를 말렸단다. 쿠르드족 입장에서는 IS를 소탕하면 독립을 시켜 준다고 해서 투표를 하려고 한 건데 미국이 이를 말리는 것은 독립을 안 시켜 준다는 말이지. 쿠르드족이 살고 있는 이란과 터키, 그리고 이라크와 시리아 어느 한 나라도 쿠르드족의 독립을 바라는 곳은 없단다. 그런 가운데 미국이 쿠르드족의 독립을 인정할 수는 없는 상황이지. 아르빌에 있는 미국 총영사관에 쿠르드 사람들이 몰려가서 눈물을 흘리며 대성통곡하는 '눈물의 항의 시위'를 했어. 성조기

쿠르드족은 자신들의 나라 '쿠르디스탄'의 독립을 약속하는 미국을 믿고 IS(이슬람국가)와 치열하게 싸워 많은 희생을 치루었다. 하지만 이번에도 쿠르드족은 독립국가를 만들지 못하고 통곡의 시위를 해야 했다.

를 붙들고 눈물을 흘리는 그들의 사진을 보고 엄마도 가슴이 많이 아팠어. 하지만 미국의 반응은 냉담했어. 지난 역사의 반복이었단다. IS가 시리아에서 거의 소멸되자 미국의 태도가 또 바뀌어 버린 거지. 토사구팽이라는 말을 들어 봤니? 지금 쿠르드족이 바로 토사구팽을 당한 신세야. IS를 소탕한다고 쿠르드 사람들 몇만 명이 사망했지만 얻은 건 아무것도 없으니 말이야.

쿠르드족은 지금도 사담 후세인이라는 이름만 들어도 두려움과 공포를 느끼더구나. 내가 아무리 사담 후세인은 이제 이 세상 사람이 아니라고 해도 그들의 머릿속에는 후세인이 공포로 남아 있어. 이제 미국에 또 배신당하며 충격이 이만저만이 아닐 것 같아 그들이 많이 걱정되는구나. 그동안 당한 그들의 역사를 보면 쿠르드족은 몇 번의 반복된 배신을 당하고 그 후유증에 힘들어 했거든. 하지만 이제 그들도 좀 더 냉철하게 앞을 보고 더 이상 이용당하지 말자는 각오로 미래를 설계해 나가면 좋겠어. 오랜 세월 그저 당하기만 하고 살아온 순박하기 그지없는 쿠르드 사람들. 그들을 보면 '어휴, 저렇게 순박하니까 맨날 이 나라 저 나라에 당하고만 살지'라고 느낀단다. 친구 중에는 약한 친구도 있고 강한 친구도 있지? 약한 친구라고 얕보고 못살게 구는 것은 좋은 친구가 아니란다. 엄마 세대 사람들은 이런 약한 친구 나라를 괴롭히는 나쁜 친구 나라가 많았어. 하지만 약한 친구 쿠르드족을 감싸 주고 아픔을 같이하고 함께 갈 수 있는 친구 나라가 너희 세대에는 나타나리라 믿는단다.

더 알아보고 싶다면

#1차 걸프전 #할라브자 학살 사건 #오잘란 #쿠르드노동자당 #페슈메르가 #잘랄 탈라바니 #아르빌 #MED TV #자이툰 부대 #쿠르드족 망명 의회 #쿠르드 자치 구역 #메데족

사랑한다는 이유의 명예살인

이슬람 여성으로 산다는 것

영화 〈해리 포터〉 시리즈를 재미있게 보았겠지? 전 세계 청소년의 눈을 사로잡고 상상력을 자극한 〈해리 포터〉는 아마 근대 이후 가장 유명한 영화일 거야. 〈해리 포터와 불의 잔〉과 〈해리 포터와 불사조 기사단〉에는 여주인공 엠마 왓슨의 친구로 아프샨 아자드라는 배우가 나와. 해리 포터와 함께 춤추던 아름다운 여학생이 그 배우란다. 호그와트 학교에는 다양한 인종의 학생들이 다니는데, 아프샨도 그중 하나로 부모가 방글라데시 사람이야. 〈해리 포터〉에 출연한 덕분에 아프샨은 전 세계적으로 유명해졌지.

세월이 흘러 아프샨은 어엿한 숙녀가 되었고, 남자 친구를 만나 사랑도 하게 되었어. 그런데 아름다워야 할 이 두 사람의 사랑이 세계 톱뉴스로 떠올랐단다. 여느 여배우의 스캔들과 달리 아프샨의 아버지와 오빠가 아프샨을 폭행하고 죽이려 했기 때문이야. 세계는 경악했지. 아프샨의 아버지와 오빠는 방글라데시의 독실한 이슬람 가정 출신인 아프샨이 종교가 다른 힌두교 남성과 사귄다며 살해 협박을 했고, 아프샨은 간신히 탈출해 경찰에 구조를 요청했어. 이로써 아프샨의 아버지와 오빠는 영국 법정에서 폭행죄로 법의 심판을 받았지만, 정작 아프샨은 언제 그들이 나타나 자신을 죽일지 모른다는 공포 속에서 살아가야 한단다.

세상 어느 아버지가 사랑하는 딸을 죽이려 할까? 그런데 지구 저쪽의 또 다른 세상에서는 가족의 명예를 더럽혔다는 이유로 아버지와 남편이 딸과 아내를 '명예살인' 하는 일이 벌어지고 있어. 부모가 정해 주는 집안이 아닌 다른 사람과 연애를 하거나, 옷차림과 언행 등 행실이 남에게 좋지 않게 보이는 경우가 이에 해당된다고 하는구나. 처녀가 임신하거나 아내가 불륜을 저지르는 경우는 말할 것도 없겠지? 그런데 명예살인은 여성에게만 해당되며, 때로는 상대 남성까지도 죽이는 사태가 벌어진단다.

명예살인은 요르단, 이라크, 팔레스타인, 이집트, 시리아, 아프가니스탄, 파키스탄, 사우디아라비아, 터키를 비롯해 이슬람 국가 대부분에서 행해진단다. 그래서 이런 이슬람 국가를 여행하는 남성이라면 절대로 여성을 대놓고 쳐다보면 안 돼. 나도 주로 남자 카메라맨과 함께 취재를 다니는데, 카메라 촬영을 하려면 사람을 유심히 관찰해야 해서 여러 번 난감한 사건을 겪었어. 이슬람 풍습에 익숙하지 않은 우리가 아무렇지 않게 지나가는 여성들을 촬영하다 보면 왜 남의 여자를 쳐다보느냐고 시비를 걸어오기 일쑤거든. 여자인 내가 나서서 수습하면 별일 없이 지나가기도 하지만, 남자 카메라맨이 직접 이해를 구하기는 쉽지 않단다.

뼛속까지 뿌리 깊은 악습

명예살인은 주로 이슬람 국가에서 많이 행해지고 있지만, 사실 이 전통은 이슬람교가 생기기 이전 수천 년 전부터 내려오는 고대 악습이란다. 이슬람교가 생긴 것은 불과 약 1,400년 전이니 명예살인을 이슬람의 전통이라고 부르는 것은 잘못이지. 그저 오늘날 이슬람 국가들에 고대 풍습이 남아 있을 뿐이야. 일례로 요르단 같은 나라에서는 기독교 집안에서도 명예살인이 일어나.

문명이 발달하기 이전의 악습이 21세기 지구상에 아직 남아 있는 경우지. 명예살인은 이름만 다를 뿐 우리나라에도 있었단다. 예를 들어, 불과 몇백 년 전인 조선 시대만 해도 양반 가문의 명예를 더럽혔을 때는 은장도로 자결해야 했어. 우리나라는 자살을 권유했고, 이슬람 국가는 오빠나 아버지가 직접 살해한 것이 다를 뿐이야.

이슬람 국가의 법은 아직도 명예살인에 대해 아주 관대하단다. 한번은 요르단 대법원의 판사를 만나서 명예살인에 대한 인터뷰를 했는데, 그는 "명예살인에 6개월 이상의 형량을 선고한 적이 없습니다. 우리는 이슬람 사회이기 때문에 명예살인에 관대합니다. 그 이상 선고하기 어렵습니다"라고 말했어. 요르단뿐만 아니라 이슬람 국가들은 대체로 비슷한 사법 체계를 가지고 있단다. 명예살인을 한 사람보다 당한 사람이 더 나쁘다는 인식이 있는 거지. 명예살인을 당한 여성을 "그런 행동을 하다니, 명예살인 당하고도 남아"라고 바라보는 게 그들의 시각이란다.

이슬람 국가에서 선진국으로 이민 간다 해도 명예살인에서 벗어날 수는 없단다. 아프샨은 전 세계적으로 유명한 배우이자 영국에서 태어나 영국 사람으로 교육받았어. 아프샨의 부모는 방글라데시 사람이지만, 그녀가 태어나기도 전에 영국으로 이민 와서 평범한 가정을 꾸리고 영국 사회의 구성원으로 살았어. 그런데도 아프샨이 다른 종교의 남자를 만나는 것이 가족의 명예를 더럽힌다며 그녀를 살해하려 한 거야.

영국뿐만 아니라 프랑스, 독일, 네덜란드 그리고 북유럽 국가들 등 이슬람 이민자들이 있는 나라에서는 잊을 만하면 명예살인 사건이 터진단다. 다른 나라로 이민을 와서도 사고방식은 아직 모국을 떠나지 않고 있기 때문이야. 물론 선진국에서는 명예살인을 살인죄로 처벌하지만 명예살인은 끊임없이 일어나고 있어. 그들은 딸의 목숨보다 가족의 명예를 더 중요하게 생각하거든. 이는 잘사는 명문 집안뿐만 아니라 가난한 집안도 마찬가지야.

아프가니스탄 신여성 샤이마의 비극

아프가니스탄 전쟁이 발발하고 나서 톨로 TV가 신설되었는데,

이 방송국에는 샤이마 레자위라는 인기 여자 앵커가 있었단다. 당시 24세였던 샤이마는 예쁘고 똑똑했으며, 그녀가 진행하는 인기가요 순위 프로그램은 시청률 1위를 기록할 만큼 대단한 인기를 얻었어.

나는 2003년에 샤이마를 알게 되었단다. 나와 일하던 통역의 친구였던 그녀는 아름다운 외모만큼이나 생각도 깨어 있는 당돌한 아가씨였어. 아프가니스탄에서는 지금도 여자가 운전한다는 것 자체가 생소한데, 샤이마는 직접 차를 몰고 방송국에 출근했고, 영어도 잘해 미군과의 대화를 잘 이끌어 내는 사교적인 신여성이었지. 그녀는 하고 싶은 것이 많다고 했어. 내가 무엇을 하고 싶은지 물으니, 패션모델도 하고 싶고 미국에 유학도 가고 싶다고 하더구나. 우리는 친구가 되어서 자주 이메일을 주고받았고, 아프가니스탄에 취재 갈 때마다 그녀가 부탁한 립스틱이나 옷 등을 사다 주기도 했어.

아프가니스탄 여자들은 보통 부르카로 머리에서 발끝까지 가리고 다니는데, 샤이마는 서양식 의상에 히잡으로 머리만 가리고 방송에 출연하곤 했어. 그런데 이런 모습이 아프가니스탄에서 엄청난 논란이 되었단다. 가장 강력한 이슬람법 체계인 샤리아를 따르는 아프가니스탄에서 종교 지도자들이 샤이마의 서양식 의상이나 여성과 남성이 의자에 같이 앉아 진행하는 방식이 이슬람 율법에 반한다고 항의하기 시작한 거야. 방송국은 결국 2005년 3월, 샤이마를 해고했어. 그리고 두 달 뒤, 샤이마는 집에서 오빠

2005년 2월, 톨로 TV의 진행자이자 아프가니스탄의
신여성 샤이마 레자위.

가 쏜 두 발의 총알에 머리를 맞고 죽었어. 오빠에게 명예살인을 당한 거지.

이 사건은 미국에 큰 충격을 주었단다. 아프가니스탄을 점령한 이후 줄곧 이제 아프가니스탄의 여성이 탈레반의 억압에서 해방되었다고 선전했던 미국으로서는 당혹감을 감출 수 없었어. 탈레반이 없는데도 명예살인이 일어났기 때문이지. 문제는 탈레반이 아니라 아프가니스탄 전체에 퍼져 있던 남자들의 막힌 생각이었어. 명예살인은 탈레반이 아니라 평범한 아버지나 오빠, 남편 누구나 저지를 수 있어.

"사랑하지만 어쩔 수 없었다"는 그들

2005년 나는 샤이마의 죽음을 듣고 망연자실했단다. 가까운 친구가 명예살인을 당하다니, 도저히 실감이 나지 않았어. 이 사건을 계기로 나는 〈깨어나는 이슬람의 딸〉이라는 다큐멘터리를 만들기로 했단다.

그해 6월에 아프가니스탄에 도착하여 바로 샤이마의 집으로 향했어. 개인적으로 알고 지냈지만 그녀의 집은 처음 갔어. 샤이마의 집은 빈민촌 골목 구석에 있었어. 나는 그녀의 오빠와 아버지를 만나 인터뷰했는데, 그들은 단 열흘 만에 경찰서에서 풀려났더구나. 그들은 내게 항변했단다.

"어쩔 수 없었습니다. 샤이마는 가족의 명예를 더럽혔고, 친척과 이웃들이 계속 강요했어요. 우리가 아니었더라도 아마 그들이 샤이마를 죽였을 겁니다. 전국의 남자들이 다 보는 방송에 그런 차림으로…. 우리는 샤이마를 아직도 사랑합니다. 하지만 정말 어쩔 수 없었어요."

샤이마의 아버지는 계속 눈물을 흘렸고, 오빠는 침통한 얼굴로 그런 아버지를 달랬단다. 오빠는 외국군 부대에서 통역을 할 정도로 영어도 잘하고 외국인도 많이 접한 사람이었어. 이렇게 개방된 사람조차 자신의 여동생을 명예살인 하다니, 나는 이해할 수가 없었어. 사랑한다면서 어떻게 죽일 수 있을까? 그 정도로 이 땅에서는 가족의 명예가 중요한 것일까?

그렇게 한참을 인터뷰하고 있는데 샤이마의 오빠가 카메라맨이 카메라를 설치하고 앉아 있던 자리의 양탄자를 들춰 보라고 하더구나. 방문 앞에 앉아 있던 카메라맨이 엉거주춤 일어나 양탄자를 들췄더니 그 밑에 엄청나게 많은 피가 굳어 있었단다. 바로 샤이마의 피였어. 카메라맨도 놀라고 나도 무척 놀랐어. 지금도 그 빨간 핏자국이 생생하게 기억나는구나. 샤이마의 오빠는 그것을 치울 수 없을 만큼 가슴이 아프다고 했어. 동생을 너무 사랑했지만, 장남의 의무 때문에 어쩔 수 없었다는 그의 항변이 더욱 가슴 아프더구나. 그만큼 아프가니스탄은 명예살인이 풍습으로 굳어진 사회였던 거야.

재능 있고 똑똑했던 아프가니스탄 신여성인 샤이마 레자위는 그렇게 명예살인에 희생되었단다. 취재를 하면서 아프가니스탄의 교사, 변호사, 정부 인사 등 많은 사람에게 물어보았지만, 모두 샤이마의 명예살인은 당연하다고 했어.

샤이마를 비롯해 다른 사례까지 취재해 방송이 나간 뒤, 그 방송을 본 한국의 어느 교수님이 내게 묻더구나. 명예살인도 그들이 살아가는 방식, 즉 이슬람 풍습이라며 있는 그대로 인정해야지, 우리와 다르다고 너무 나쁘게만 보는 것이 아니냐고 말이야. 나는 그 의견에 절대로 동의할 수 없어. 아무리 풍습이 중요하다고 해도 사람의 생명을 앗아 가는 행위는 절대 용서할 수 없는 거야.

그뿐 아니라 명예살인의 기준도 모호하단다. 단지 다른 남자를 힐끔 보았다는 이유로 명예살인을 하기도 하고, 사소한 오해로 딸을 부도덕하게 몰아갈 수도 있기 때문이지. 모든 아버지나 오빠, 남편이 전문 수사관도 아니고 판사도 아니니, 판단을 정확하게 했다고 믿기 힘들어. 그러니 억울하게 누명을 쓰고 죽은 안타까운 사연도 많단다. 사람의 생명은 소중한 거야. 누구든 타인을 함부로 죽일 수 없어. 국제사회가 나서서 명예살인을 제재해야 하는 것도 그 때문이야.

'깨어나는 이슬람의 딸들'에서 희망을 보다

아프가니스탄에서 명예살인을 취재하면서 그나마 희망을 엿볼 수 있었단다. 나는 명예살인을 피해 도망친 여성들이 숨어 있는 지하 피란처가 있다는 소문을 들었어. 그곳을 알아내기가 이만저만 어려운 일이 아니었어. 여기저기 수소문했지만 도저히 알아낼 수가 없었지. 그러다 아프가니스탄 여성부 장관을 인터뷰하러 가서 그 피란처의 존재를 물었더니, 그런 곳은 없다고 하더구나.

그런데 인터뷰가 끝난 후 장관이 내 통역도 모르게 조그만 쪽지를 나에게 건네주었단다. 거기에는 바로 그 피란처의 전화번호가 적혀 있었지. 장관은 아무도 모르게 피란처를 지원하고 있었던 거야. 지금 생각해도 참 용기 있는 분이었어. 비록 여성이지만 장관으로서 해야 할 일이 무엇인지 확실히 아셨거든. 지금은 그 분이 아프가니스탄에 살지 않으니 이렇게 밝힐 수 있지만, 그때 알려졌다면 아마 종교지도자들에게 당장 탄핵되었을 거야.

쪽지에 적힌 번호로 전화하니 한 여성이 받아 주소를 알려 주었어. 통역도 따돌린 채 알려 준 주소로 찾아가 보니 일반 가정집이었어. 그곳에서 나를 맞은 인물은 시키버라는 여성이었는데, 장관님께 전화를 받았다면서 내가 오는 것을 미리 알고 있었어. 시키버는 겉으로는 학교를 지원하는 비영리단체를 운영하지만, 그녀가 진짜 하고 있는 일은 명예살인을 피해 도망 나온 여성들에게 피란처를 제공하는 것이었단다.

도망친 여성의 남편이나 아버지가 여러 번 찾아와 행패를 부리기도 하는 등 그동안 몇 차례 위기도 있었다고 하더구나. 시키버는 "그들이 때론 총으로 나를 위협하기도 했습니다. 하지만 나는 피해 여성들이 있는 곳을 절대로 말하지 않았습니다. 차라리 나를 죽이라고 했습니다"라고 말했어. 어디서 그런 용기가 나올까?

명예살인이 엄연히 존재하는 땅에서 모두가 욕하고 범죄자 취급을 하는 여성들을 보호하는 시키버가 내 눈에는 성녀로 보였단다. 더구나 언제든 발각되면 죽임을 당할 수도 있는 위험한 일이었으니 말이야. 명예살인을 운명으로 받아들이지 않고 스스로 무언가를 해내려는 아프칸 여성을 보니 희망이 생겼단다.

나는 시키버를 통해 제3의 장소에서 피해 여성들을 만날 수 있었어. 26세인 마리암은 얼굴에 화상을 입어 눈도 코도 입도 없는 유령 같아 보였어. 2년 전, 이웃 남자를 쳐다보았다며 남편이 마리암의 몸에 석유를 붓고 불을 붙였다는구나. 그러고 나서도 죽이겠다며 총을 들고 위협하는 남편을 간신히 피해 불붙은 얼굴로 달아난 거야. 그러다 길거리에 쓰러진 뒤 누군가에게 발견되어 이탈리아 시민단체가 지원하는 병원에서 치료받고 우여곡절 끝에 이 피란처로 온 거야.

마리암이 걸고 있는 목걸이 팬던트에는 아가씨 때의 예쁜 사진이 있었어. 이렇게 예쁜 아내에게 왜 그렇게 잔인한 행동을 했을까. 그런데 더 큰 문제는 남편이 아직도 그녀를 죽이기 위해 수도 카불 시내를 뒤지고 다닌다는 거야. 남편에게 걸리면 그녀는 바로 명예살인을 당할 수밖에 없는 처지였어. 이 피란처마저 없다면 그녀는 목숨을 부지할 수 없는 형편이었지.

그곳에서 만난 피해 여성 26명은 거의 모두 마리암과 비슷한 사연이 있었어. 모두 이 피란처도 언제 발각될지 모른다며 살아도 사는 것 같지 않다며 힘들어했지. 시키버는 글과 바느질을 가르치며 그녀들의 불안을 감싸 주고 있었어.

희망은 함께 만들어 가는 것

나는 지금도 지하 피란처와 피해 여성들이 무사하길 바란단다. 한국에서 방송이 나간 후 도움을 주려는 분들과 시키버를 연결해 주기도 했어. 조금이나마 도움의 손길이 가서 그녀들이 맛있는 음식을 먹고 병원에서 치료받길 바라기 때문이야. 가끔 그곳에 기부금을 보내는데, 작은 힘이나마 숨어 있는 그녀들을 조금은 덜 외롭게 해 주고 싶거든. 너무 무서워하지 말라고, 지구 저편에서 누군가는 너를 지켜 주고 싶은 사람이 있다고 말해 주고 싶은 거란다.

세상에서 제일 가까워야 하는 가족에게 죽임을 당할 뻔한 사람들. 너희도 그들의 상처를 한 번도 본 적 없어도 도와줄 수 있어. 나도 할 수 있고, 너도 할 수 있단다. 가끔은 그런 소외된 사람과 그들을 보호하기 위해 용감하게 일하고 있는 사람에게도 관심을 가져 주면 가족만큼 고마운 사람이 될 수 있단다. 명예살인은 종교를 떠나 인간의 생명을 지킨다는 생각으로 바라봐야 해.

피란처 취재를 마치고 샤이마의 무덤을 방문했어. 석양이 아름답게 물드는 시간에, 나는 그녀가 좋아하던 막대 사탕을 가지고 갔어. 초라한 흙더미에 묻혀 있는 내 친구 샤이마. 나는 사탕을 까서 그 흙더미에 묻어 주면서 마음속으로 그녀에게 말했단다. '친구야, 이제 편히 쉬고 다시 태어날 때는 명예살인 없는 나라에서 태어나렴. 그리고 네가 하고 싶던 패션모델도 하고, 미국의 유명한 대학에서 공부도 해 보렴. 잘 가, 나의 소중한 친구야.'

더 알아보고 싶다면

#명예살인 #샤리아 #아프샨 아자드

풍부한 석유 자원이 부른 전쟁 – 이라크

나라 없는 설움과 나라 잃은 설움 – 이스라엘, 팔레스타인

세상에서 가장 슬픈 다이아몬드 – 시에라리온

ZOOM IN 어린이를 노리는 세상에서 가장 잔인한 무기

3

더 가지고 싶은 자의 전쟁

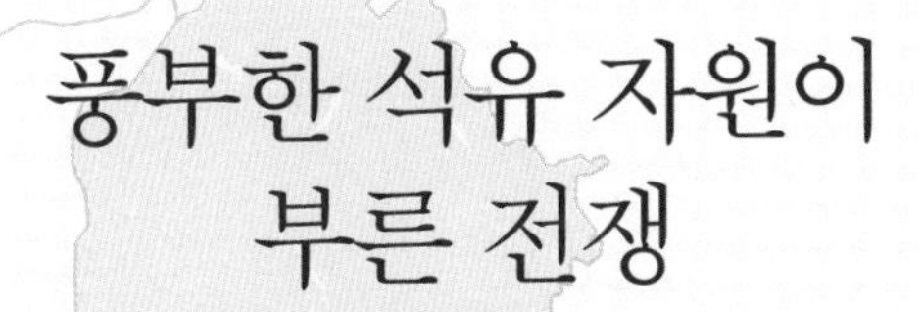

풍부한 석유 자원이 부른 전쟁

이라크

Iraq

이라크 Iraq

- 이라크는 한반도 2배 정도인 약 44만㎢의 면적에 약 4,000만 명의 인구가 살고 있어.
- 고온 건조한 날씨에 여름에는 기온이 50도에 육박할 정도로 덥단다. 서부 사막지대가 국토의 40%를 차지하고 있어. 비는 12~4월에 대부분 내려. 티그리스강과 유프라테스강 유역은 비옥한 농업 지대야.
- 이란과 함께 시아파 국민이 많은 나라인데, 이란과는 8년에 걸친 전쟁을 치러서 사이가 아주 나빠. 이란과의 전쟁, 걸프전, 9.11테러 후 미국과의 전쟁 그리고 이어진 IS와의 전쟁까지 많은 전쟁을 치렀단다.

• 주요 연혁

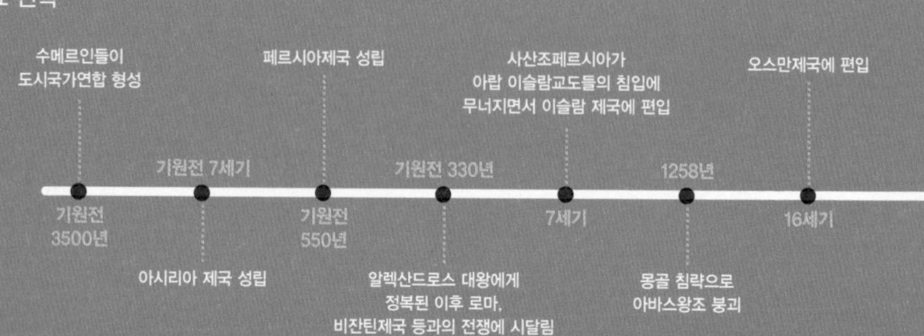

메소포타미아문명: 이라크는 메소포타미아문명의 발상지여서 중요한 유적이 아주 많아. 계속된 전쟁과 IS의 파괴 행위로 많은 유적지와 문화재가 사라졌단다.

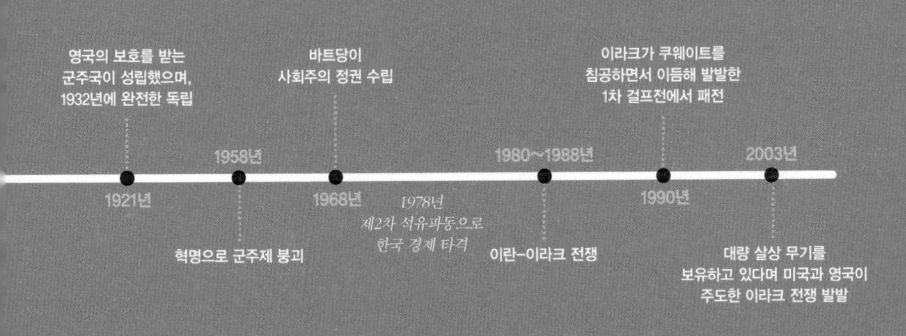

"사담 후세인과 두 아들은 48시간 내 이라크를 나가라"

2003년 3월 20일, 이라크 수도 바그다드가 미국의 공격을 받았어. 미국의 최신 미사일이 삽시간에 이라크를 불바다로 만들었지. 당시 이라크 대통령은 사담 후세인이었는데, 미국은 그가 한꺼번에 많은 사람을 죽일 수 있는 대량 살상 무기를 가지고 있어서 세계 여러 나라를 위협할 위험한 사람이라고 주장했단다. 하지만 미국은 이라크를 공격하는 데 필요한 유엔의 결의를 끌어내지는 못했어. 그래서 국제연합의 지원 없이 미국과 영국이 주도해서 단독으로 전쟁을 벌인 거야.

조지 부시 미국 대통령은 "사담 후세인과 두 아들은 48시간 내 이라크를 나가라"라는 유명한 선전포고를 한 후 이라크를 공격했어. 미국뿐만 아니라 영국, 이탈리아 등 여러 나라가 동맹국으로 이 전쟁에 참가했고, 한국도 2004년에 3,000명이 넘는 자이툰 부대를 파병했단다. 이라크전 파병 국가 가운데 세 번째로 많은 군인을 파병한 거야. 그런데 미국은 전쟁을 일으킨 이유인 사담 후세인의 대량 살상 무기를 지금까지 하나도 찾지 못했어.

나는 이라크 전쟁이 일어나기 전인 2002년 가을에 이라크로 갔단다. 그때 바그다드에서 받은 첫 느낌은 고대 문명을 간직한 정말 아름다운 도시라는 것이었어. 밤늦게 바그다드를 가로지르는 티그리스 강변을 산책해도 안전했지. 그때는 국제연합이 문제의 대량 살상 무기를 찾는다며 사찰단을 보내서 아침부터 저녁까지 바그다드는 물론이고 이라크 중소 도시를 뒤지고 다니던 때야. 그러나 미국이 말하던 대량 살상 무기는 나오지 않았어. 미국은 그래도 어딘가에 그 무기가 있어서 세계 모든 사람들을 위협한다고 기세등등했어. 미국이 주장한 살상 무기는 지금까지 이라크 어디에서도 발견되지 않았단다. 대량 살상 무기는 처음부터 이라크에 없었다는 이야기지.

그렇다면 이라크 전쟁은 왜 일어난 것일까? 많은 사람이 석유 때문이라고 말한단다. 이라크는 석유 매장량이 세계에서 두 번째로 많아. 이라크 땅에 어마어마한 양의 석유가 묻혀 있는 거지. 세계의 모든 나라가 석유를 확보하기 위해 눈에 불을 켜고 있는 것을 생각하면, 엄청나게 많은 이라크의 석유에 누구나 눈독을 들일 만할 거야. 미국은 바로 그 석유를 노린 거야.

미국은 석유뿐만 아니라 무기 사업에도 열중했단다. 막대한 돈이 무기를 구입해 사용하는 데 들어갔지. 물론 그것은 나라마다 전쟁 분담금이라는 명목으로 받은 돈과 석유를 판 돈으로 충당할 수 있었어. 미국의 군수회사들은 이렇게 전쟁으로 먹고살아. 무기를 팔기 위해 전쟁을 원하지. 안타깝지만 이라크는 바로 그런 구도에서 희생되었단다.

인류 문명의 발상지에 들어선 독재 정권

이라크에는 크게 세 민족이 함께 살고 있어. 아랍어를 쓰는 아랍 민족이 70퍼센트, 쿠르드어를 쓰는 쿠르드족이 15퍼센트, 터키어를 쓰는 투르크 민족이 5퍼센트를 차지해.

이라크 역사는 성경의 〈창세기〉에도 이름이 등장할 만큼 길단다. 학교에서 4대 고대 문명 발상지에 대해 배웠을 거야. 그 가운데 메소포타미아문명이 있어. 이라크는 고대 수메르, 아시리아, 바빌로니아왕국이 흥망성쇠를 거듭한 곳으로, 바로 그 메소포타미아문명의 중심지였단다. 메소포타미아문명을 일으킨 티그리스강과 유프라테스강도 이라크 한복판을 흐르지.

사실 이라크는 우리에게 아주 친숙한 나라란다. 너무도 유명한 동화 〈신드바드의 모험〉에 나오는 신드바드가 바로 이라크 사람이고, 〈아라비안나이트〉에 나오는 '열려라 참깨' 이야기의 배경도 이라크야. 이 동화의 나라 이라크에 또 한 사람 유명한 이가 나타나는데, 바로 1979년 대통령이 된 사담 후세인이란다.

홀어머니 밑에서 자란 사담 후세인은 가정 형편이 어려워 정규 교육을 제대로 받지 못했단다. 하지만 그는 독학으로 글을 깨치고 이집트로 건너가 대학을 마칠 정도로 학구열이 강한 사람이었어. 청년 시절에 바트당에 입당해서는 뛰어난 정치 수완으로 정적들을 물리치고 최고 지도자 자리에 오른 끝에 드디어 이라크 대통령이 되었지.

후세인은 대통령이 된 후 강력한 정치력을 발휘해서 민족 간, 종교 간에 아옹다옹하던 이라크를 하나로 만들었단다. 그런데 그 과정에서 그는 독재정치를 선택했어. 자신에게 반대하거나 맞서는 사람이 있으면 누구든 살려 두지 않을 정도로 공포정치를 실시한 거야. 당시에 대통령에 대해 불만을 말하면 쥐도 새도 모르게 사라지곤 했다는구나.

후세인이 통치할 때 취재하러 이라크에 간 나도 힘든 시간을 보내야 했지. 기자들도 자유롭게 밖을 돌아다니지 못하게 할 뿐만 아니라 정부 감시원을 붙여서 '이 외국 기자가 무엇을 취재하고 있는지' 매일 정부에 보고하게 했단다. 마음껏 취재하기는커녕 오히려 매일 감시를 당한 거지.

이라크에서는 그 당시 TV를 켜기만 하면 후세인이 나왔단다. 한 채널에서는 후세인이 국무회의를 주관하고 있고, 바로 옆 채널에서는 어느 농장을 방문해 농민을 격려하는 식으로 모든 채널에서 후세인을 미화하고 찬양하는 방송을 내보낸 거지. 이처럼 언론을 장악하고 여론을 통제하는 것은 독재정치가 즐겨 쓰는 전형적 수법이란다. 사담 후세인은 나중에 미군에 체포되어 2006년 12월 30일 교수형을 당할 때까지 무려 27년간이나 대통령으로서 공포정치와 독재로 이라크를 통치했어.

친구에서 적으로

미국이 사담 후세인을 붙잡아 처형시켰지만, 원래 후세인과 미국은 사이가 아주 좋았단다. 미국이 후세인을 가리켜 '중동의 헌병'이라고 부를 만큼 그는 미국에 협조적이었어. 심지어 미국 대신 이란과 전쟁을 치를 정도로 친한 친구였단다. 미국은 이란을 항상 눈엣가시처럼 여겼는데 후세인에게 이란을 상대로 전쟁을 치르라고 부추긴 거야. 후세인은 미국을 대신하여 이란과 8년간이나 전쟁을 했고, 미국은 그런 후세인을 충성심 높은 아랍의 지도자로 추켜세웠어. 후세인은 미국의 지지를 받아야 중동에서 일인자가 될 수 있다고 생각해서 미국에 전적으로 협조했던 거야.

그런데 1991년이 되어 미국과 후세인의 우정이 깨지고 말았단다. 미국의 비호로 승승장구하던 이라크가 아랍 국가들이 불만을 품고 있던 쿠웨이트를 침공했는데, 미국이 별안간 쿠웨이트 편을 들어 주어서 이라크가 패배하고 만 거야. 이 전쟁을 1차 걸프전이라고 해.

후세인은 당황했어. 그동안 미국과 이라크가 유지해 온 관계를 생각하면 쿠웨이트 침공을 미국이 지지할 줄 알았던 거야. 그런데 갑자기 자신에게 총구를 돌리는 미국을 이해할 수 없었거든. 물론 미국에도 그럴 만한 이유가 있었어. 중동에서 후세인의 영향력이 너무 커졌다고 판단한 거야. 그래서 이라크에 제동을 걸기 시작했어. 결국 이라크는 이 여파로 국제연합의 경제제재를 받았단다.

경제제재란 이라크와 모든 무역을 중단하는 것을 말해. 경제제재가 시작되면 각종 생필품뿐만 아니라 아기 분유나 의약품도 수입하기 힘들어. 돈이 있어도 물건이 없으니 물가가 올라가고 살림이 기울게 돼. 미국뿐만 아니라 국제연합 회원국 모두가 이 제재에 동참해야 했기 때문에 이라크는 나라 살림이 급격히 기울고 석유가 아무리 많아도 팔지 못하는 신세가 되고 말았어. 사담 후세인은 어제의 친구가 갑자기 오늘의 적이 되어 버린 상황에서 미국을 원망할 수밖에 없었지. 결국 미국과 이라크 사이에 전쟁이 벌어졌어.

이라크 전쟁이 시작되다

2003년 3월 20일, 바그다드 시내에 미군의 폭격이 시작되었어. 순식간에 시내 곳곳이 불바다가 되었고, 시민들은 집 안에서 꼼짝도 못 하고 숨을 죽이고 있을 뿐 어찌할 도리가 없었어. 그리고 미군은 연일 바그다드를 향해 진군했단다. 미군의 최신식 무기 앞에 이라크군은 제대로 반격할 수 없었어. 바그다드는 어이가 없을 정도로 너무도 쉽게 미군에 함락되고 만 거야. 그리고 사담 후세인이 살던 후세인 궁전(우리나라로 치면 청와대)은 미군의 작전본부가 되었어.

2003년, 사담 후세인의 두 아들을 사살하는 작전을 수행 중인 미군과 이를 지켜보는 이라크 소녀. 이라크 전쟁은 미군과 이라크 사람들 모두에게 상처를 남기고 끝났다.

바그다드는 무정부 상태에 빠져들었단다. 전화, 수도, 전기 등 국가가 제공하는 모든 서비스가 중단되었고, 학교는 물론이고 가게들도 모두 문을 닫아 유령도시처럼 변했어. 나는 바그다드 시내에 있는 병원을 방문해 취재했는데, 이미 폭격에 다친 환자들로 넘쳐 났어. 약품도 의사도 없는 병원 복도까지 다친 사람들이 쓰러져 있더구나. 병원 마당에 있던 정원은 어느덧 임시 공동묘지로 변해 있었어. 무더운 여름, 전기가 끊긴 병원에서 마땅히 시신을 보관하기가 힘들어서 그렇게라도 가매장을 한 거야. 시신이 끝도 없이 쌓였고, 사람들은 가족의 시신을 찾으려고 꽃밭 여기저기를 파헤쳤지. 붉은 장미꽃이 아름답게 피어 있던 그 꽃밭에서 갑자기 누군가 울음을 터뜨리면, 그것은 가족의 시신을 찾았다는 의미였단다.

나는 그 병원에서 네다와 네다의 부모를 만났단다. 네다는 손바닥만 한 크기의 갓 태어난 미숙아 여자 아기였어. 네다의 엄마는 아직 임신 6개월이었는데 미군의 폭격 소리에 놀라 갑자기 출산을 하게 된 거야. 6개월 만에 태어난 네다는 그래도 살아남으려고 발버둥치고 있었어. 너무 작아서 엄마가 손바닥에 올려놓고 젖을 짜서 티스푼으로 겨우 떠먹였어. 네다는 그걸 받아먹으려고 힘껏 입을 오물거렸어. 최첨단 시설을 완벽하게 갖춘 병원이라 해도 여섯 달 만에 태어난 아기가 살아날 확률은 아주 낮아. 그런데 전기가 끊겨 작동하지도 않는 인큐베이터에 누운 네다는 아빠가 간신히 구해 와 관을 통해 주입하는 공업용 산소로 겨우 숨을 쉬면서도 살아나려 애썼단다.

네다의 엄마는 내 손을 잡고 "네다를 살려 줄 수 있어요? 뭐든지 할게요. 네다를 살릴 수 있는 방법을 알려 주세요"라고 말하며 매일 울었단다. 네다의 엄마처럼 나도 지푸라기라도 잡고 싶은 심정이었어. 그때 이라크에 잠깐 방문한 한국에서 온 의사가 있었어. 나는 어렵게 의사를 데리고 병원에 가서 네다를 봐 달라고 부탁했어. 의사는 네다를 보더니 내게 조용히 말했어. "피디님, 지금까지 네다가 살아 있는 것만도 기적입니다. 며칠 살지 못할 거 같아요." 그러고는 고개를 흔들며 돌아섰어. 한국에 데려가서 살릴 수 없느냐는 내 요청에 그는 불가능하다고 하더구나.

전쟁이라 하면 우리는 폭격으로 집이 날아가고 사람이 죽어 나가는 장면만 떠올리지. 그러나 전쟁의 비극은 그뿐만이 아니야. 전쟁의 상처는 보이지 않는 곳에 더 많이 있단다. 미군의 폭격이 아니었다면 네다는 엄마 뱃속에서 열 달을 다 채우고 태어났을 테지. 네다의 부모는 한 달 동안 사투를 벌였지만 결국 네다를 잃고 말았단다. 네다는 아랍말로 이슬을 뜻하는데, 아이는 그렇게 이슬처럼 사라져 갔단다. 아마 네다의 이름은 이라크 민간인 사망자 명단에도 들어가 있지 않을 거야. 지금도 나는 그 가족이 한 달간 네다를 살리기 위해 고군분투하던 모습을 잊을 수가 없어. 전쟁은 그렇게 사람들 가슴속에 큰 상처를 남긴단다.

결코 끝나지 않은 전쟁

미국은 이라크를 공격하기 시작해서 채 두 달이 못 되어 종전을 선언했어. 우리가 텔레비전에서 사담 후세인의 동상을 끌어내리는 장면을 본 것은 그 종전 선언 직전이란다. 미국이 이라크의 수도 바그다드를 함락하자, 처음에는 이라크 사람들도 좋아했단다. 피의 정치라고 불릴 만큼 가혹한 독재정치를 하던 사담 후세인이 물러났기 때문이야. 하지만 뒤이어 들어선 미군정도 이라크 사람들에게 환영받지 못했어. 미군이 이라크에서 군사작전을 펼쳤을 때 무고한 이라크 사람이 많이 희생되었던 데다가 끝도 없이 이라크 국경을 빠져나가는 미군 유조차 행렬을 보면서 이라크 사람들이 "미국은 석유 도둑"이라며 분노하기 시작한 거지.

급기야 이라크 사람들 사이에서 총으로 무장하고 미군을 공격하는 저항 세력이 생기기 시작했어. 그들은 길가에 폭탄을 묻어두었다가 리모컨으로 터뜨리는 도로 매설 폭탄(IED)으로 미군과 유조차를 공격하기도 했고, 미군 기지에 직접 로켓포를 쏘며 저항하기도 했지. 이라크 전쟁 초기부터 미국과 이라크 주민의 관계는 그렇게 틀어지고 말았어. 이라크 사람들은 나를 보면 '우리는 사담 후세인도 싫고 미국도 싫다'고 말하곤 했어.

그 후 주변의 아랍 국가에서 미국에 당하기만 하던 이라크를 돕기 위해 많은 전사가 이라크로 들어오기 시작했어. 아랍말로 이렇게 싸우는 전사를 '무자헤딘'이라고 부르는데, 무자헤딘은 자살 폭탄 테러를 비롯해 강력한 무기로 미군을 공격했어. 이슬람 무장 조직인 알카에다까지 들어오자 이라크는 날이 갈수록 더 큰 전쟁에 휩싸이게 되었단다.

9.11 테러를 일으킨 중심 세력으로 알려진 알카에다는 이라크에서 도로 매설 폭탄으로 미군을 노릴 뿐만 아니라 이라크 주민이 많이 모이는 큰 시장이나 관공서까지 폭파했단다. 미군은 물론 무고한 이라크 사람까지 한꺼번에 100명이 넘게 죽어 나가는 사건이 하루가 멀다 하고 벌어졌어. 이라크 전쟁 동안 희생된 이라크 민간인 수는 10만 명이 넘는단다. 이라크 사람들은 지금도 언제 폭탄에 죽을지 몰라서 아이들은 학교에 갈 수 없고 엄마는 시장에 갈 수 없단다. 아이러니하게도 미국이 종전을 선언한 2003년 5월 이후 오히려 더 엄청난 전쟁을 치르게 되었던 거지.

이라크는 어느새 '납치의 나라'라는 오명까지 얻었어. 처음엔 무자헤딘이 외국인을 주로 납치하더니 나중에는 기자와 돈 있는 이라크 사람도 납치 대상이 되었어. 우리나라도 가나무역 직원인 김선일 씨가 알카에다와 연관된 무자헤딘에 납치되어 참수당하는 충격적인 일을 겪었지. 그때 나는 바그다드에서 이 사건을 취재했는데, 같은 한국 사람으로서 너무 아픈 경험이었어. 이처럼 납치를 하는 세력 중에는 미군과 연합군에 이라크를 떠나라고 정치적인 요구를 하는 세력도 있지만, 단순히 돈만 노리고 납치하는 세력도 생겨났단다.

승자 없는 전쟁

미군의 사상자도 많아. 2003년 이후 4,400명이 넘는 미군 병사가 희생되었지. 대부분 연일 터지는 도로 매설 폭탄과 무자헤딘의 공격으로 사망한 거야. 도로 매설 폭탄의 폭발력은 정말이지 엄청나단다. 길가에 몰래 묻어 두고 어디선가 숨어서 리모컨으로 터뜨리는데, 휴대전화로 주파수를 맞추는 방법을 주로 사용한다는구나. 미군 차량 행렬이 지나가기를 기다렸다가 공격하는데, 한 번 터지면 튼튼하기로 유명한 미군 군용차량도 하늘로 솟구칠 정도지.

도로 매설 폭탄이 아니더라도 전쟁이라는 극도의 공포 상황은 병사들을 정신적으로 힘들게 했단다. 이라크에서 15개월을 복무하고 미국에 돌아가더라도 병사들은 많이 힘들어한다는구나. 폭탄의 두려움에 둘러싸여 지냈던 이들은 집으로 돌아와서도 밤에 잠을 자지 못하거나 전쟁의 기억을 잊고자 술에 취해서 알코올의존증에 빠지는가 하면 심지어는 가족을 폭행하거나 살인을 하기도 한다는 거야. 이런 증세를 전문 용어로는 외상후스트레스장애(PTSD)라고 부른단다.

게임을 하다 보면 터지고 죽이고 하는 것이 통쾌하게 느껴지기도 하겠지만, 그 모습을 그대로 현실로 옮겨 놓으면 상상하기 어려운 두려움에 빠지게 돼. 실제로 사람을 겨누고 쏘는 총과 바로 옆에서 터지는 폭탄은 사람의 몸을 갈기갈기 찢어 놓는단다. 영화나 게임에서처럼 폭탄이 터져도 나가떨어지기만 할 뿐 다시 일어나지만 현실에선 그런 경우는 절대 없어. 그것은 게임이나 영화에서나 가능한 일이지, 실제는 전혀 다르거든.

이처럼 상황이 꼬이면서 이라크 전쟁은 한없이 길어졌고, 미군 한 사람당 적게는 두 차례, 많게는 네 차례까지 이라크에 파병되어야 했어. 그리고 한번 가면 15개월을 전쟁의 공포 속에서 전투를 해야 했던 그들은 미국으로 돌아온 이후에도 외상후스트레스장애라는 힘든 전쟁을 여전히 치러야 했지. 전쟁은 이렇게 눈에 보이는 사상자를 만들어 낼 뿐만 아니라 눈에 보이지 않는 마음까지도 다치게 해. 전쟁은 우리가 게임 속에서 신나게 즐기는 총싸움이 아니라 인간의 존엄과 행복을 송두리째 앗아 가는 무서운 것이란다.

다시 꿈꾸는 이라크 사람들

끝이 보이지 않던 전쟁은 무고한 시민이 희생되는 것을 더 이상 두고 볼 수 없다고 생각한 이라크 사람들에 의해 서서히 마무리되고 있단다. 이라크 사람들이 자발적으로 외부에서 유입된 무자헤딘이나 알카에다를 찾아내서 소탕작전을 벌이는 시민조직을 만들었어. 알카에다는 미국에 당하고만 있는 이라크 사람들이 안타까워 도우러 왔다고 주장하지만, 오히려 그들 때문에 더 많은 이라크 사람이 희생되고 있기 때문이야. 그 결과, 폭탄 테러 수가 서서히 줄어들었지.

사담 후세인이 떠난 새로운 이라크 정부도 미군 철수를 본격적으로 논의하기 시작했어. 알카에다도 싫고 미군도 싫으니 이라크에서 나가 달라는 것이지. 결국 미군은 2010년 8월 31일 이라크에서의 전투 임무 종료를 선언했어. 치안 유지와 군대 양성을 돕기 위해 남아 있던 일부 미군마저도 2011년까지 완전히 철수했단다. 전쟁은 끝났지만, 그렇다고 이 전쟁에 책임을 지는 사람은 아무도 없었어. 미국은 이라크의 자유를 수호했다고 주장하지만, 이라크 사람들은 아무도 그 말에 동의하지 않아. 그동안 너무나 많은 이라크 사람이 희생되었기 때문이야.

지금도 이라크가 안정을 완전히 되찾은 것은 아니야. 오랜 전쟁으로 사회 기반 시설이 모조리 파괴되었고, 학교에는 선생님이 부족해. 병원에는 의약품이 없으니 의사가 있어도 속수무책이고, 물자도 턱없이 모자란 형편이야. 그 와중에 IS가 생겨나며 더 큰 혼란을 겪어야 했지. 이라크 정부는 여러 민족과 이슬람 종파의 갈등으로 몸살을 앓고 있어. 이를 지켜보던 미국은 2014년 이라크 치안을 위해 재개입했단다. 절망한 이라크 사람들은 어지러운 전쟁 이후에 어떻게 나라를 제대로 세울지 몰라서 고통스러워하고 있다고 하는구나. 하지만 이것들은 사담 후세인이 없어진 이라크가 어차피 겪어야 할 성장통이야. 다행히도 이라크에는 석유라는 엄청난 자원이 있어. 그 옛날 화려했던 메소포타미아문명을 꽃피웠던 것처럼, 이라크가 다시 한 번 일어설 수 있을 날이 오길 기대한단다.

더 알아보고 싶다면

#메소포타미아문명 #사담 후세인 #1차 걸프전 #도로 매설 폭탄

#국제연합 이라크 경제제재 #바그다드 #이란-이라크전 #바그다드 대학교

#바트당 #조지 부시 #석유 매장 국가 #외상후스트레스장애(PTSD)

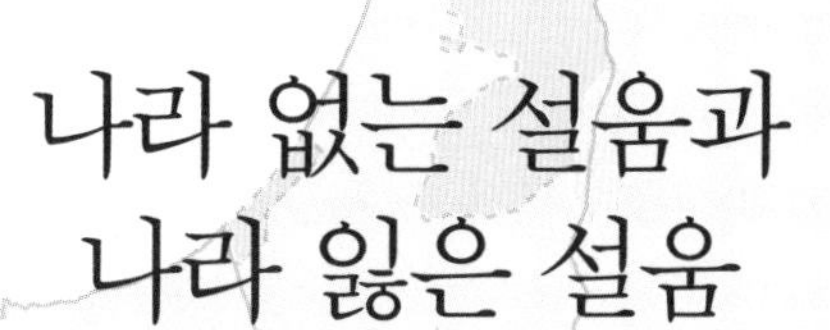

나라 없는 설움과 나라 잃은 설움

이스라엘, 팔레스타인

Israel, Palestine

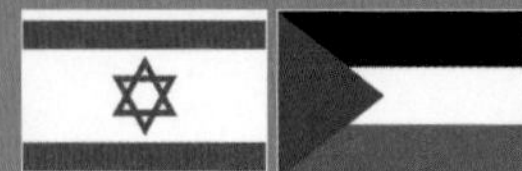

이스라엘, 팔레스타인 Israel and Palestine

- 이스라엘은 한반도의 10분의 1에 불과한 약 2만 2,000㎢의 면적에 인구는 약 860만 명인 작은 나라지만 지정학적으로 가장 중요한 지역이라고 할 수 있어.
- 대체로 이슬람교와 아랍인이라는 정체성을 공유하는 중동에서 인종(유대인), 종교(유대교), 언어(히브리어) 등 모든 면에서 외딴섬 같은 나라야. 건국 후 이웃나라와 여러 차례 전쟁을 치렀고, 매우 사이가 나빠서 남녀 국민 모두 군대를 간단다.
- 이스라엘이 아닌 해외에 거주하는 유대인이 800만 명이 넘어서 이스라엘 전체 인구와 맞먹을 정도야.
- 팔레스타인을 독립국가로 인정하는 문제는 아직도 결론이 나지 않고 있어.

• 주요 연혁

- 기원전 12세기: 팔레스타인인이 지배하면서 가나안을 팔레스타인이라 부르기 시작
- 기원전 11세기: 헤브라이인이 이스라엘 왕국을 세운 후 이스라엘과 유다로 분열
- 기원전 1세기: 로마제국에 편입
- 636년: 이슬람교로 뭉친 아랍인이 로마 격파 이후 이슬람교도 지배
- 1100~1291년: 이슬람교도와 십자군에 번갈아 점령됨
- 1517년: 오스만제국에 점령
- 1882년: 최초로 시온주의자들의 정착촌 건설

통곡의 벽: 옛 예루살렘성전의 서쪽 성벽이야. 예루살렘이 함락되었을 때 유대인들이 벽 앞에서 울었다고 해서 생긴 이름인데, 오늘날의 상황을 말해 주는 것 같단다.

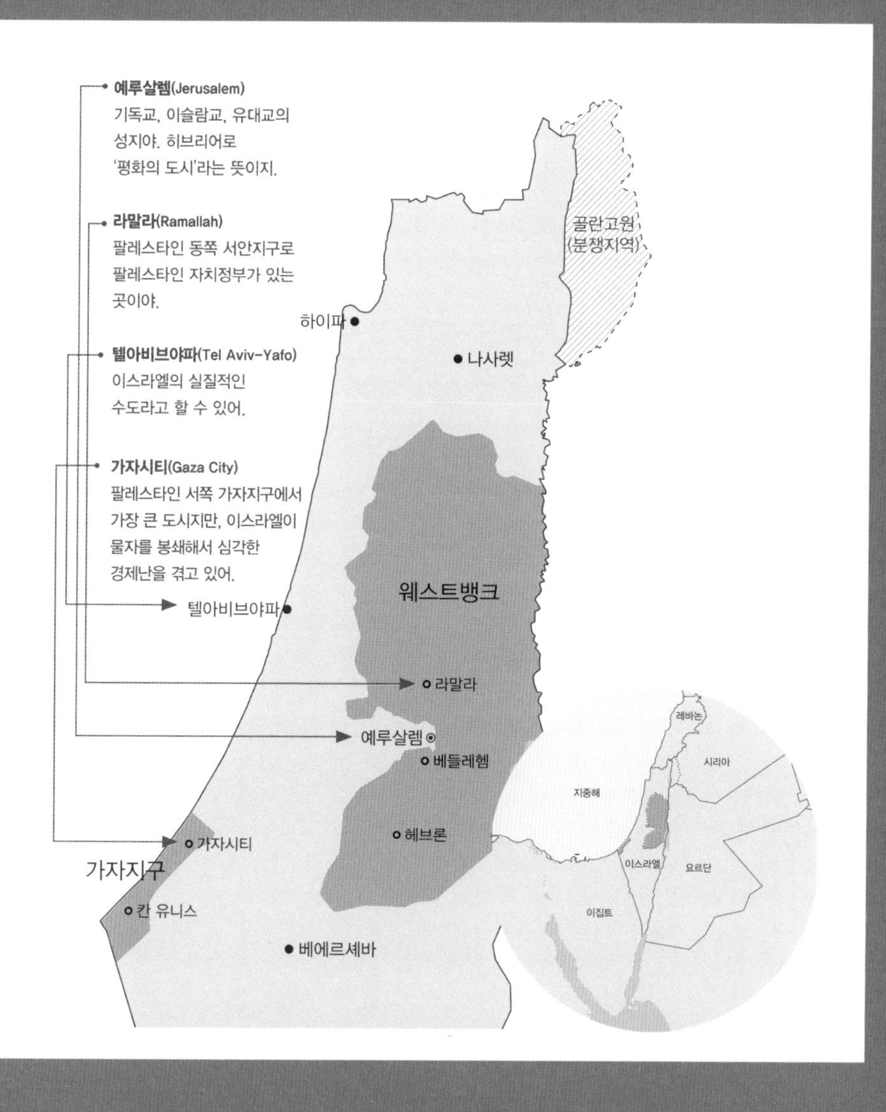

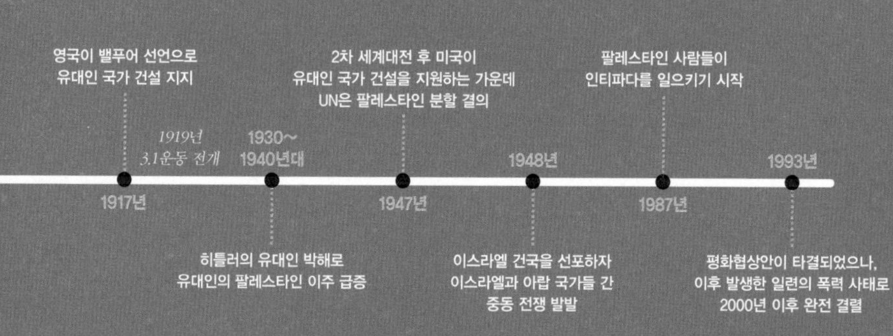

유대인, 2,000년 숙원을 이루다

팔레스타인과 이스라엘은 국제 뉴스에 단골로 등장하는 지역이란다. 팔레스타인은 아랍어를 쓰고 이슬람교를 믿는 아랍인이 주로 사는 지역이고, 이스라엘은 히브리어를 쓰고 유대교를 믿는 유대인이 주로 사는 지역이야. 이 둘은 마치 물과 기름처럼 서로 반목하면서 싸우고 있단다.

이스라엘이라는 나라가 생긴 것은 불과 몇십 년 전이란다. 이스라엘과 팔레스타인 이야기를 뉴스에서 하도 많이 듣다 보니 둘 사이의 분쟁이 오랫동안 있어 왔다고 생각하기 쉽지만, 사실 이스라엘이라는 나라 자체가 1948년에 생겼으니까 이제 겨우 70여 년밖에 되지 않은 일이란다. 이스라엘이 생기기 전에는 요르단강 서안에서 지중해에 이르는 이 지역에서 아랍인들이 농사나 유목을 하며 평화롭게 지냈어. 그런데 이곳에 유대인이 하나둘 이주해 오더니 어느 날 갑자기 이스라엘이라는 자기네 나라를 만들면서 평화가 깨졌단다.

유대인들이 이곳에 갑자기 나타난 것은 1917년 11월에 발표된 밸푸어 선언 때문이야. 당시 팔레스타인을 지배하던 영국의 외상 밸푸어가 유대인이 전쟁에 협력하는 대가로 나라도 없이 유럽을 떠돌아다니던 그들에게 팔레스타인 땅에 그들만의 나라를 세우게 해 준다고 약속했어. 그곳에서 살고 있던 팔레스타인 사람들의 의견은 전혀 물어보지도 않은 채 말이야. 유대인은 영국의 약속대로 팔레스타인 땅으로 이주했고, 팔레스타인 사람들은 갑자기 생각지도 못한 불청객을 맞게 되었어. 이후 두 민족의 대립이 시작되었고, 최근까지 70여 년간 싸움이 계속되고 있지.

사실 19세기 후반에도 팔레스타인에 나라를 세우려는 유대인들의 운동이 있었는데, 그것을 시온주의(시오니즘)라고 부른단다. 그만큼 유대인에게는 그들의 나라를 만드는 일이 아주 절실했어. 그들에게는 1930년대에서 1940년대 초에 이르기까지 독일의 아돌프 히틀러에게 대학살을 당한 아픈 기억이 있어. 그 사건으로 유대인은 자신들의 나라를 건설하지 않으면 목숨이 위협받는다는 사실을 처절하게 깨달은 거야. 또 나라 없이 유럽 여기저기를 떠돌며 이 나라 저 나라에서 빌붙어 살아야 했던 서러움도 유대인 국가를 건설하려는 오랜 소망에 불을 붙였어. 더군다나 팔레스타인 지역은 성경에 나오는 가나안 땅으로, 유대인은 그 땅을 하느님이 자신들에게 약속한 땅이라고 믿었단다.

하지만 생각지도 않게 낯선 사람들을 만난 아랍인의 처지에서 보면 유대인에게 호의적일 수만은 없었단다. 이스라엘은 주변에 요르단, 시리아, 이집트, 레바논 등 아랍 국가들로 둘러싸여 있어. 이 아랍 국가들은 유대인이 같은 아랍 민족인 팔레스타인 사람들과 마찰을 빚고, 팔레스타인에서 이스라엘 공화국을 건국하자마자 기다렸다는 듯이 이스라엘을 공격했어. 이것을 1차 중동 전쟁

혹은 팔레스타인 전쟁이라고 해. 하지만 의기양양하게 이스라엘을 응징하려던 아랍 국가들이 오히려 전쟁에서 패하고 말아. 이스라엘이 미국에서 막대한 무기를 원조받았기 때문이야.

이스라엘과 아랍 국가들은 모두 여섯 차례에 걸쳐 전쟁을 벌였어. 전쟁으로 많은 사람이 죽고 엄청난 재산 피해가 생겼지. 팔레스타인 사람들은 1,300년 동안 살던 고향에서 쫓겨나 레바논, 요르단 등 아랍 여러 나라로 흩어졌어. 그들은 아랍 국가에 난민촌을 만들었지만, 할아버지 때 도망 나와서는 그의 손자가 다시 아이들을 낳은 지금까지도 난민 신세를 면하지 못하고 살아간단다. 반면 유대인은 전쟁에서 거듭 승리하면서 예루살렘을 중심으로 영토를 계속 넓혀 가더니 오늘날의 이스라엘이 되었지.

팔레스타인, 몸을 불살라 저항하다

이스라엘에 당하고만 살던 팔레스타인 사람들도 가만히 있지 않고 마침내 무장 시위에 나서기 시작했어. 두 차례에 걸친 이 시위를 그 나라 말로 인티파다라고 해. 그 이후 팔레스타인 사람들은 1987년에 하마스라는 이슬람 저항운동 단체를 조직하는데, 지도자는 아마드 야신이야. 하마스는 오늘날까지도 팔레스타인해방기구(PLO)를 이끄는 주요 세력이란다. 이슬람 정신으로 무장한 그들은 이스라엘에 빼앗긴 팔레스타인 땅을 되찾기 위해 조직되었어. 하마스는 곧 팔레스타인 사람들에게 뜨거운 지지를 받았고, 지도자 야신은 팔레스타인 저항운동의 상징이자 정신적 지주가 되었지.

1936년 팔레스타인에서 태어난 야신은 열두 살 때 사고로 두 팔과 다리를 쓸 수 없게 되었단다. 그 정도 장애가 있으면 아랍 국가에서 생활하기가 쉽지 않았을 텐데, 그는 이집트에서 이슬람 신학을 공부하며 학구열을 불태웠어. 그 뒤 학교 교사로, 사원 설교가로 활동하다가 인티파다 이후 팔레스타인 사람들의 많은 지지를 받으며 하마스를 만들었어.

그런 야신이 2004년 이스라엘군의 공습으로 목숨을 잃고 말았단다. 이스라엘은 하마스가 유대인을 죽이기 위해 이스라엘에서 자살 폭탄 테러를 감행하며 계속 위협해 오자 그를 살해하기로 한 거야. 이스라엘은 야신을 이스라엘 사람 수백 명의 목숨을 앗아 간 테러의 주범으로 보았고, 미국과 유럽도 하마스를 테러 단체로 지정했어.

이처럼 서방국가들은 야신을 과격 테러 단체의 우두머리로 부르지만, 팔레스타인 주민을 포함한 아랍 사람들은 그를 종교 지도자이자 해방 투쟁가로 존경해. 보는 시각에 따라 때로는 테러리스트가 되고 때로는 해방 투쟁가가 되기도 하지. 휠체어에 의지해서 이스라엘에 대한 저항 정신을 설교하던 야신은 팔레스타인 사람들에게 전설로 남았단다.

단절의 장벽

이스라엘은 계속되는 팔레스타인의 저항으로 안전을 위협받자 2002년부터 2007년까지 예루살렘을 중심으로 요르단강 서안의 경계 지역에 콘크리트와 철조망으로 730여 킬로미터에 이르는 장벽을 설치했어. 팔레스타인과 이스라엘을 완전히 분리하기 위한 조치였어. 게다가 팔레스타인 자치정부와 어떤 협의도 없이 장벽을 만들었어. 장벽 주변에 있던 팔레스타인 주민의 집들도 일방적으로 철거해 버렸단다. 그리고 팔레스타인 사람이 이스라엘을 마음대로 드나들지 못하도록 검문소를 세우고 철저하게 감시하기 시작한 거야.

국제사법재판소는 이 분리 장벽이 불법이라고 판정했어. 그리고 뒤이어 국제연합 총회에서도 분리 장벽을 반대하는 결의가 채택되었지. 하지만 지금도 이스라엘과 팔레스타인 경계에는 거대한 콘크리트 벽이 버티고 있고, 팔레스타인 사람들은 여전히 예루살렘을 마음대로 드나들지 못한단다.

이스라엘은 팔레스타인 사람들이 자살 폭탄 테러를 계속 가하기 때문에 어쩔 수 없다는 입장이야. 팔레스타인 사람들은 주로 예루살렘의 쇼핑가나 관공서 혹은 아이들이 다니는 학교 주변에서도 자살 폭탄 테러를 저질렀어. 폭탄을 몸에 설치하고 사람이 많이 모인 곳에서 터뜨리는데, 자신은 물론 많은 사람이 한꺼번에 희생되지. 주로 20대 청년이 많지만, 급기야 여성과 아이들까지 폭탄을 두르고 이스라엘 한복판에 나타나곤 한단다.

팔레스타인 사람들은 이스라엘에 당할 대로 당하다가 더 이상 물러설 수 없는 상황에 이르러 최후의 선택으로 자살 폭탄 테러를 저지르는 것이라고 항변하지만, 무고한 시민까지 희생된다는 점에서 올바른 해결 방법이라고 할 수는 없을 거야. 억울한 팔레스타인 사람들의 심정도 이해는 가지만 말이야.

지금도 이스라엘 사람들에게 자살 폭탄 테러는 공포의 대상이란다. 그래서 이스라엘도 예루살렘으로 들어오는 팔레스타인 사람들을 철저히 검문하기 위해 이 분리 장벽을 설치한 것이고. 하지만 예루살렘에 있는 직장이나 학교를 다녀야 하는 팔레스타인 사람들은 아침마다 검문소에서 길게 줄을 서야 해. 또 이스라엘 군인들의 불쾌한 검문으로 인권을 침해당하는 일도 일어난단다.

자살 폭탄 테러에 나서는 청소년

팔레스타인을 취재하면서 많은 청소년을 만났어. 팔레스타인 지역에 있는 베들레헴(잘 알려져 있듯이 예수님이 태어난 곳이란다)에서 당시 열다섯 살이던 오마르를 만난 것은 2005년 여름이었어. 총명하고 영어도 잘하는 유쾌한 아이였단다. 그렇게 활발해 보이던 그 아이도 사실은 아픈 가족사가 있었어. 누나가 예루살렘의 한 슈퍼마켓에서 자살 폭탄 테러를 감행했다더구나. 누나는 그 자리에서 사망했고, 많은 이스라엘 사람이 죽거나 다쳤지. 사진으로 본 오마르의 누나 아야르는 당시 스무 살이었는데 아주 앳되고 대학까지 다니던 엘리트였어.

나는 오마르에게 누나를 잃은 심정을 물었어. "누나가 자랑스럽고, 나도 누나 뒤를 이을 거예요." 오마르의 말을 듣고 나는 놀랍고 가슴이 아팠어. 저렇게 똑똑한 아이가 폭탄에 죽어야 한다는 사실이 믿기지 않았지. 나는 다시 "왜 그래야 하니? 너는 똑똑하니까 공부를 더 해서 팔레스타인에 필요한 인재가 되면 그때 다른 해답을 찾을 수도 있지 않겠니?" 하고 물었단다. 그러자 오마르는 영어로 "노 웨이(No way)"라고 말하며 나를 멍하게 쳐다보더니 "나는 내 운명을, 아니 팔레스타인의 운명을 알아요. 난 한 명이라도 이스라엘 사람을 죽이라고 태어났어요"라고 말했단다.

한국에서 열다섯 살이면 게임에 푹 빠지거나 친구들과 영화를 보러 다니고, 기말고사 성적을 걱정할 나이인데, 이곳에서는 운명을 말하고, 더구나 그 운명이 살인이라고 하니 너무 안타까웠단다. 오마르가 자란 환경이 아이를 그렇게 만들었어. 그 아이들이 태어나고 자라면서 배운 것은 이스라엘이 자기들 땅에 멋대로 침범해 팔레스타인 사람에게 무자비한 폭력을 저지르는 깡패 집단이라는 거야. 분노와 폭력, 그것이 그들이 자란 환경이지. 동네 곳곳에 붙어 있는 자살 폭탄 테러로 용감하게 순교한 선배들의 포스터와 사진을 존경심 가득한 눈으로 바라보며 자라고, 학교와 부모도 아이들에게 이스라엘에 대한 분노를 가르치지. 만약 아이들이 좀 더 정상적인 환경에서 자란다면 공부도 더 열심히 하고 미래에 대한 꿈도 키울 텐데 하고 생각하니 마음이 무거워지더구나.

그곳에서 만난 아이들 가운데는 이스라엘 아이도 있어. 열두 살의 초등학생인 벤저민은 귀엽고 활발한 아이로, 내 친구의 조카란다. 너무 개구쟁이라서 친구가 걱정할 정도로 성격이 밝은 아이지. 어느 날 친구 집에 잠시 방문할 일이 있었는데, 마침 벤저민이 학교에서 막 돌아왔더구나. 아이는 학교에서 이스라엘 군대를 응원하는 글짓기를 했다고 엄마한테 자랑했어. 그래서 어떤 내용의 글을 지었는지 궁금해 물어보았지. "모든 팔레스타인 사람들을 쫓아내 주세요. 그들은 위험하므로 먼저 죽이세요"라는 내용이라고 하더구나. 그러고는 친구들과 함께 이스라엘 군대가 팔레스타인으로 쏠 미사일에 "한 명도 살려 두지 마세요"라고 썼다는 경험담도 신나게 떠들었단다.

그래, 이스라엘 아이들도 팔레스타인 아이들과 똑같아. 그들도 어릴 때부터 전쟁과 분노를 가슴에 담고 사는 거지. 나는 벤저민에게 "팔레스타인 아이들도 너랑 똑같은 아이인데, 그 아이들이 다치면 아프지 않겠니?" 하고 말했더니, 벤저민이 "그들은 사람이 아니라 괴물이라 괜찮아요"라고 대답해서 충격을 받았단다. 이 아이들이 자라서 세대를 이어 싸울 거라고 생각하니 가슴이 무너질 듯 아프더구나. 팔레스타인과 이스라엘의 미래가 암담하기 그지없어서 슬픈 날이었단다.

모두가 친구가 되는 날을 위해

지난 100년 동안만 봐도 유대인은 국가가 없어서 많은 생존의 위협을 받았어. 우리가 잘 아는 《안네의 일기》도 유대인이 겪은 참상이 어느 정도였는지 잘 보여 준단다. 국가 없이 떠돌아다니던 유대인에게 국가는 가족의 생명을 지켜 주는 중요한 존재일 거야. 그런 그들에게 어렵게 세운 이스라엘은 반드시 지켜 내야 하는 대상이지.

이스라엘 국민은 남자든 여자든 모두 병역의무가 있단다. 여성에게도 병역의무를 부과한 나라는 이스라엘이 유일할 거야. 남자는 만 18세부터 3년간, 여자는 만 18세부터 1년 6개월간 군대에서 복무해야 해. '이스라엘의 아이유'라고 할 수 있는 하달 오제리라는 여자 가수는 한창 인기가 높을 때 입대했어. 이스라엘의 상황에서는 오제리도 예외일 수 없던 거지. 이스라엘 사람들은 그녀가 가수이기 전에 국가를 지키는 용감한 군인이라고 생각하기 때문이지. 오제리는 낮에는 팔레스타인과 전투하고 밤에는 화려하게 TV에 등장해 노래를 불렀어. 혹시 이스라엘 친구가 생기면 하달 오제리를 안다고 이야기하렴. 무척 반가워할 거야.

나라 없는 설움을 뼈저리게 느낀 이스라엘은 팔레스타인 땅을 차지해야 하고, 팔레스타인 사람들에게는 빼앗긴 땅을 되찾는 것이 중요해. 그래서 그 땅은 지금도 크고 작은 사건으로 시끄럽단다. 나는 그 땅을 오래 취재하다 보니 이스라엘 친구와 팔레스타인 친구가 모두 있어. 이스라엘 지역에서 취재하고 있으면 팔레스타인 친구들이 나를 걱정해. 혹시 이스라엘 사람들에게 나쁜 일을 당하지 않을까 싶어서 말이야. 반대로 팔레스타인 지역에서 취재하고 있으면 이스라엘 친구들이 안절부절못해. 너무 위험하니까 빨리 이스라엘로 들어오라고 난리란다.

지난 2014년, 이스라엘의 10대 소년 얄 이프라 등 3명이 서안 지역 헤프론의 한 마을에서 시신으로 발견되었어. 이들은 납치되어 실종되었는데, 이스라엘 사람들의 염원에도 끝내 살아 돌아오지 못한 거야. 아이들이 팔레스타인 과격분자들에게 살해당했다는 뉴스를 들은 이스라엘 사람들의 분노는 극에 달했지. 엄마는 이들의 장례식 취재를 갔단다. 너무나 슬퍼하는 이스라엘 사람들은 서로 끌어안고 눈물을 흘렸지. 아직 어린 나이의 아이들이 얼마나 무서운 최후를 맞이했을까. 아들을 잃은 엄마들은 가슴이 얼마나 아플까. 그 슬픈 분위기 속에서 엄마 눈에 띈 사람들이 있었어. 팔레스타인 엄마들이 이스라엘 엄마들을 위로하기 위해 조문을 온 거야. 희생된 아이 가운데 한 엄마인 레이철이 팔레스타인 엄마들에게 조문을 와도 괜찮다고 말한 거지. 아들을 잃은 슬픔을 위로하는 일에는 국경도, 전쟁도 아무 필요 없었어. 그 모습을 보며 나는 팔레스타인 엄마들이 고마웠단다. 엄마들끼리는 통하는 것이 있거든. 아이들을 잘 키우고 행복하게 살아가는 것. 그것은 이스라엘 엄마들이나 팔레스타인 엄마들이나 같은 마음이란다. 그날 장례식을 보며 나도 같은 엄마로서 감동적이었어. 금방이라

2014년 3명의 이스라엘 소년들이 납치 살해되는 사건이 발생했다. 이 장례식에 이스라엘 어머니들과 팔레스타인 어머니들이 참석하여 아이를 잃은 엄마의 심정을 위로했다. 이스라엘과 팔레스타인 주민들은 이제 더 이상 전쟁을 원하지 않지만 양쪽의 정부는 안보를 이유로 크고 작은 갈등을 만들어 내고 있다.

도 팔레스타인과 이스라엘 문제가 풀릴 듯한 희망을 보았지.

그러나 얼마 후 분노한 몇몇 이스라엘 사람이 팔레스타인 10대 소년에 대한 보복 살인을 벌였어. 예루살렘 인근 숲속에서 시신으로 발견된 아이는 16세의 무함마드였단다. 이스라엘 경찰 당국은 이 사건을 아랍 소년에 대한 이스라엘 과격파의 보복살인이라고 발표했지. 이 사건이 알려지자 이번엔 팔레스타인 사람들이 분노했어. 양측이 서로 보복을 다짐하며 중동의 화약고라 불리는 이 땅이 정말 터지기 일보 직전이었단다. 엄마도 이번엔 진짜 전쟁이 크게 나겠구나 하고 무척 무서웠단다.

바로 그때 무함마드의 장례식에 앞서 살해당한 이스라엘 아이들의 엄마들이 나타났어. 그들은 팔레스타인 엄마를 위로했고 또 같이 부둥켜안고 슬퍼했지. 엄마는 이 숭고한 분위기에 취재를 하다가 울컥했어. 그리고 양측의 무력 충돌은 해답이 아니라는 이스라엘 시민사회의 목소리가 들려왔단다. 일부 야당 인사와 시민 1,000여 명이 모여 시위와 행진을 했지. 이날 시위에서 유대인과 아랍인의 공존을 모두 원한다는 피켓이 있었단다. 사람들은 "대다수 유대인·아랍 사회는 이에 동의하지 않고 평화롭게 살기를 원한다"라고 소리쳤어. 이날 유대인 성직자들도 시위에 참가했는데 "유대인은 복수하지 않는다. 그것은 우리의 언어가 아니다"라며 시위에 참가한 사람들에게 설교했어.

엄마는 그날 이스라엘과 팔레스타인이 얼마든지 같이 살 수 있다는 희망을 보았단다. 비극적인 양측의 사건이 오히려 그들에게 왜 함께 살아야 하는지 보여 준 듯했어. 그 시위 후 간신히 위험한 고비를 넘기고 피의 보복을 피할 수 있었지. 이렇게 평범한 시민은 팔레스타인이건 이스라엘이건 평화와 공존을 원한단다.

문제는 양쪽의 극단주의자와 정부야. 이들은 서로 비난하고 시민의 안전을 볼모로 자신들이 유리한 방향으로 정치를 하는 거야. 나는 진심으로 이들이 정치적인 문제를 뒤로하고 양쪽의 시민 목소리와 노력에 귀를 기울여 주었으면 해. 어렵겠지만 이제는 서로 미사일을 주고받는 통에 아이들이 무서워서 학교를 가지 못하고 엄마들이 아이들을 걱정하는 세상을 만들지 않게 노력해야 해. 그럼 이스라엘과 팔레스타인이 서로 싸우지 않고 평화로워질 거야. 그러려면 세계 여러 나라 사람들이 함께 지혜로운 해답을 찾기 위해 발 벗고 나서야 해. 지구 저편 먼 곳에서 벌어지는 일이지만, 우리가 팔레스타인 문제에 진심 어린 관심을 보여 준다면 훗날 그들과 좋은 친구가 될 수 있을 거야.

더 알아보고 싶다면

#밸푸어 선언 #인티파다 #가자지구 #하마스 #이스라엘 병역의무

#팔레스타인해방기구(PLO) #야신 #하달 오제리 #라말라 #예루살렘

#자살 폭탄 #팔레스타인 분리 장벽 #베들레헴 #유대인 #히브리어

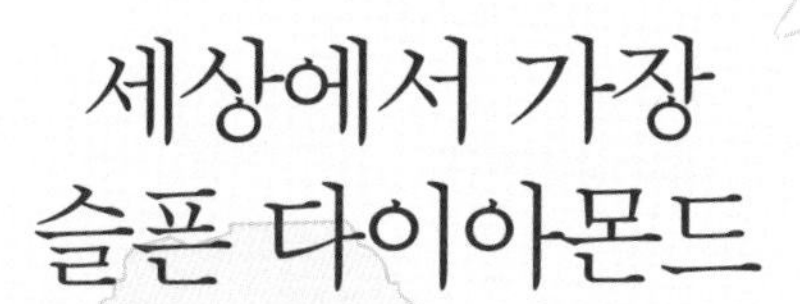

세상에서 가장 슬픈 다이아몬드

시에라리온

Sierra Leone

시에라리온 Sierra Leone

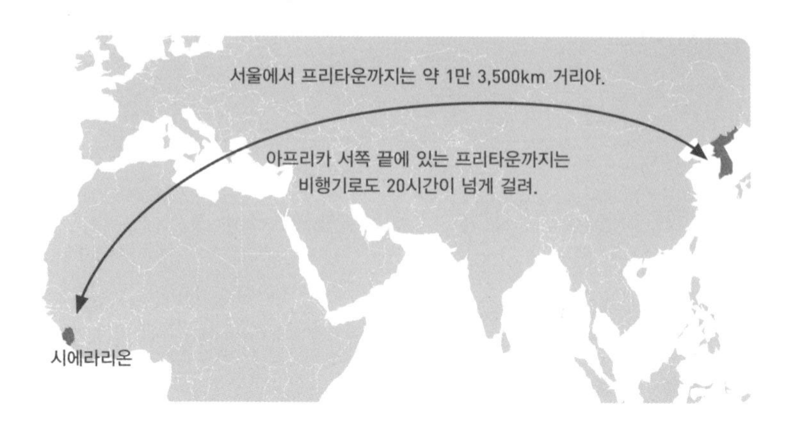

- 시에라리온은 아프리카의 서쪽 연안으로 대서양과 접해 있는 약 7만 2,000㎢ 면적에 780만 명의 인구를 가진 나라야.
- 템네족과 멘데족을 중심으로 여러 부족으로 구성되어 있고, 60%가량이 이슬람교를 믿고 있어.
- 시에라리온이라는 이름은 15세기에 탐험 온 포르투갈인들이 산에서 울리는 천둥소리를 듣고 '사자의 산(Serra de Leão)'이라고 부른 데서 유래했어.
- 18세기 해방노예의 정착지였다가 1961년 영국에서 독립했지만 독재 정권과 내전을 겪다가 현재는 유엔평화유지군이 주둔하고 있어.

• 주요 연혁

- 15세기: 불롬족이 살던 시에라리온에 멘데족과 템네족이 이동
- 1495년: 포르투갈 사람들이 해안 지역에 요새 건립, 이즈음부터 유럽 상선이 해안에 정기적으로 찾아와 공산품, 노예, 상아 등 교역 시작
- 1592~1598년: 임진왜란
- 1787년: 영국의 노예제 폐지론자와 박애주의자들이 도망친 노예들을 위해 프리타운 건설
- 1807년: 영국 의회가 노예무역을 불법화하고 노예상 소탕을 위해 이곳에 해군작전본부 설치
- 1808년: 해안 지역이 영국 식민지가 된 이후 1896년에는 전 지역에 영국 보호령 선포

블러드 다이아몬드: 시에라리온은 지하자원이 풍부한데, 그중 가장 유명한 건 다이아몬드야. 이 아름다운 보석이 시에라리온에는 축복이 아닌 저주가 되었단다.

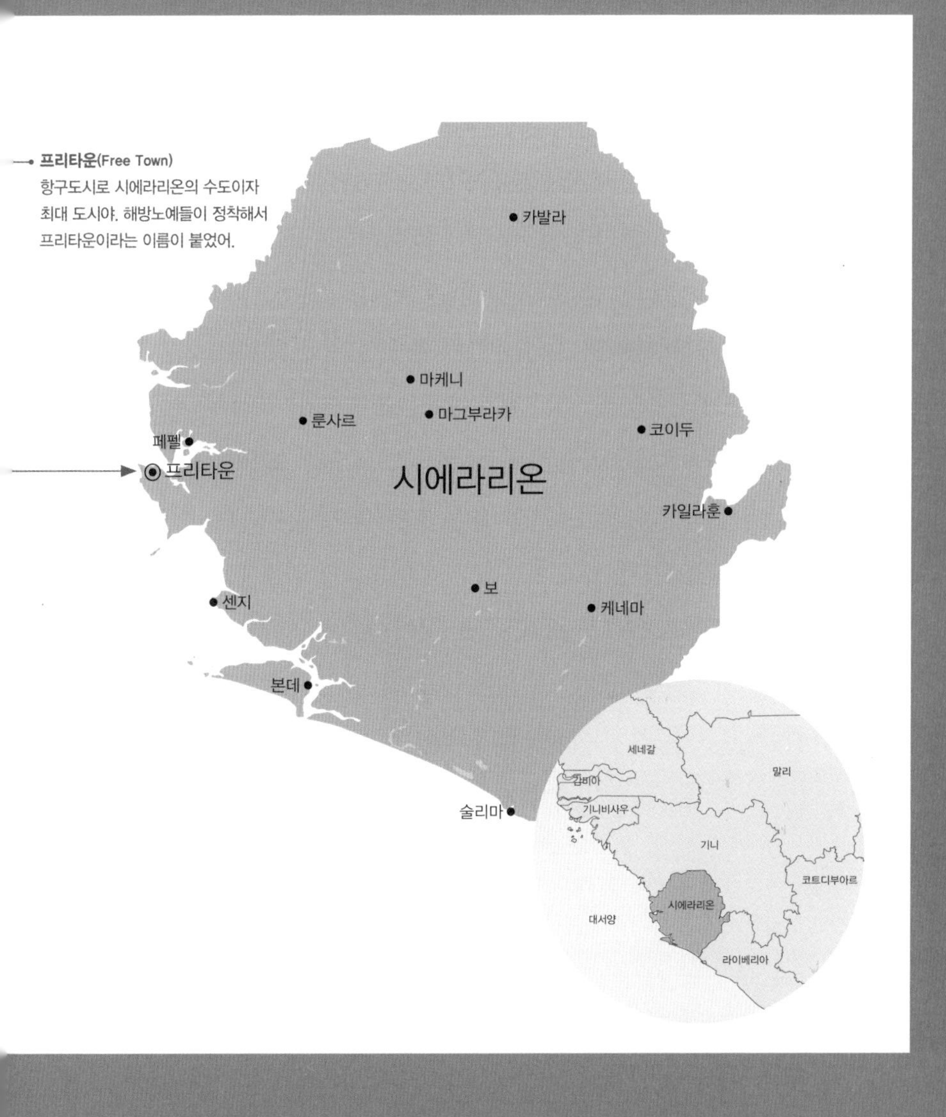

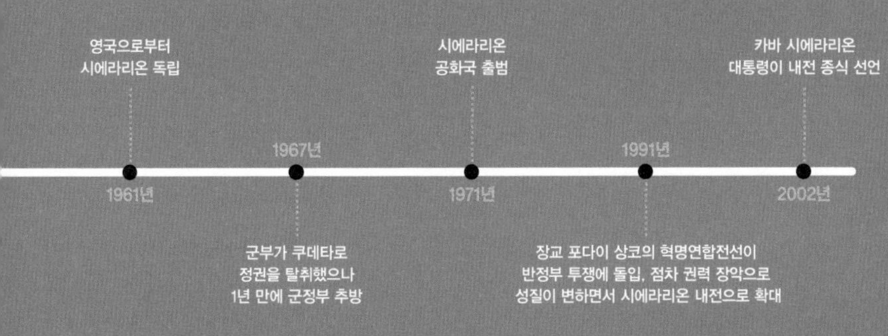

더러운 돌멩이와 슈퍼모델 나오미 캠벨

2010년 8월 네덜란드 헤이그의 시에라리온 국제형사재판소 법정에는 영국 출신의 세계적인 슈퍼모델 나오미 캠벨이 증언대에 섰단다. 패션 잡지에서나 볼 수 있는 이 아름다운 모델이 왜 재판소까지 가야 했을까? 그것은 아프리카에 있는 라이베리아라는 나라의 대통령이었던 찰스 테일러를 심판하는 재판에 증인으로 서기 위해서였어.

캠벨은 그 재판에서 찰스 테일러에게 받은 다이아몬드를 '더러운 돌멩이'라고 표현하면서 그에게 다이아몬드를 받은 일이 있음을 사실상 인정했어. 테일러는 살인, 강간 등 11가지에 달하는, 인간으로서 차마 저지를 수 없는 범죄와 전범 혐의로 기소되었지. 아프리카의 작은 나라 대통령이 전범 재판에 기소되고 세계적인 슈퍼모델이 재판정에 서는 이 아름답고도 더러운 다이아몬드 이야기의 중심에는 시에라리온이라는 나라의 아픔이 배어 있단다.

시에라리온은 아프리카 서부에 있는 작은 나라야. 나는 내전이 끝난 2000년 겨울에 그 나라를 취재하러 갔어. 시에라리온의 룽기 국제공항에 도착해 비행기에서 내리니 팔다리가 없는 거지들이 가장 먼저 눈에 들어왔단다. 짐을 들고 있는 외국인들에게 서로 달려들며 구걸하는데, 입국장을 빠져나오기가 힘들 정도지. 아프리카에 있는 나라 대부분이 그렇지만, 시에라리온은 그중에서도 아주 심했어.

시에라리온은 포르투갈어로 '사자의 산'이라는 뜻이야. 시에라리온은 1967년 영국 식민지에서 비로소 독립했지만, 끊임없는 권력 다툼으로 조용한 날이 없는 나라지. 게다가 현대사에서 가장 잔인한 내전까지 일어났어. 1991년 부정부패한 정부를 반대하던 혁명연합전선(RUF)이라는 반군이 들고 일어났고, 그들은 시에라리온의 정부를 전복하고 다이아몬드 광산을 접수했어.

시에라리온은 해변이 무척 아름다운 나라란다. 바닷가에는 고운 모래와 이름 모를 꽃들이 마치 수를 놓은 듯 아름답게 펼쳐져 있지. 그 자체로도 그림처럼 아름다운 이 나라에서는 모든 사람이 갖고 싶어 하는 다이아몬드가 많이 생산된단다. 슈퍼모델 나오미 캠벨이 받았다는 다이아몬드도 시에라리온의 다이아몬드였어. 리어나도 디캐프리오가 주연한 영화 〈블러드 다이아몬드〉도 이 시에라리온의 다이아몬드에 대한 이야기란다.

이토록 아름다운 시에라리온의 다이아몬드가 바로 참혹한 내전의 원인이 되다니, 아이러니가 아닐 수 없지. 시에라리온에서 생산되는 다이아몬드는 특히 색깔이 신비하고 광채가 화려해서 높은 가격에 거래된단다. 바로 그 이유 때문에 벌어진 내전의 결과는 참담했어. 1991년부터 무려 10년이나 계속된 내전으로 약 20만 명이 사망하고 수천 명이 사지를 절단당했지. 이 모든 참사가 다이아몬드 채굴권을 차지하려다 생긴 불상사란다.

외다리 스포츠클럽과 소년병

그런데 어쩌다 사지까지 절단당해야 했던 걸까? 사건의 발단은 이렇단다. 네덜란드 국제 형사 재판을 받은 찰스 테일러 전 라이베리아 대통령이 주범이야. 그는 라이베리아의 이웃 나라인 시에라리온에서 내전이 벌어지자 다이아몬드 채굴권을 나누어 가지는 조건으로 시에라리온 반군인 혁명연합전선에 자금과 무기를 공급했어. 기세등등해진 반군은 정부군과 싸우면서 정부에 협조한 혐의가 있는 사람들의 사지를 잘라 버린 거야. 총을 못 쏘게 하거나 농사를 못 짓게 하려고 손목을 자르기도 하고, 발목을 절단해서 벌레처럼 굴러다니게 하기도 했어.

2000년에 처음 그곳에 갔을 때, 사지가 절단된 사람들을 보면서 '인간이 어떻게 저렇게까지 잔인할 수 있나' 하며 경악했단다. 아름다운 해변과 값비싼 다이아몬드가 있으면 뭐하겠니? 가난에서 빠져나오지 못하는 것은 물론, 기나긴 내전으로 멀쩡하던 손발이 잘린 채 평생 굴러다녀야 하는 그들을 보니 가슴이 아팠어.

시에라리온의 수도 프리타운에서 동쪽으로 11킬로미터를 가면 주이라는 마을이 있어. 내전으로 사지를 절단당한 사람들이 모여 사는 곳이야. 사회 시설이라고는 아무것도 제대로 돌아가지 않는 이 나라에서 사지가 온전해도 일자리를 찾기가 하늘의 별 따기인데, 하물며 사지가 절단된 사람에게는 더욱 어려운 일이지. 이들에게는 국제적십자사가 매달 지원하는 60달러가 유일한 수입이란다. 그래서 많은 사람이 구걸에 나서지. 우리 같은 외국인이라도 보일라 치면 떼로 덤벼 구걸하는 거야. 사지가 잘린 모습이 흉한 데다, 사는 모습도 엉망이어서 처음에는 혐오감이 들기도 하지만 그들도 사람이란다. 우리와 똑같이 가족을 부양해야 하고 놀러 가고도 싶은 평범한 청년이고 아버지야.

내전이 끝나고 몇 해가 지난 2007년, 월드컵을 개최하는 피파(FIFA)의 지원으로 '외다리 스포츠클럽'이 개최되었어. 외다리 스포츠클럽은 시에라리온이나 라이베리아 등에서 내전으로 사지가 절단된 사람들이 만들었단다. 이들에게 축구는 유일한 즐거움이야. 다리가 하나라도 있어서 축구를 할 수 있으면 행운이지. 두 다리를 모두 잃은 사람은 이 대회에 참가할 수조차 없거든. 비록 다리가 하나밖에 없어도 이곳 사람들에게 축구는 유일한 오락거리야. 외다리로 축구하는 그들 모습을 보니 월드컵보다도 더 박진감이 넘치더구나. 다리가 하나인 사람은 골을 넣으러 가다가도 멈춰야 슛을 할 수 있어 긴장감이 더했거든. 축구를 즐기는 모습은 한국 사람이나 시에라리온 사람이나 똑같았단다.

시에라리온의 수도 프리타운 곳곳에는 이렇게 다리 하나로 축구하는 사람을 많이 볼 수 있어. 그들 중에는 앳된 10대 소년들도 있단다. 어른들이야 정치적인 이유로 그렇게 되었다고 이해라도 할 수 있지만, 10대 소년들까지 사지가 절단된 것은 정말 이해하기 힘들더구나. 하지만 곧 그 이유를 알 수 있었어. 그들은 소년병 출신이었던 거야. 소년병이란 어린 5~6세 아이부터 10대 너희 나이 또래까지 강제로 징집되어 전투에 참가한 아이들을 말해. 시에라리온 소년병은 강제로 반군이나 정부군에게 잡혀 전투에 내몰렸어. 일단 소년병으로 끌려간 아이들은 전투에서 총알받이가 되거나, 짐을 나르거나, 전령(소식을 전하는 군인)이나 스파이가 되었지. 그러다 짧은 생을 마감하는 경우가 많아. 어른만큼 훈련된 군인이 아니기 때문에 전투에서 살아남기도 쉽지 않지.

소년병은 전쟁에 대한 두려움도 어른보다 훨씬 크단다. 한창 학교 다니며 엄마에게 응석이나 부릴 나이에 전쟁은 감당하기 힘들 테니까. 그래서 소년병을 지휘하는 어른들은 이들이 전투에 용감하게 뛰어들거나 무조건 복종하게 하기 위해 마약을 먹이는데, 그 때문에 소년병은 심각한 정신장애까지 얻게 돼.

소년병의 실정이 세계적으로 알려지면서 국제사회는 유니세프 등의 후원으로 프랑스 파리에서 회의를 열고 소년들이 군인으로 징집되는 것을 막도록 하는 '파리 서약'에 서명했어. 그러나 아프리카 곳곳에는 아직도 소년병이 있단다. 잦은 내란과 가난이 그들에게 마냥 어린아이로 남아 있지 못하도록 하는 거야.

시에라리온 출신 소년병 중에는 이스마엘 베아 같은 영웅도 있어. 1980년에 시에라리온에서 태어난 이스마엘 베아는 랩 음악과 힙합 댄스를 좋아하던 평범한 소년이었어. 그러나 열두 살 때 친구들과 집을 나섰다가 반군에게 끌려가 소년병이 되었지. 당시 시에라리온에서 소년병들이 그랬듯이 이스마엘 베아도 학살과 마약으로 얼룩진 3년 동안의 소년병 생활 끝에 유니세프의 도움으로 기적처럼 구출되었단다. 그 후 미국으로 건너가 양부모의 도움으로 뉴욕에 있는 유엔국제학교에서 고등학교를 마치고, 오벌린 대학 정치학과를 졸업했어.

이스마엘 베아는 이제 국제 인권감시기구인 휴먼 라이츠 워치(HRW)에서 어린이 인권 분과 자문위원과 유니세프 대사로 활동하고 있단다. 그는 시에라리온에서 겪은 경험을 중심으로 전쟁 때문에 아이들이 얼마나 고통받는지를 증언했어. 자신이 겪었던 끔찍한 일을 다른 아이들이 절대로 겪지 않도록 하기 위해서지. 소년병 시절 경험을 생생하게 밝힌 회고록도 써서 많은 사람에게 전쟁과 소년병의 참상을 알리는 데도 앞장섰어. 이제 이스마엘 베아는 전쟁에 끌려가 폭력으로 상처받는 소년병에게 희망의 상징이 되었단다.

다이아몬드 욕심이 부른 내전과 끝없는 가난과의 전쟁

시에라리온이 역사상 가장 끔찍한 내전을 겪게 된 이유는 바로 찰스 테일러 전 라이베리아 대통령 때문이야. 그 사람만 아니었어도 내전이 그렇게 오랫동안 지속되지는 않았을 거야. 찰스 테

아프리카의 소년병들은 전투의 총알받이나 전령 혹은 스파이 역할을 한다. 시에라리온의 소년병들은 두려움을 잊게 하는 마약을 먹어 가며 전투에 참여했고, 그중 많은 소년병들이 정글에서 죽음을 맞이했다. 현재도 아프리카 여러 나라에서 소년병이 없어지지 않고 있다.

일러는 반군에게 돈과 무기를 주어 시에라리온을 더 참혹한 전쟁터로 만들었어. 자유의 수호 같은 거창한 이유로도 전쟁은 정당화되지 않는 법인데, 그는 다이아몬드 채굴권을 차지하기 위해서 오랫동안 내전을 지원한 거야.

당시 시에라리온에서 다이아몬드를 채굴할 수 있는 기업들은 이미 모두 정해진 상태였어. 그런데 그 채굴권을 주었던 기존 정부가 없어지고 새로운 정부가 들어서면 모든 것이 무효가 될 테고, 그런 상황이 되면 찰스 테일러는 채굴권을 가로챌 수 있다고 생각했어. 그래서 반군을 부추겨 정부군과 싸우게 하려고 돈도 대고 무기도 보낸 거란다. 반군도 찰스 테일러가 지원하는 돈이 없었다면 그렇게 오랜 세월 동안 싸울 수 없었을 거야.

참담했던 내전은 국제사회의 노력으로 10년 만에 겨우 끝났단다. 2000년 5월 찰스 테일러가 지원한 반군이 수도 프리타운 진격에 실패하자, 국제연합과 영국군의 압력으로 평화협상에 나서 평화협정에 서명한 것으로 기나긴 내전이 비로소 끝났지. 그 후 유엔평화유지군이 시에라리온으로 들어가 치안을 유지하고 있어. 그나마 다행스럽게도 국제연합과 국제사회의 노력으로 지금 시에라리온 사람들은 끔찍한 상처를 서서히 치유하는 중이야.

10년에 걸친 내전이 끝나고 다시 20여 년이 지났지만 시에라리온은 아직도 모든 게 힘든 상황이란다. 가뜩이나 경제 상황이 어려웠는데, 그렇게 오랜 세월을 총 쏘고 죽이고 했으니 나라 안에 남아 있는 게 없을 테지. 시에라리온에는 학교도, 병원도, 일터도 턱없이 부족하단다. 국제통화기금(IMF)은 실태 조사 보고서에서 "시에라리온 국민의 26퍼센트인 150만 명이 굶주릴 정도로 극심한 빈곤 상태이며, 전반적인 빈곤층은 70퍼센트에 이른다"고 밝혔어. 시에라리온에 그 비싼 다이아몬드가 있어도 굶주림에 시달리는 국민이 대부분이야. 거리에는 구걸하는 아이와 하루 한 끼도 해결하기 힘든 가족이 넘쳐 나지. 지독한 가난과 전쟁을 치르고 있는 시에라리온은 아직 해결해야 할 일이 많아.

확실한 것은 시에라리온 국민 스스로 이 굶주림을 해결하는 것은 사실상 불가능하다는 점이야. 그래서 국제사회의 온정이 필요하단다. 당장 그들이 굶어 죽지 않을 만큼, 적지만 꼭 필요한 도움이 절실한 실정이야. 유니세프나 월드비전 같은 구호단체가 시에라리온에서 구호 활동을 벌이고 있어. 용돈 가운데 아주 적은 돈이라도 그들에게는 하루 한 끼를 해결할 수 있는 소중한 도움이 된단다. 시에라리온은 아주 먼 나라지만, 그곳에 사는 친구들이 용기와 미래를 가질 수 있도록 눈길을 돌려 보면 어떨까?

너무나 슬픈 보석

시에라리온을 일순간에 전쟁으로 몰아넣었던 찰스 테일러가 마침내 체포되고, 2008년 3월 13일부터 네덜란드 헤이그에서 전범 재판이 열렸단다. 시에라리온 사태의 책임을 묻기 위해 국제재판이 열린 거야. 재판에서 그가 직접 포로들의 사지 절단을 명령했으며, 학살을 비롯한 모든 행위가 "테일러의 직접적 명령에 따라 이뤄졌으며, 명령에 따르지 않을 경우 즉결 처형했다"는 사실이 증언되었어.

죄지은 사람을 이렇게 법정에 세우고 법의 처분을 받게 할 수 있는 것은 참 다행한 일이야. 하지만 찰스 테일러와 반군이 잘라버린 시에라리온 사람들의 사지를 다시 붙일 수는 없어. 그 상처는 그들의 가슴에 영원히 남겠지. 다이아몬드가 아무리 귀하고 값비싼 보석이라고는 하지만 그들의 다리와 팔보다 값질 수는 없어. 그깟 다이아몬드가 무엇이기에 이렇게 한 나라를 초토화할 수 있었는지 정말이지 모르겠단다.

프리타운에서 만난 코바도 스무 살의 소년병 출신이었어. 그는 "시에라리온의 다이아몬드가 모두 고갈되면 전쟁이 일어나지 않을 겁니다. 그리고 내 아들은 나 같은 소년병이 되지도 않을 거고요. 우리는 이 세상 다이아몬드가 다 없어질 날을 기다리고 있습니다"라고 내게 말했지. 시에라리온 사람들에게 다이아몬드는 그저 가슴 아픈 상처를 주는 슬프고 더러운 돌멩이일 뿐이란다.

더 알아보고 싶다면

#블러드 다이아몬드 #시에라리온 반군(RUF) #외다리 스포츠클럽

#시에라리온 내전 #소년병 #다이아몬드 광산 #찰스 테일러 #프리타운

#이스마엘 베아 #나오미 캠벨

어린이를 노리는 세상에서 가장 잔인한 무기

인류는 지금까지 많은 전쟁을 치렀단다. 석기 시대에는 돌로 싸웠고, 청동기 시대부터는 칼과 창이 동원되었지. 과학이 발전한 지금은 과거와는 비교도 할 수 없을 정도로 더 세고 무시무시한 무기가 등장하고 있어. 무기 회사들이 서로 경쟁하듯 핵무기를 비롯해서 화력이 엄청난 무기를 앞다퉈 만들어 내고 있는 거야. 영화 〈아이언맨〉을 보면 주인공이 군인들 앞에서 산을 통째로 날리는 무기를 선보이지. 무기를 사용하는 사람들이 있으니까 만들겠지만, 거꾸로 이 무기들을 팔아먹기 위해서 전쟁을 일으키는 경우도 있어. 그래서 현대사회에서 전쟁은 하나의 돈벌이 사업으로 변해 가는 중이야.

미사일이나 폭탄이 터지면 너무나 많은 사람이 죽어. 사람 목숨이 파리 목숨처럼 날아가 버리지. 무기는 그렇게 사람을 죽이라고 만든 거야. 결코 게임이나 영화처럼 쿨하지 않아. 피를 흘리며 고통스럽게 죽어 가는 사람들이 있을 뿐이지. 하지만 아무리 전쟁 중이라 해도 절대로 사용하지 말자고 국제적인 협약을 맺은 무기도 있어. 군인뿐만 아니라 죄 없는 민간인, 특히 어린이를 대량으로 죽일 수 있는 무기들이거든. 그중에서도 백린탄과 집속탄은 악명이 높단다.

백린탄, 서서히 타들어 가는 고통

백린탄은 일종의 화학무기야. 인(P_4)으로 만든 폭탄이지. 백린탄은 주로 공중에서 터지는데, 하얀 연기처럼 보이는 백린이 하늘에서 둥그렇게 피어났다가 마치 해파리의 촉수처럼 땅으로 떨어져 수많은 불똥이 내려앉는 거 같아. 엄청난 굉음을 일으키며 주변을 초토화하는 다른 폭탄과 비교하면 고작 하얀 연기만을 내뿜는 백린탄이 시시하게 보일지도 몰라. 하지만 백린탄의 위력은 따로 있어. 바로 연료(발화물질)가 없어도 오랫동안 격렬하게 타오른다는 거야.

백린이 사람 신체에 달라붙으면 그야말로 기름을 부은 듯 접촉 부위를 불사르기 시작해서 서서히 온몸으로 퍼져 나가. 극심한 고통을 느끼며 죽어 가는 거야. 그래서 백린탄에 희생된 사람의 시신을 보면 까맣게 그을려서 형체도 알아보기 힘들 정도지. 백린이 신체에 한번 붙으면 아무리 해도 떼어 낼 수가 없어. 그저 뼈가 앙상하게 드러날 때까지 타들어 간단다. 유일한 방법은 재빨리 칼로 백린이 닿은 부분을 도려내는 것뿐이야.

이 무기가 잔인한 이유는 주로 어린이와 노약자가 희생되기 때문이야. 아이들은 어른처럼 빨리 달리지 못하니 그 자리에서 피하기도 힘들 뿐만 아니라, 하늘에서 터지는 하얀 가루를 신기하게 쳐다보다가 가루가 몸에 닿으면 그대로 몸이 타들어 가고 말아. 그것도 오랜 시간에 걸쳐 장기까지 모두 타 버린 뒤에야 숨이 끊어지지. 살아서 자기 몸이 불타는 것을 봐야 하는 끔찍한 고통을 겪게 하는 게 백린탄이야. 이 잔인한 무기가 지구상에 존재한다는 것 자체가 너무나 큰 비극이란다.

국제사회는 1980년 제네바 협약에서 위험하고 잔인한 백린탄을 민간인에게 사용하는 것을 금지했단다. 무엇보다도 무기 자체가 비인도적이고 대량 살상을 초래하기 때문이야. 그런데 불행하게도 이 잔인한 백린탄이 그 뒤에도 전쟁에서 사용되었어. 이라크 전쟁이 한창이던 2004년, 미군은 이라크 팔루자에서 백린탄을 사용했단다.

미군은 1년이나 지나서야 뒤늦게 백린탄을 사용했다고 시인했어. 자칫 묻힐 수도 있었는데, 2005년 11월 이탈리아 방송국이 불탄 이라크 사람의 시신 사진과 미군 병사의 증언을 근거로 미군이 백린탄을 사용했다고 보도하면서 알려졌지. 끝까지 오리발을 내밀던 미군은 방송이 나간 다음에야 "민간인이 아니라 적 전투병에게 화염 무기로 백린탄을 사용한 적이 있다"고 인정했단

2009년 1월, 이스라엘이 가자지구에 백린탄을 투하하고 있다.

다. 만약 이탈리아 기자가 용감하게 취재하지 않았다면 미군은 영원히 "우린 백린탄을 사용한 적이 없다"고 부인했을 거야.

미군이 적 전투병에게만 백린탄을 사용했다는 말도 믿기가 어려워. 팔루자에는 10만 명이 넘는 주민이 남아 있었고, 공중에서 터져 넓은 지역에 골고루 뿌려지는 백린탄이 저항 세력만 골라 피해를 준다는 건 불가능하기 때문이야. 실제로 백린탄에 희생된 것으로 보이는 어린이나 여성의 시신도 많았단다. 과연 이들이 전투병이었을까? 사담 후세인이 화학무기를 사용한다는 이유로 이라크 전쟁을 일으킨 미군이 오히려 이라크 사람들에게 화학무기를 사용한 것은 명백한 전쟁범죄란다.

이스라엘군도 2009년 1월에 팔레스타인 가자지구를 공격하면서 백린탄을 사용한 것으로 드러났단다. 당시 팔레스타인 사람 2,300명 이상이 죽거나 부상당했는데, 이 가운데 상당수가 백린탄에 희생되었어. 더구나 이스라엘군은 잔인하게도 학교와 시장, 병원 등에서 백린탄을 사용했어.

팔레스타인의 베히트 라히야 초등학교 건물 위에서 백린탄이 터지자 학교가 불바다가 되었고, 여기저기서 아이들이 쓰러졌어. 게다가 그 학교는 국제연합이 운영하는 학교였단다. 이스라엘군은 국제연합이 운영하는 학교 3곳에 백린탄 공격을 한 거야. 전쟁이 일어나면 군인끼리 싸우는 거야 당연하지만, 왜 죄 없는 아이들이 있는 학교를 공격했는지 도저히 이해할 수가 없구나.

국제연합도 격분해 이스라엘에 항의했어. 팔레스타인에 있는 국제연합 시설들도 백린탄에 파괴되었거든. 또 국제법상 이스라엘군이 백린탄을 학교와 병원에 사용한 것은 위법이란다. 하지만 이스라엘군은 백린탄을 사용하지 않았다고 강하게 부인했어. 국제연합이 자체 조사에 나서 증거를 확보한 뒤에야 어쩔 수 없이 이스라엘군은 시인했지. 당연히 전 세계 사람들의 비난이 이스라엘을 향해 빗발쳤어. 그런데도 이스라엘군은 국제연합이 입은 손해를 보상하는 차원에서 사건을 무마하려 했어.

하지만 백린탄에 희생된 팔레스타인 아이들은 어떻게 해야 하지? 그 아이들도 꿈이 있었을 거야. 어떤 아이는 선생님이 꿈이었을 테고 어떤 아이는 과학자가 되고 싶었을 테지. 그런 아이들이 뼈만 앙상하게 남을 정도로 타들어 가면서 자신들이 죽는 이유를 알기나 했을까? 아이들의 시신을 바라보던 부모 마음은 또 얼마나 참담했을까? 한 아이의 엄마로서 나는 백린탄을 사용한 사람들을 도저히 용서할 수가 없구나.

집속탄, 모자(母子) 폭탄의 비애

잔인하다는 점에서 백린탄에 버금가는 또 하나의 무기가 있는데, 바로 집속탄이란다. 집속탄은 한 개의 엄마 폭탄이 공중에서 폭발하면 그 안에 들어 있던 수많은 아기 폭탄이 사방으로 흩어지며 연쇄 폭발한단다. 그래서 집속탄을 다른 말로 엄마 폭탄과 아기 폭탄, 즉 모자 폭탄이라고 부르기도 해.

집속탄은 살상 반경이 넓고 그 대상도 무차별적이야. 또 한 번에 다 터지는 게 아니라 40퍼센트에 달하는 아기 폭탄이 여기저기 땅속에 있다가 나중에 터진단다. 전쟁이 끝나고 시간이 흐른 뒤에도 계속 터지도록 설계된 거야. 이 폭탄은 누구보다 아이들에게 위험한데, 생긴 게 꼭 장난감 같기 때문이란다. 아이들이 산과 들에 마구잡이로 뿌려진 이 폭탄을 작은 공이나 장난감으로 생각하고 건드리면 터지고 말아.

2007년 레바논을 취재하면서 집속탄을 직접 본 적이 있단다. 이스라엘은 그 전해에 레바논을 공격하면서 레바논 남부 지역에 집속탄을 400만 발이나 발사했는데, 그중 90퍼센트 정도를 전쟁이 끝나기 전 72시간 동안 집중 발사했어. 전쟁이 끝나는 것과 상관없이 한 사람이라도 더 죽이겠다는 것이니 얼마나 잔인한 짓이니? 그 결과, 전쟁 이후에도 하루 평균 3명이 엄마 집속탄에서 나온 아기 폭탄 때문에 불구가 되거나 목숨을 잃었어. 내가 레바논을 방문했을 때는 전쟁이 끝나고 1년이나 지났을 때인데도 레바논 아이들은 계속 희생되었단다.

열한 살이던 무스타파는 친구들과 집 근처 산에서 놀다가 작은 공처럼 생긴 아기 폭탄을 발견했는데, 무스타파의 친구가 호기심에 파내려는 순간 폭탄이 터지고 말았단다. 친구는 그 자리에서 죽었고, 무스타파는 두 눈을 잃었어. 무스타파는 아직도 그것이 무엇에 쓰는 물건인지 잘 모르고 있더구나. 함께 갔던 이탈리아 시민단체 관계자가 아이들을 노리는 위험한 폭탄이었다고 말하자, 아이는 모기만 한 소리로 물었어. "누가 그 폭탄을 만들었어요?"라고 물었어. 나는 무스타파를 노린 폭탄을 누가 왜 만들었는지 차마 대답할 수가 없었단다. 그런 나쁜 폭탄을 만든 건 어른들이니까. 아이들을 죽이려고 어른들이 이런 폭탄을 만들었다니, 같은 어른으로서 너무나 부끄러웠단다.

집속탄은 그 밖에도 코소보, 이라크, 아프가니스탄 등에서 사용되었고, 2008년까지 1만 3,000여 명이 넘는 사상자를 냈어. 그리고 지금도 여전히 집속탄에 아이들이 희생되고 있어. 전쟁은 끝나도 끝나지 않은 것과 마찬가지란다.

그나마 다행인 것은 세계 100여 개 나라가 2008년 5월 19일에 아일랜드 더블린에 모여 국제회의를 열고 집속탄의 생산과 사용을 전면 금지하기로 합의했다는 거야. 뒤늦게나마 집속탄의 심각성을 국제사회가 깨달은 거지. 합의에 따르면 2010년부터는 이 지구상에서 집속탄을 영원히 사용할 수 없단다. 하지만 이 협의에 미국, 중국, 러시아 등 집속탄을 생산하고 보유한 주요 나라들이 참가하지 않았어. 충격적인 것은 우리나라도 집속탄 생산국일 뿐만 아니라 이 회의에 참가하지도 않았다는 거야. 한국의 한 기업에서 여전히 집속탄을 생산해 수출하고 있는데, 경제에는 보탬이 될지 모르겠지만 아이들을 무차별 살상할 수 있는 집속탄을 팔아서 돈을 번다고 생각하니 부끄럽구나. 아이들의 생명보다 중요한 것이 돈일까? 우리나라도 하루빨리 이 국제 협약에 가입해 무고한 어린이를 죽이는 일에 더 이상 동참하지 않았으면 한단다.

더 알아보고 싶다면

#백린탄 #이라크 팔루자 #가자지구 #레바논 집속탄 투하

#더블린 집속탄 금지 협약 #한국 집속탄 수출

굶주림이 만든 해적의 나라 – 소말리아

마약과 납치의 나라 – 콜롬비아

피로 물든 황금의 땅 – 미얀마

ZOOM IN 세상에서 가장 유명한 총 이야기, AK-47

4

가난이 부른 전쟁

굶주림이 만든 해적의 나라

소말리아

Somalia

소말리아 Somalia

- 소말리아는 동아프리카 연안에 꺽쇠 모양으로 자리 잡은 인구 약 1,500만 명에 63만 7,000㎢ 크기의 나라야.
- 아덴만을 끼고 아라비아반도와 마주 보고 있어서 이슬람의 영향을 강하게 받았어. 주민 대부분이 이슬람교를 믿고 있지.
- 이웃에 있는 강국 에티오피아와의 오가덴 분쟁에서 패한 뒤 오랜 내전에 시달리고 있어. 여기에 이슬람 극단주의 세력까지 더해져서 지금도 혼란스러운 상황이 계속되고 있단다.
- 국토의 70%가량이 초원이고, 극히 일부 지역만 농경지야. 적도가 가로지르고 있어서 열대기후야.

• 주요 연혁

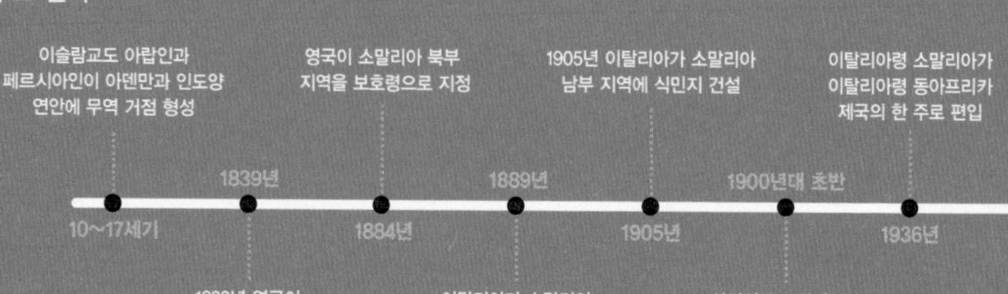

소말리아 해적: 내전으로 정부의 힘이 지방까지 미치지 못하는 데다가 홍해 입구에 자리 잡은 위치적 요인까지 더해져서 소말리아 앞바다는 해적들이 기승을 부렸어.

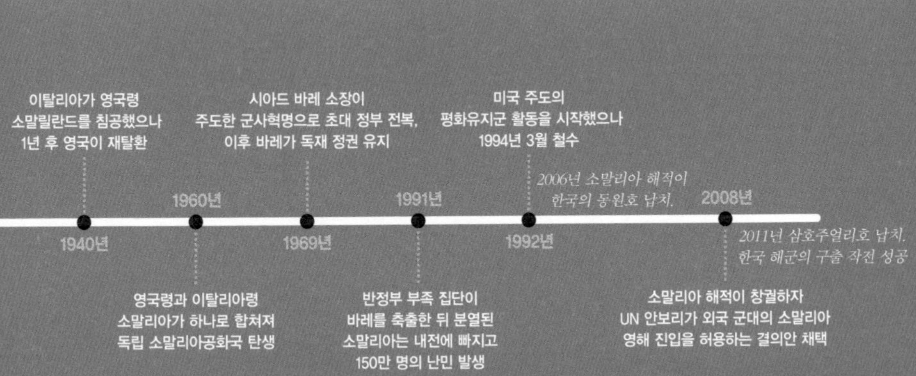

'아프리카의 뿔'과 동원호 납치 사건

소말리아는 '아프리카의 뿔'이라고 불린단다. 나라 모양이 길쭉한 뿔처럼 생겼기 때문이야. 그 뿔은 이제 전 세계 사람들에게 공포의 상징이기도 해. 2005년경부터 뿔 모양의 해안을 따라 소말리아 해적이 나타나기 시작했거든. 우리나라 어선도 여러 차례 해적들에게 납치되어 큰 뉴스가 되었어. 2011년에는 삼호주얼리호가 이 해적들에게 납치되어서 우리나라 해군이 구출작전을 펼쳐 잡혀가던 선원들을 구출하고 해적들을 체포한 사건이 있었어. 해적에게 처음 납치된 우리나라 배는 동원호였단다. 동원호 선원들은 무려 140여 일을 해적에게 잡혀 있었지.

해적들의 목적은 단순히 돈이야. 돈만 주면 언제든 자신들이 납치한 배를 풀어 준단다. 하지만 해적이 배를 납치하는 과정에서 선원들에게 총을 쏘며 위협하니 당하는 선원에게는 위험천만한 일이지. 또 해적들은 납치한 인질과 배를 풀어 주는 대가로 어마어마한 돈을 요구해서 강도나 다름없어. 동원호 사건 때는 우리나라 선원뿐만 아니라 인도네시아, 베트남, 중국 등 외국 선원도 함께 납치되었다가 해적들이 요구한 협상금을 주고 풀려나기도 했단다.

나는 2006년 여름에 소말리아 해적에게 나포된 동원호를 취재하러 소말리아 수도 모가디슈로 갔단다. 그리고 끝도 없이 펼쳐진 정글을 차로 달려 해적들이 모여 사는 하라데레 마을로 갔지. 그곳에서 납치된 우리 동원호 선원들을 취재할 수 있었어. 그들은 해적들에게 위협을 받아 공포에 떨고 있었어. 바짝 마른 몸에 식량도 떨어져 가고 있어 힘들어하는 모습이 안타까웠단다. 같은 한국 사람이 이렇게 고통받으며 잡혀 있는 모습을 보니 분노가 치밀어 오르더구나. 사람 생명을 담보로 장사하는 것은 인간이라면 하지 말아야 할 범죄가 아니겠니?

이때 취재한 동원호 이야기가 방송을 타고 나가면서 소말리아가 언론의 관심을 받게 되었고, 멀기만 했던 아프리카의 한 나라가 우리와 직접적인 관계를 맺기 시작했지. 우리가 그동안 소말리아에 대해 너무 몰랐구나 하는 자성의 목소리도 나왔어. 소말리아는 정말 평소에는 우리와 전혀 상관없을 것 같은 머나먼 나라야. 하지만 우리 국민의 생명을 위협하던 해적이 바로 그 소말리아 사람들이었어. 그래서 우리는 지구 저편 우리와 아무 상관없어 보이는 나라에서 벌어지는 일에도 관심을 가져야 해. 언제 어떤 상황에서 그들과 얼굴을 마주할지 모르니까 말이야.

거꾸로 가는 역사

동원호 사건이 해결된 뒤에도 한국 어선이 여러 차례 소말리아 해적들에게 납치되었단다. 대부분 100일이 넘게 고통을 받다가 거액의 협상금을 주고 우리 선원들을 구해 오곤 했어. 그런데 우리에게 이런 고통을 주는 해적은 왜 생긴 걸까? 그것은 소말리아가 처한 어려운 상황 때문이야. 아프리카의 많은 나라가 유럽 국가들의 식민지 시대를 거쳤듯이 소말리아도 오랫동안 영국과 이탈리아의 식민지였어. 그러다가 1960년 영국령 소말릴란드와 이탈리아령 소말리아가 각각 독립해서 하나로 합쳐 소말리아공화국이 탄생한 거야.

아프리카의 많은 신생 독립국이 그렇듯이 소말리아도 건국 초기 소용돌이를 겪을 수밖에 없었어. 나라를 운영해 본 적 없던 아프리카의 작은 부족국가들은 제대로 모양을 갖춘 나라를 세울 때까지 어쩔 수 없이 이런 과정을 겪었단다. 마치 인간이 태어나자마자 뛸 수 없는 것처럼 나라도 탄생하자마자 처음부터 완벽하게 돌아갈 수는 없거든. 소말리아도 마찬가지야. 자연에서 살던 부족국가의 원주민에게 국가니, 국정이니 하는 것은 너무 고차원적이었지.

여러 나라의 도움 속에 소말리아도 차츰 안정을 찾으려 노력했어. 하지만 소말리아가 간신히 나라 형태를 갖출 무렵인 1991년, 소말리아의 바레 정부는 그들을 반대하는 부족 연합 반란군에게 쫓겨나고 말았어. 그나마 나라 형태를 갖추어 가던 소말리아가 다시 부족 단위로 사분오열되었지. 마치 타임머신을 타고 역사를 거꾸로 거슬러 올라 근대사회에서 부족국가로 돌아가 버린 듯했어. 이후 소말리아는 여러 부족으로 쪼개져서 부족과 지역 간에 무력 충돌이 벌어졌어. 하루가 멀다 하고 죽고 죽이는 싸움이 일어나 많은 사람이 죽어 갔어. 엎친 데 덮친다고 오랜 가뭄으로 나빠진 식량 사정은 더욱 악화되어 약 150만 명에 이르는 사람들이 기아 상태로 굶주림에 내몰리고 말았단다.

소말리아가 국제사회의 주목을 받게 된 것은 바로 이 극심한 기아 문제 때문이었어. 뼈만 앙상하게 드러난 소말리아 아이들이 기운 없이 죽어 가는 모습이 전 세계에 알려지기 시작했거든. 국제연합은 1992년 12월에 미국이 주도하는 다국적군을 파견해서 식량을 보급하고 내전을 종식시키기 위한 평화 유지 활동에 들어갔어. 국제연합은 세계 어느 곳이든지 분쟁이나 기아 등 긴급 구호가 필요한 상황이 발생하면 평화 유지 활동을 위해 군을 파병하는데, 우리 한국군도 국제연합의 결정에 동의해 소말리아 유엔평화유지군으로 파병되어 활동하기도 했단다.

소말리아는 국제사회의 노력으로 어느 정도 안정을 찾아가는 듯했는데, 1993년부터 다시 혼란에 빠져들고 말았어. 소말리아 부족 사이에 벌어지는 무력 충돌이 유엔평화유지군의 노력에도 아랑곳없이 갈수록 심해졌기 때문이야. 이제는 소말리아 부족들이 도와주러 온 평화유지군 군인들까지 공격하기 시작했어. 이런 상황에서 평화유지군이 소말리아 땅에서 철수하게 되는 결정적 사건인 '블랙 호크 다운 사건'이 발생했지.

1993년, 소말리아의 수도 모가디슈에서 미군의 블랙 호크 헬

리콥터 두 대가 소말리아 민병대에게 격추되었어. 이로 인해 미군 18명이 사망하고 84명이 부상당했지. 그런데 더 충격적인 일은 그다음에 일어났어. 소말리아 민병대원들이 모가디슈 시장 한가운데서 미군의 시신을 끌고 다닌 거야. 소말리아 민병대가 저지른 만행이었지. 충격을 받은 미국은 이 사건을 계기로 소말리아에서 완전히 철군하기로 결정했어.

이 사건은 2001년 영화 〈블랙 호크 다운〉으로 만들어지기도 했어. 실제 사건을 배경으로 한 이 영화는 국제연합의 평화 유지 활동으로 소말리아에 파견된 최정예 미군 부대원들의 이야기를 다뤘어. 영화에는 국제연합이 제공하는 구호 식량을 착취하려고 동포를 굶겨 죽이는 민병대장이 등장하는데 국제연합은 정예부대를 파견해서 민병대장의 부하 2명을 납치하려 하지만 결국 실패하고 말아. 대원들은 최후의 순간까지 자존심을 건 전투를 하지.

영화 〈블랙 호크 다운〉은 최고의 전쟁 영화라는 평가를 받으며 소말리아의 참상을 전 세계에 알리는 계기가 되었어. 이 영화를 보면 소말리아의 현실을 한눈에 볼 수 있단다. 세계사를 꼭 교과서에서만 배울 수 있는 것은 아니야. 영화는 어려운 정치 관계나 분쟁의 실상을 알기 쉽게 묘사해서 역사적인 사실을 친절히 가르쳐 주거든. 블랙 호크 다운 사건 이후 인명 피해가 속출하는 데 부담을 느낀 미국과 유럽의 여러 나라는 1994년 소말리아에서 군대를 완전히 철수했어.

유엔평화유지군이 나가 버리자 소말리아는 아수라장이 되었단다. 평화유지군이 지키고 있어도 치안이 좋지 않던 땅은 이제 약육강식의 세상이 되었어. 약탈과 싸움이 전역에서 일어났고, 먹고사는 문제는 더욱 심각해졌단다. 오죽하면 군인들이 철수한 후에도 국제연합은 인도적 차원에서 소말리아에 식량을 제공하려 했는데, 이마저 약탈의 대상이 되었을 정도야. 국제연합 직원을 납치하는 일까지 벌어지니 이제는 소말리아를 도와주려는 나라도 없어. 도와주다 죽을 수도 있다면 누가 기꺼이 나서려 하겠니. 몇몇 민병대의 식량 약탈과 납치 때문에 소말리아 사람들은 국제사회의 인도적 구호도 받을 수 없는 처지가 되고 말았단다.

멈출 줄 모르는 부족 간 전투는 이런 소말리아의 형편을 더욱 어렵게 만들었단다. 매일같이 총알이 날아다니고, 건물마다 파괴되어 남아 있는 게 하나도 없을 지경이야. 실제로 내가 소말리아 모가디슈에 갔을 때는 학교가 거의 없었어. 길거리를 하염없이 방황하는 아이들에게 물어보니 학교를 다닌 적도, 선생님을 구경한 적도 없다고 하더구나. 유엔평화유지군이 소말리아를 포기한 후 학교도 병원도 소말리아에서 사라진 거야. 인간이 최소한의 생활을 유지하려면 사회 기반 시설과 식량이 필요한데, 소말리아에는 그 모든 것이 파괴되어 정말 아무것도 없었어. 아파도 치료를 받을 병원조차 없었지.

소말리아 아이들은 1년 365일 학교에 갈 수가 없단다. 가고 싶어도 갈 학교가 없기 때문이야. 학교에 가지 않으니 좋을까? 그렇지 않아. 소말리아 아이들은 책과 연필 대신 총을 들고 다녀. 이 아이들은 자기 이름을 쓰지도 못하고, 소말리아 바깥에 다른 세상이 있다는 것도 모르고 자라. 그들이 아는 것은 오직 전쟁과 당장 입으로 들어갈 식량뿐이야.

특히 식량 문제는 아주 심각하단다. 굶는 사람이 더 많아졌고, 극심한 가뭄까지 겹쳐 그들을 죽음으로 내몰았어. 소말리아는 죽음의 땅으로 변한 거야. 내가 아프가니스탄을 취재하러 갔을 때 그곳이 마치 타임머신을 타고 중세 시대로 간 것 같았는데, 소말리아는 아예 석기 시대 같더구나. 모든 것이 파괴되어 죽지 못한 사람들만 사는구나 하는 생각이 들었단다. 이렇게 굶주림이 온 땅에 퍼졌을 때 나타난 것이 소말리아 해적이야. 굶어 죽느니 범죄를 저질러서라도 밥을 먹겠다는 거지. 아니, 그들은 해적질이 범죄라는 죄의식조차 없어 보였단다. 한번은 해적 마을에서 열 살 먹은 아이에게 물은 적이 있단다. “이다음에 커서 무엇이 되고 싶니?” 그러자 아이는 “저는 커서 아빠처럼 해적이 되어 외국 배를 많이 납치할 거예요”라고 아무 거리낌 없이 대답하더구나.

아이의 맑은 눈동자를 들여다보던 나는 학교 정규 교육을 받지 못해 해적질이 나쁜 것인지조차 모르는 그 아이가 한없이 불쌍하게 느껴졌어. 30년 가까이 학교의 기능이 정지된 소말리아의 상황을 생각해 보면 이 해적의 아들 역시 소말리아 역사의 희생양이야.

해적은 날이 갈수록 그 수법이 진화했지. 그들은 소형 보트를 타고 바다로 나가 외국 어선에 접근한 뒤 총을 쏘며 무방비 상태에 있는 외국 어부들을 위협해서 해적 본거지로 끌고 간단다. 어떻게 생각하면 작은 소형 보트 한 척으로 그 큰 선박을 납치한다는 것이 이해가 안 되지만, 총 앞에는 장사가 없는 법이야. 총이 없는 민간인 어부가 총을 마구 쏘며 5분도 안 되어 사다리를 걸고 올라오는 해적을 막을 수 있겠니? 해적이 납치하는 선박의 종류도 다양해졌단다. 처음엔 동원호처럼 중소형 어선 정도였지만, 점차 유조선과 무기 수송선, 국제연합 구호선 등 초대형 선박도 가리지 않고 납치해서 몸값을 챙길 정도로 대담해졌지.

사람과 선박을 납치하는 범죄는 엄중하게 책임을 물어야 해. 어떤 이유로도 이런 범죄가 정당화될 수는 없는 거야. 그런데 문제는 그들에게 책임을 물을 길이 보이지 않는다는 점이란다. 소말리아 해적은 국제사회의 큰 골칫거리가 되었어. 그래서 해적을 퇴치하기 위한 대책을 세웠지. 모두 23개 나라가 해군을 파견해 자국 어선을 해적들로부터 보호하기 시작한 거야. 우리 해군도 청해부대의 문무대왕함 등을 파견해 우리나라 어선을 지키기 위해 애쓰고 있단다.

소말리아 해안에 파견한 각 나라의 해군들은 해적 마을을 급습해 소탕 작전에 나서기도 하고, 해적이 어선을 납치할 때 구출 작전을 펼쳐 해적을 체포하기도 한단다. 프랑스와 미국 등의 나라에서는 그렇게 체포한 해적들을 자국 법정에 세워 엄중한 법의 심판을 받게 하고 있어. 우리나라에서도 삼호주얼리호가 해적에게 나포되는 사건이 2011년 1월에 있었단다. 그동안 거액의 협상금을 내주던 우리나라도 더는 참을 수가 없었어. 그래서 '아덴만의 여명'이라는 작전으로 해적들에게서 우리 선원들을 구출했지. 안타깝게도 선장이 총상을 입었지만 다른 선원들은 무사히 구출해 냈단다. 그때 우리 배를 납치하려던 해적들은 체포해서 우리나라로 데려왔어. 우리나라 헌법 역사상 처음으로 소말리아의 해적에 대한 재판을 해야 하는 상황이었던 거야. 아주 먼 아프리카의 나라인데도 이제 소말리아는 한국 사람들에게 더 이상 낯선 나라 이름이 아니구나.

지금은 소말리아 해적이 거의 소탕되었어. 여러 나라가 해군을 파견해 소말리아 인근 해역을 철통처럼 지키자 해적들은 더 이상 해적질을 할 수 없게 되었단다. 이들은 다시 어부로 돌아가서 게나 물고기를 잡고 있지. 하지만 소말리아의 기아는 여전하단다. 최근에 엘니뇨 현상으로 거의 비가 오지 않아 소말리아에서는 풀이 더는 자라지 않을 정도로 피폐해졌어. 사람들은 굶다가 지쳐 죽거나 국경을 넘어 이웃 나라 케냐의 난민촌으로 피난을 가고 있어. 소말리아 사람들이 국경을 넘어 제일 먼저 만나는 케냐의 다다브 난민촌은 이미 포화 상태로 세계에서 가장 큰 난민촌이 되었단다. 이처럼 죽지 않으려면 어쩔 수 없이 난민이 되어야 하는 지독한 가난이 계속되는 한 해적은 언제든 다시 생길 수 있단다. 굶어 죽느니 한탕 해서 가족이라도 안 굶기려는 거지. 사람이 굶으면 못 할 짓이 없단다.

따라서 해적 문제가 해결되려면 먼저 소말리아가 정상으로 돌아와야 해. 현재 소말리아는 정부가 있지만 정말 무늬만 정부지 아무것도 하지 못하는 식물 정부 상태란다. 정부와 국민 모두 피폐해 있는 소말리아가 다시 정상적인 상태가 되어야 우리 어선도 안심하고 소말리아 인근 해역을 지나가며 고기를 잡을 수 있어. 엄마는 이 모든 것이 연결되어 있다는 사실을 너희가 기억해 주길 바란다. 엄마는 그 현장을 생생하게 보면서 미래에 마린보이를 꿈꾸는 우리 아이들을 걱정하게 되었어. 너희 중 누군가가 배를 타고 오대양을 누비는 바다의 꿈을 꾼다면 어른들은 그걸 이뤄지게 해 줘야 하잖아. 그래서 엄마가 소말리아 해적을 취재하고 또 이들의 문제를 해결하려면 어떻게 해야 할지를 고민하는 거야. 해적에게 납치되는 사건은 엄마 세대에만 일어나는 사건이 되길 바라면서 말이야. 너희는 영화나 동화 속에서만 해적을 보는 세대이면 좋겠구나.

너와 나의 관심만이 해적질을 끝내게 하는 유일한 방법

모가디슈에 있는 시장에 가면 불쌍한 소말리아 사람들의 참상을 그대로 볼 수 있어. 상점에는 팔 물건이 없고, 밀가루나 옥수수 같

동아프리카의 뿔이라 불리는 소말리아는 매년 기아로 굶어 죽는 사람들이 속출하고 있다. 극심한 기아 속에 먹고 살기 위해 해적으로 나서는 경우가 많다. 해적들은 원래 범죄자가 아니라 평범한 주민들이다. 지금은 국제 공조로 잠시 주춤하지만 기아가 계속되는 한 이 주민들은 언제든 해적이 될 수 있다.

은 조잡한 식량마저 천정부지의 높은 가격으로 거래되며, 기껏해야 나무 열매 정도로 하루 끼니를 연명하는 사람들이 줄을 섰단다. 그리고 '카트'라는 마약풀만이 성업 중이야. 희망도 미래도 없는 이 나라에서는 이 마약풀이 유일한 위안이란다. 배고픈 소말리아 사람들은 입에 무엇인가를 넣는 일에만 열중해. 엄마의 친한 친구로 모가디슈에서 라디오 방송국을 운영하는 아하마드는 이렇게 말했지. "이 나라 사람들은 배가 고파서 미친 것뿐이야. 먹을 수만 있다면 무엇이든 할 거야. 앉아서 굶어 죽거나, 아님 해적질이라도 해서 입에 무언가 넣고 목숨을 부지하거나 둘 중 하나지."

소말리아에서는 식량을 빼앗기 위해서라면 총을 쏘는 일도 예사란다. 국제연합도 서슴없이 공격하지. 그래서 국제사회의 원조도 더 이상 접근하지 못하게 된 소말리아는 죽지 못해 사는 사람들이 살기 위해 해적질을 하는 나라가 되었어.

아마 소말리아 사람들이 이렇게 굶고 있는 한 해적은 앞으로도 완전히 없어지지는 않을 거야. 국제사회는 소말리아를 살리는 길이 식량이 먼저일까 정치가 먼저일까 고민해야 해. 나는 그들에게 식량을 해결해 주는 길만이 유일한 해법이라고 생각하지 않아. 정치가 안정되지 않은 상황에서 식량을 주면 그것을 빼앗기 위한 내전이 더 심해질 뿐이야. 소말리아에는 안정된 정치 기반이 먼저 필요해. 사회질서가 잡히고 나서 식량이 지급되어야 싸움 없이 골고루 혜택을 받게 할 수 있어. 국제사회가 소말리아를 이대로 내

버려 두면 그 피해는 소말리아 사람뿐만 아니라 우리에게도 언제든 올 수 있다는 사실을 알아야 해.

블랙 호크 다운 사건이 전 세계 사람들의 마음을 소말리아에서 떠나게 한 것은 사실이야. 하지만 소말리아의 절망적 상황을 바꾸려면 어쩔 수 없이 다시 한 번 용기를 내야 하지 않을까? 포기하지 말고 소말리아의 정치 안정을 위해 전 세계가 나서는 길만이 소말리아를 살릴 수 있어. 그래서 아이들이 다시 교육을 받게 하고, 그 아이들 세대부터는 해적이 아닌 다른 직업으로 돈을 벌고 식량을 사서 가족을 부양하게 해야 해. 비록 오래 걸리고 쉽지 않겠지만, 이 길이 아니면 소말리아는 대를 이어 해적의 나라에서 벗어날 수 없을 거야.

언젠가 다시 소말리아로 취재하러 갈 때는 아침마다 재잘대며 가방을 메고 학교에 가는 아이들을 볼 수 있으면 좋겠구나. 그리고 "너는 커서 무엇이 되고 싶니?"라고 물으면, 그 아이들에게서 선생님이나 의사나 대통령처럼 우리 아이들과 똑같은 대답을 들을 수 있다면 행복하겠지?

더 알아보고 싶다면

#블랙 호크 다운 #모가디슈 #소말리아 군벌 #바레 대통령 #소말리아 해적

#동원호 #유엔평화유지군 #이슬람 법정 연대 #소말리아 과도 정부

#삼호주얼리호 #아덴만의 여명 작전 #해적 국내 소환

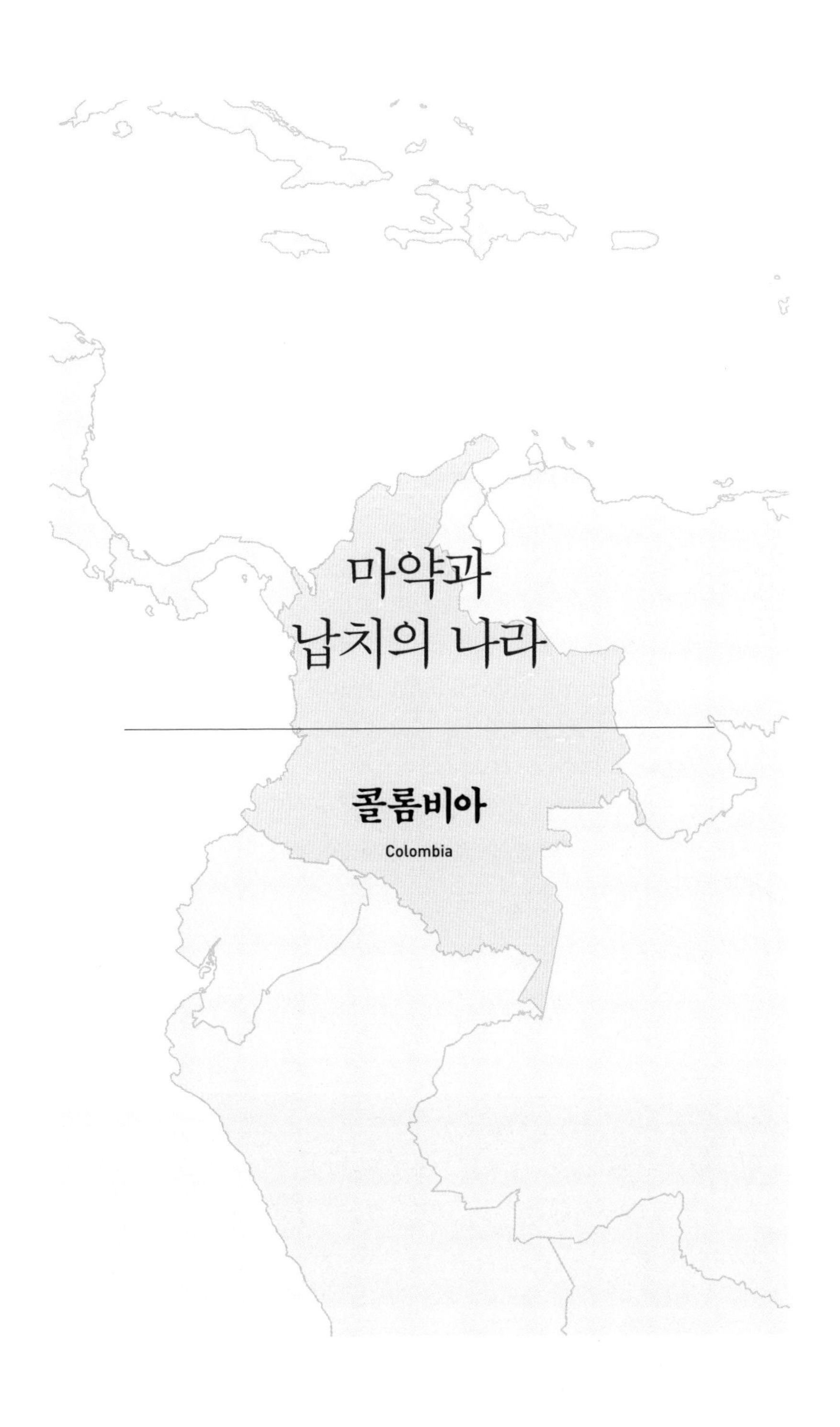

마약과 납치의 나라

콜롬비아

Colombia

콜롬비아 Colombia

- 콜롬비아는 남아메리카의 카리브해와 태평양 해안에 둘러싸인 인구 약 5,000만 명에 면적이 약 114만㎢로 한반도 5배 정도 크기의 나라야.
- 세계에서 가장 강우량이 많은 지역 중 하나로, 원주민과 유럽의 이주민, 노예무역으로 온 아프리카인의 후손 등 매우 다양한 인종으로 구성되어 있어.
- 16세기 스페인의 침략 후에 식민지였다가 에콰도르, 베네수엘라와 함께 19세기에 독립했어. 얼마 안 있어 이후 세 나라로 분리됐단다.
- 콜롬비아라는 이름은 콜럼버스에서 따온 거야.
- 한국전쟁 때 중남미 국가 중 유일하게 전투병을 파병했어.

• 주요 연혁

- 12세기: 치브차 문화를 비롯한 여러 지방 문화 발전
- 1499년: 에스파냐인 침략
- 1539년: 에스파냐인이 치브차족을 정복하고 산타페 요새 구축
- *1636년 병자호란 발발*
- 1780~1781년: 에스파냐 식민 정책에 항의해 반란 발생
- 1819년: 보고타 근교에서 에스파냐군을 격파하고 콜롬비아, 베네수엘라, 에콰도르를 포함한 그란콜롬비아공화국 결성
- *1894년 동학농민운동 궐기*

커피: 콜롬비아의 주요한 수출 품목 중 하나가 커피야. 안데스 산악 지대에서 생산되는데, 신맛이 풍부하고 좋은 품질로 유명하단다.

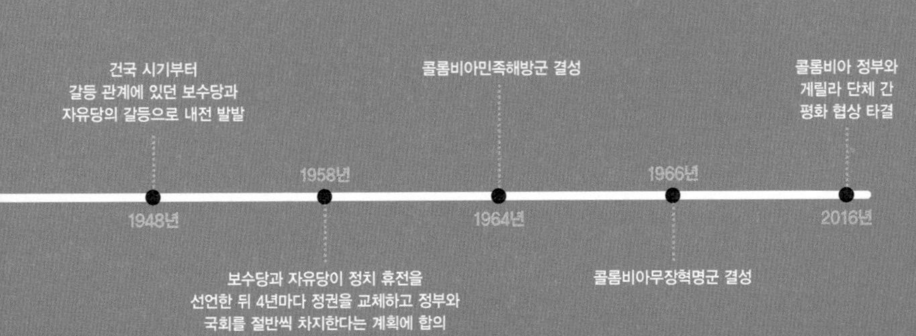

커피와 아마존, 그리고 납치와 마약

남미 대륙 북서부에 있는 콜롬비아는 맛있는 커피와 아마존 정글로 유명하단다. 그런데 이보다 더 유명한 것이 있는데, 무엇일까? 바로 납치와 마약이란다. 그 분야에서는 세계 1위라 해도 과언이 아니지. 간혹 누가 여행을 다녀와서 인터넷에 콜롬비아 시내가 그렇게 위험하지 않다면서 맛있게 먹은 음식이나 재미있었던 여행 이야기를 올리더구나. 그런 글을 읽다 보면 '아, 나도 가 보고 싶다'라는 생각이 들 거야.

하지만 콜롬비아를 여행하는 것은 아직도 위험한 일이란다. 콜롬비아는 안전한 나라가 아니거든. 며칠 여행을 하거나 장기간 그곳에 있었어도 본인이 위험한 일을 당하지 않으면 다른 사람도 그럴 거라고 생각하지. 그건 너무 무책임하고 위험한 생각이야. 사고는 한순간에 일어나거든. 스스로 주의하면 막을 수 있는 사고가 있는 반면 아무리 조심해도 막을 수 없는 사고도 있어. 특히 나라 전체의 치안이 좋지 않을 때는 더욱 그렇지.

콜롬비아는 세계에서 납치 사건이 가장 많이 일어나는 나라이자 세계 최대 마약 생산 국가란다. 마약과 관련된 범죄 조직과 게릴라 때문에 총소리가 들리지 않는 날이 없는 나라가 콜롬비아야. 위험은 눈에 보이는 데만 있는 게 아니란다. 그렇다고 콜롬비아를 아예 가지 않을 수는 없을 거야. 회사 출장이나 사업 때문에 가야 할 수도 있으니까. 그럴 때는 사전에 충분한 정보와 안전 대책을 세워야 해. 방심은 절대 금물이지. 20여 년간 분쟁 지역을 취재하면서 내가 아직까지 살아 있을 수 있는 것도 지나치다 싶을 만큼 안전 대책을 세웠기 때문이야. 아무리 괜찮다고 해도 이중 삼중으로 알아보고 대책을 마련한 다음에 움직인단다. 그럼, 콜롬비아가 왜 그토록 위험한 나라인지 알아볼까?

굴곡의 역사

콜롬비아의 역사는 아주 길어. 기원전 1만 년경부터 콜롬비아 땅에는 원주민 부족이 평화롭게 살고 있었어. 우리가 많이 들어 본 잉카문명이 꽃핀 땅이기도 해. 1만 년 가까이 아름답고 평화롭던 땅에 어느 날 백인들의 배가 도착했어. 1499년 스페인 사람(당시 에스파냐)들이 침략한 거지. 그 당시 스페인 사람들은 신대륙 남미로 가면 많은 황금을 얻을 수 있다는 환상에 빠져 있었지. 그들은 이곳이 인도라고 생각했단다. 이곳 남미에 사는 사람들을 인디언 혹은 인디오라고 부르는 것도 그 때문이야. 스페인 사람들은 이곳에 도착하자마자 여러 부족을 닥치는 대로 죽였어. 죄 없는 원주민은 영문도 모른 채 죽거나 노예가 되어 스페인 사람들에게 혹사당했단다.

1539년, 스페인은 지금의 콜롬비아 수도인 보고타에 거대한 침략 요새를 만들었어. 그러고는 이후 3세기 동안 콜롬비아를 식민 통치했지. 스페인 왕국은 부귀영화를 마음껏 누리면서 태평세월을 즐겼단다. 하지만 달도 차면 기울기 마련이지. 3세기에 걸친 스페인의 영광은 프랑스의 나폴레옹이 스페인을 침공해 승리하면서 끝나고 말아. 제 나라가 망하게 생겼는데 대서양 건너 식민지까지 관리한다는 건 쉬운 일이 아니었겠지. 그 틈을 타고 콜롬비아에서는 스페인에 대한 독립운동이 일어났어.

콜롬비아의 독립운동은 1810년에 시작되었단다. 독립운동이 일어나면 반드시 운동을 이끄는 지도자가 있기 마련인데, 당시 콜롬비아에도 안토니오 나리뇨라는 사람이 독립운동을 이끌었어. 스페인 침략자들이 처음 이 땅에 발을 들여놓은 지 311년 만의 일이지. 인디오들은 왜 300년이 넘도록 침략자들에게 죽거나 노예로 살면서도 저항을 못 했을까? 그들이 1만 년 넘게 평화롭게만 살아서 저항하는 법을 몰랐던 걸까? 그 이유는 스페인 사람들이 총을 가지고 있었기 때문이야. 총을 든 자는 총이 없는 사람을 순식간에 죽일 수 있어. 칼이나 창만 들고 있던 인디오들에게는 '넘사벽'인 무기였던 거야. 하지만 스페인의 힘이 빠지기 시작한 틈을 타 들고 일어선 콜롬비아는 1819년에 이르러 당시 남아메리카에서 혁명적 영웅으로 맹활약을 하던 볼리바르 장군의 독립혁명군이 스페인군을 완전히 몰아내는 데 성공했단다. 콜롬비아가 마침내 독립을 쟁취한 거야. 독립을 이끈 볼리바르 장군은 그의 혁명 정신이 '볼리바르주의'로 불리며 남미 사람들에게 깊이 남아 있을 정도로 유명하단다.

어렵게 독립을 쟁취했지만, 콜롬비아는 곧 보수파와 자유파로 나뉘어 극심하게 충돌하면서 또다시 불행에 빠졌어. 예나 지금이나 정치하는 사람들은 싸우는 게 일일까? 300여 년 동안 이어진 스페인의 식민지 착취로부터 해방되어 독립했지만, 보수파라 불리는 특권 지배층은 정권을 독단하며 자기들 배를 채우기 바빴지. 화난 국민은 자유파라 불리는 사람들과 함께 이들에게 저항했어. 무려 50여 차례의 폭동과 여덟 번의 내전이 벌어졌고, 그동안 이제 막 독립해 걸음마를 하던 신생국 콜롬비아는 10만여 명이 비참하게 희생되었단다. 300년간 스페인 침략자들에게 죽은 사람 수도 어마어마한데, 독립하고 나서도 10만여 명이 죽었으니 불행한 콜롬비아의 역사가 안타깝구나.

그 뒤로도 콜롬비아의 운명은 바람 앞에 등불이었어. 더구나 1900년대에 들어 역사상 처음으로 미국이 콜롬비아 내정에 직접 개입하는 사건이 발생했단다. 문제의 발단은 운하였어. 우리나라도 운하 때문에 말이 많았는데, 사정은 다르지만 100년 전 콜롬비아도 운하 때문에 홍역을 치렀단다.

미국은 콜롬비아에 파나마운하 건설권을 요구했어. 정치적으로 힘이 약한 콜롬비아 정부는 미국의 강요에 굴복할 수밖에 없었고, 미국에 파나마운하 건설권을 승인해 주었지. 그러자 콜롬비아 의회가 강하게 반발하고 나섰고, 심기가 불편해진 미국은 1903

년에 파나마가 콜롬비아로부터 독립한다고 일방적으로 선언해 버렸어. 느닷없이 콜롬비아가 둘로 쪼개진 거야. 오늘날 파나마는 그렇게 탄생한 나라란다. 콜롬비아는 미국에 파나마와 운하 건설권 모두를 빼앗기고 말았지.

이 어이없는 사건을 지켜봐야 했던 콜롬비아 사람들은 외세에 굴욕적인 정치 현실을 비판하는 목소리를 내기 시작했어. 하지만 콜롬비아의 보수파 정권은 파나마와 운하 건설권을 지키지도 못한 주제에 비판하는 시민을 불순 세력으로 몰아 탄압하는 데 열중했단다. 100여 년 전 남미에서 벌어진 일이지만, 오늘날에도 세계 여러 나라에서 볼 수 있는 장면이지 않니? 국민 정서를 무시하고 외세에만 의지하는 정권은 모두 하나같이 이런 길을 가더구나.

그래서 우리는 다른 나라의 역사도 공부해야 해. 타산지석이라는 말이 있지? 우리가 직접 겪지 않아도 미래의 결정에 참고할 수 있는 거지.

게릴라의 탄생

콜롬비아는 게릴라의 나라야. 게릴라는 비정규군으로, 평소에는 조용하다가 갑자기 나타나서 정규군을 상대로 소규모 전투를 벌이고는 사라지는 전술을 구사해. 일명 치고 빠지는 전술이지. 일제 강점기에 우리나라 독립운동가들이 만주 벌판을 중심으로 활동하면서 일본군에 저항해 벌인 것도 바로 게릴라 전술이라고 할 수 있어. 이런 게릴라전의 원조가 바로 남미인데, 아르헨티나 출신의 쿠바 혁명가 체 게바라가 대표적 인물이란다.

그런데 요즘에는 미국이 게릴라라는 말을 테러리스트와 거의 비슷한 뉘앙스로 쓰기 시작하면서 게릴라 하면 무조건 나쁘다고 인식하는 경향이 강해진 것 같구나. 미국 시각에서 보면 그럴 수 있지만, 그렇다고 모두가 미국과 동일한 시각을 가지라는 법은 없어. 우리는 우리의 시각으로 냉철하게 판단하면 되는 거야. 콜롬비아의 게릴라도 바로 그런 시각에서 바라볼 필요가 있어.

2차 세계대전이 끝나고 콜롬비아의 정권을 잡은 보수파는 미국과 친하게 지내면서 공산주의를 반대하는 친미반공주의 노선을 걷게 돼. 미국과 군사 원조 협정도 맺었지. 한편 자유파 진영은 스페인 식민지 시대의 잔재를 없애고 가난한 국민의 이익을 대변하는 역할을 맡고 나서지. 특히 미국의 간섭을 아주 싫어해서 친미 정책을 추진하는 보수파와 죽어라 싸우기 시작해. 하지만 승리하는 쪽은 항상 보수파였단다. 보수파가 미국의 지원을 받는 집권 세력이니, 자금이나 조직 면에서 무조건 유리했던 거야. 그래서 자유파는 어쩔 수 없이 게릴라의 길을 걷게 된단다. 이런 사정을 이해한다면, 콜롬비아의 게릴라는 미국의 말처럼 테러리스트라고 볼 수가 없어. 오히려 그 누구보다 콜롬비아 국민을 위하는 세력인지도 몰라.

자유파와 보수파의 갈등은 내전과 게릴라 투쟁으로 이어졌고,

10년 동안 무려 30만 명이 목숨을 잃는 비극이 발생했단다. 그리고 어느 쪽의 결정적 승리도 없이 싸움이 한없이 이어지자 보수파도, 자유파도, 국민도 지쳐 갔어. 결국 1958년에 보수파 지도자와 자유파 지도자가 10년 동안의 분열과 30만 명에 이르는 희생에 대한 책임을 공유하면서 더 이상 싸우지 않기로 합의했어. 이제 그만 싸우자고 서로 백기를 든 거야. 그리고 양쪽 인사들이 반반씩 참여해 국민전선(National Front)이라는 이름의 연합정부를 구성했단다.

국민전선은 1958년부터 1974년까지 16년 동안 지속되었어. 하지만 국민전선도 곧 콜롬비아 국민의 환영을 받지 못하게 돼. 그들 또한 자기들 배불리기에 바빴기 때문이야. 한때 순수한 마음으로 국민을 위해 싸우던 자유파 인사가 절반이나 참여했지만, 그들도 권력을 쥐자 국민을 잊고 보수파와 똑같아졌거든.

콜롬비아 국민은 전보다 더 큰 실망과 배신감을 느꼈어. 권력의 자리에 오르면 자유파도 국민을 잊어버리는 현실이 게릴라 투쟁이라는 불꽃에 휘발유를 끼얹는 결과를 가져왔어. 노동자, 농민, 지식인, 남녀 할 것 없이 국민전선에 반대하는 사람들이 콜롬비아 남부의 미개척지인 마르케탈리아 정글과 오지로 숨어 들어가 콜롬비아무장혁명군(FARC)을 조직했단다. 그리고 1962년 카스트로가 쿠바혁명에 성공하는 것을 보고 자극받은 학생들은 1964년에 콜롬비아민족해방군(ELN)을 조직해 주로 농촌 지역에서 게릴라 활동을 벌였어. 바로 이 두 조직이 오늘날 콜롬비아의 게릴라 내전을 이끌고 있는 주요 세력이야.

'플랜 콜롬비아'와 납치 대국 콜롬비아

마르케탈리아 정글에 모인 게릴라들은 국민 복지를 가장 먼저 생각해서 길을 닦고 아이들이 다닐 학교를 세웠어. 그리고 풀뿌리 민주주의를 주장하면서 원주민과 흑인, 빈민, 여성 편에 섰지. 하지만 콜롬비아 정부는 그들을 국제 공산주의의 첩자들이라고 몰아세우며 소탕 작전에 열을 올렸어. 요즘에는 테러리스트라는 말이 싸워야 하는 대상으로 인식되지만 당시는 냉전 시대니까 공산주의라는 말이 싸워야 하는 대상으로 인식되었지. 공산주의나 테러리즘 이런 말들은 어쩌면 미국이 싸워야 하는 이유를 만들기 위해 사용하는 것인지도 몰라. 이 논리 뒤에는 항상 미국의 지원이 있었단다. 미국은 공산주의의 국제적 확산을 막는다는 이유로 콜롬비아의 게릴라를 없애기 위한 '플랜 콜롬비아' 계획을 세웠어. 케네디 대통령 시절부터 지금까지 콜롬비아에 적용되고 있는 플랜 콜롬비아는 게릴라 축출을 명목으로 내세웠지만, 실상은 콜롬비아의 석유를 노린 거야.

미국은 플랜 콜롬비아의 하나로 콜롬비아민병대(AUC)를 만들었어. 1만 명으로 구성된 민병대의 주요 임무는 주로 납치와 암살을 통해 반정부 세력을 제거하는 것이었지. 이를 위해 미국은

300명으로 추산되는 군사 고문단을 보내 콜롬비아민병대를 지원했고, 민병대원들은 10만 달러에 이르는 고액 연봉을 받았다는구나. 여기서 콜롬비아민병대와 게릴라가 전혀 다른 세력이라는 것을 알아야 해. 콜롬비아민병대는 정부와 미국의 지원을 받는 세력이고 게릴라들은 이들과 맞서 싸우던 세력이란다. 문제는 이때부터 콜롬비아가 납치의 나라가 되었다는 거야. 미국의 지원을 받던 민병대들은 나라를 안정시킨다는 이유로 마을을 휩쓸고 반정부 인사를 납치하면서 수많은 무고한 사람까지 납치했어. 어떤 사람들은 이를 두고 납치는 콜롬비아의 풍습이라고 비웃을 정도지. 그 풍습은 지금도 끊이지 않고 있어. 더 가관인 것은, 민병대는 반정부 인사를 납치했지만 이제는 돈을 노리거나 앙갚음을 하기 위해 납치하는 사람도 많아졌다는 거야.

납치는 콜롬비아의 망국병이 되었단다. 당시 연평균 3,000명이 납치된다는 통계도 있어. 크고 작은 납치 사건이 국제 뉴스를 장식하고, 대통령 후보에서 국회의원까지 납치를 당해. 지난 2008년 구출된 잉그리드 베탕쿠르 콜롬비아 대통령 후보의 납치 사건은 콜롬비아의 현실을 그대로 보여 준단다. 2002년 녹색산소당의 대통령 후보로 출마한 여성 후보 잉그리드는 그해 2월 23일에 남부 게릴라 지역에서 위험을 무릅쓰고 유세에 나섰다가 보좌관인 클라라 로하스와 함께 인질로 잡혔단다. 그러고는 무려 6년간 콜롬비아 밀림에서 납치범들에게 끌려다니다가 극적으로 구출되었지. 이처럼 대통령 후보까지 납치되던 곳이 콜롬비아야.

심지어 콜롬비아에서는 여성도 납치범으로 나선단다. 2000년부터 여성 납치단이 조직되기 시작하더니 해마다 납치범으로 체포되는 여성이 수백 명을 넘는다는구나. 납치범은 남녀노소 가리지 않고 닥치는 대로 납치하는데, 특히 외국인 여행객이나 술에 취한 사람이 가장 쉬운 표적이야. 젊은 여성이 친절하게 접근하다가 어느 순간 바로 납치하는 거지. 일단 납치되면 주로 깊은 숲속으로 끌고 가 돈을 요구하지. 만약 돈을 내지 못하면 어디론가 팔려 가게 돼. 특히 남성은 정글의 게릴라로 팔려가기도 하는데, 평생 정글에서 게릴라로 살다가 죽게 되는 거야.

납치에는 콜롬비아 정규군이나 경찰도 소용없어. 그래서 콜롬비아 여행이 위험한 거야. 외국인이 남미 음악에 취해 거리를 걷다가 최신 휴대전화를 꺼냈다가는 누군가에게 바로 포착돼. 나는 2005년 취재를 하러 콜롬비아 수도 보고타에 갔다가 "너처럼 생긴 얼굴은 바로 돈으로 보인다. 납치범에게 한국인과 일본인은 돈이 많다고 알려져 있다"는 말을 들은 적이 있어. 카메라와 노트북을 가지고 다녀야 하는 나는 납치가 가장 무섭고 걱정되었단다. 정글로 끌려가 돈을 내놓아야 하거나 게릴라로 살아야 한다면… 생각만 해도 끔찍한 일이야. 이렇게 납치를 콜롬비아 전통으로 만든 민병대는 그 책임을 면하기 어려울 거야. 민병대를 지원한 미국도 마찬가지지.

납치도 납치지만 민병대의 더 큰 문제는 이들이 마약 거래에 손 대기 시작했다는 거란다. 마약 밀거래가 그들의 자금줄이 된 거야. 이들은 주로 코카인을 거래하는데, 코카인은 남미에서 야생으로 자라는 관목식물인 코카나무 잎에서 추출되는 마약이란다. 남미의 인디오들은 몇 세기 동안 힘든 노동이나 굶주림, 목마름을 이겨 내기 위해서 마취 성분이 있는 코카 잎을 씹었다는구나. 코카 잎에는 강력한 환각 성분이 들어 있는데 이것을 정제해서 만든 것이 코카인이야. 코카인은 조금만 사용해도 환각에 빠질 만큼 위험한 약물이야. 중독성도 강해서 한번 빠지면 평생 헤어 나오질 못한단다. 그래서 코카인을 지옥으로 가는 지름길이라고도 하지.

파멸의 상징인 코카인의 세계 최대 산지가 바로 콜롬비아란다. 콜롬비아의 험악한 안데스 산악 지대는 코카나무가 자라기에 최적의 기후 조건이야. 1970년대부터 이곳에 미국 시장을 겨냥한 세계 최대 규모의 코카인 생산 농장이 조성되었고, 마피아를 비롯한 국제 범죄 조직과 결탁해 전 세계로 코카인을 공급해 왔어. 콜롬비아에서 1년 동안 밀수출하는 코카인이 900톤에 달하는데, 그중 90퍼센트가 미국으로 흘러들어 간단다.

콜롬비아가 세계 최대의 코카인 생산국이라면, 미국은 최대 소비국이야. 미국에서 마약을 경험한 사람은 전체 인구의 31퍼센트인 2,200만 명이고, 그 가운데 200만 명이 중독자야. 매일 마약 중독으로 생명을 잃는 사람의 수가 베트남 전쟁 당시 하루 전사자보다 훨씬 많을 정도야.

미국이 이처럼 마약 중독자들의 천국이 된 것은 콜롬비아에서 코카인이 들어오기 때문이야. 그것도 플랜 콜롬비아로 미국의 지원을 받고 탄생한 민병대가 주요 '공급책'이지. 미국에 밀수입되는 코카인 가운데 40퍼센트가 민병대 몫이란다. 미국은 자기가 키운 호랑이에게 물린 셈이지. 하지만 민병대는 자신들은 마약 밀수업자가 아니라고 오리발을 내밀면서 "우리는 코카 재배 농민들에게서 세금을 거뒀을 뿐"이라고 주장한단다. 그 말이 그 말 아닌가? 마약 밀매업자들은 민병대와 밀접한 관계를 맺고 사업을 하니까.

물론 미국에서 코카인을 비롯해 모든 마약은 불법이야. 그래서 기상천외한 방법으로 코카인이 콜롬비아에서 미국으로 들어간단다. 불법이고 몰래 하다 보니 값이 올라가고, 비싸질수록 더 큰 이득을 노리고 더욱 많은 사람이 목숨을 걸고라도 밀수에 달려들지. 미국 정부가 그렇게 마약 단속을 해도 막을 수 없는 이유야. 이처럼 위험 부담은 크지만 그만큼 돈은 더 많이 벌 수 있기 때문에 마약 밀수업은 주로 범죄 집단이나 폭력 조직들이 한단다. 그리고 그렇게 번 돈으로 콜롬비아 각계에 영향력을 행사하지. 심지어는 콜롬비아 정부 인사와 정치 지도자까지 매수해서 마약을 근절하기 위해 노력하는 사람들을 살해할 정도라는구나.

현재 콜롬비아에는 이처럼 마약 밀수업에 직간접적으로 관련

되어 있는 사람이 300만 명에 이른다고 해. 코카나무에서 코카인을 추출하여 정제하는 공장에만 120만 명이 고용되어 있을 정도야. 마약이 콜롬비아 사람들을 먹여 살린다 해도 과언이 아니지. 당장 코카인 공장을 없애 버리면 아마 많은 실직자가 생길 거야. 그렇다고 해도 수많은 사람의 생명과 인생을 망치는 코카인을 이대로 둘 수는 없어. 그래서 미국도 군대를 보내 마약 조직 소탕 작전을 벌이지만, 코카인은 끄떡없이 활개를 치고 전 세계로 수출되고 있어.

남미산 초콜릿을 먹어야 하는 이유

코카나무를 심고 가꾸는 사람들은 콜롬비아의 가난한 농민이야. 마약 조직들은 농부들에게서 코카인을 사들이는데, 그 배후에는 민병대를 포함한 마약 밀매 조직이 복잡하게 얽혀 있지. 다시 말하면 농부들이 다른 작물을 재배해서 더 많은 수입을 올릴 수 있다면 굳이 코카나무를 재배하지 않아도 돼. 몇십 년간 계속된 내전으로 교육을 제대로 받지 못한 농부들에게는 코카나무나 카카오나무나 모두 농산물일 뿐이야. 그래서 최근에는 외국에서 온 시민단체가 콜롬비아 농부들을 대상으로 코카나무 대신 커피나무나 카카오나무를 심게 하는 사업을 펼친단다. 카카오나무는 우리가 좋아하는 초콜릿 재료인 카카오가 열리는 나무란다. 같은 나무라도 코카나무는 무서운 코카인을 만들고 카카오나무는 달콤한 초콜릿을 만들지. 외국 시민단체들은 코카인을 근절하는 방법으로 카카오나무를 심게 하고 그 열매를 비싸게 사서, 초콜릿을 만들어 미국과 유럽 등에 판매한단다. 이것을 공정무역이라고 하는데, 농부들에게 커피나 카카오를 비싸게 사서 소비자에게 싼 값에 공급하는 거야. 그런 식으로 콜롬비아 농부들이 코카나무를 심지 않고도 더 많은 돈을 벌 수 있게 도와주지.

코카나무를 재배해서 100원 벌던 것을 커피나무나 카카오나무를 재배해서 200원 벌 수 있게 해 주니 코카나무 대신 카카오나무나 커피나무를 심는 농부가 많이 생기고 있단다. 이렇게 코카나무가 없어지고 그 자리가 카카오나무와 커피나무로 채워진다면 언젠가는 코카인도 사라지지 않겠니? 그러니 콜롬비아나 남미에서 나는 초콜릿이나 커피를 많이 사 먹자. 그것이 콜롬비아 사람들이 무서운 코카인에서 벗어날 수 있도록 돕는 길이란다. 이렇게 콜롬비아의 문제를 나와 상관없는 일이라고 무시하지 말고 공정무역에 참여하는 것처럼 작은 실천이나마 함께한다면 평화로운 세상을 앞당길 수 있을 거야. 작은 관심이 지금 콜롬비아에서 코카인을 몰아내는 데 큰 도움이 되고 있듯이 말이야.

콜롬비아에서 시민단체가 공정무역을 하는 게 결코 쉬운 일이 아니라는 점도 잊지 말아야 해. 마약 밀매업자들이 끊임없이 농부들과 시민단체에 살해 위협을 하기 때문이야. 그만큼 위험을 무릅쓰고 세상에서 마약을 없애기 위해 노력하는 그들에게는 절

콜롬비아는 농사가 주업이다. 특히 코카인 원료가 되는 코카나무는 이들에게 돈이 되는 주요 작물이다. 사진은 코카나무 재배를 하는 콜롬비아 농민들. 국제 사회는 이를 막기 위해 커피나무나 카카오나무를 심어 비싼 값으로 이를 사주는 공정무역을 통해 콜롬비아 코카나무를 줄이려는 노력을 하고 있다.

로 존경하는 마음이 인단다. 우리의 다음 세대 중에서도 용기 있는 사람이 많이 나올 것이고, 그러면 그만큼 세상이 더 평화로워질 거야. 싸움이 끊이질 않던 콜롬비아 역사를 보면서 얻은 교훈이란다.

다행히도 지금 콜롬비아는 많이 안정되었단다. 지난 2016년 말 최대 반군 콜롬비아무장혁명군과 콜롬비아 정부가 평화협정을 체결했어. 아주 용기 있는 결단이지. 콜롬비아 사회가 이제 게릴라라면 아주 경기를 일으킬 정도로 싫어하게 되어 자성의 목소리가 생긴 거란다. 그래서 콜롬비아무장혁명군 대원 7,000명이 강제로 해산되었단다. 최근의 놀라운 뉴스는 콜롬비아의 이반 두케 대통령이 콜롬비아군이 국제 인권 규범을 준수하고 있는지를 조사하기 위한 독립 위원회를 구성했다고 발표한 것이야. 2002년부터 2010년 사이 콜롬비아가 혼란스러웠을 때 보너스와 승진, 휴가 등의 특전을 타내려고 콜롬비아 군대가 수천 명의 민간인을 살해한 뒤 게릴라 반군인 것처럼 위장했다는구나. 죄 없는 민간인이 군에 살해되었다니 그야말로 콜롬비아 땅은 반군이고 정부군이고 모두 민간인에게 몹쓸 짓을 많이 했구나. 서로 자기들이 옳다고 총을 들었지만 자신들이 저지른 잘못에 대한 반성은 없었어. 그래서 이번에 이 위원회가 새로 설치된 거야. 두케 대통령은 "군복의 명예를 더럽힌 군인은 법의 철저한 심판에 직면할 것"이라며 군대의 잘못을 지금이라도 바로잡겠다는 훌륭한 결단을 한 거란다. 과거의 잘못을 바로잡는 것은 다시는 그런 일이 벌어지지 않게 하기 위한 노력이야. 평화로 가는 길에는 반드시 철저한 과거 반성이 필요하단다. 아직도 콜롬비아는 민족해방군(ELN) 등 작은 반군 단체나 마약 범죄 조직과 교전을 벌이고 있지만 이런 노력이 반드시 빛을 발할 거라 생각해. 평화는 그냥 저절로 오는 것이 아니야. 서로가 평화를 위한 노력을 해야만 지킬 수 있지. 인간은 언제든 잘못을 할 수 있지만 다시 바로잡는 것도 인간이란다. 그것이 인간의 품격이고 특권이야.

더 알아보고 싶다면

#에스파냐 남미 통치 #코카인 #볼리바르 장군 #콜롬비아무장혁명군(FARC) #콜롬비아 민족해방군(ELN) #콜롬비아민병대(AUC) #마르케탈리아 정글 #콜롬비아 국민전선 #플랜 콜롬비아 #잉그리드 베탕쿠르 납치 사건 #공정무역 초콜릿 #카카오나무 #남미 인디오 #공정무역 시민단체

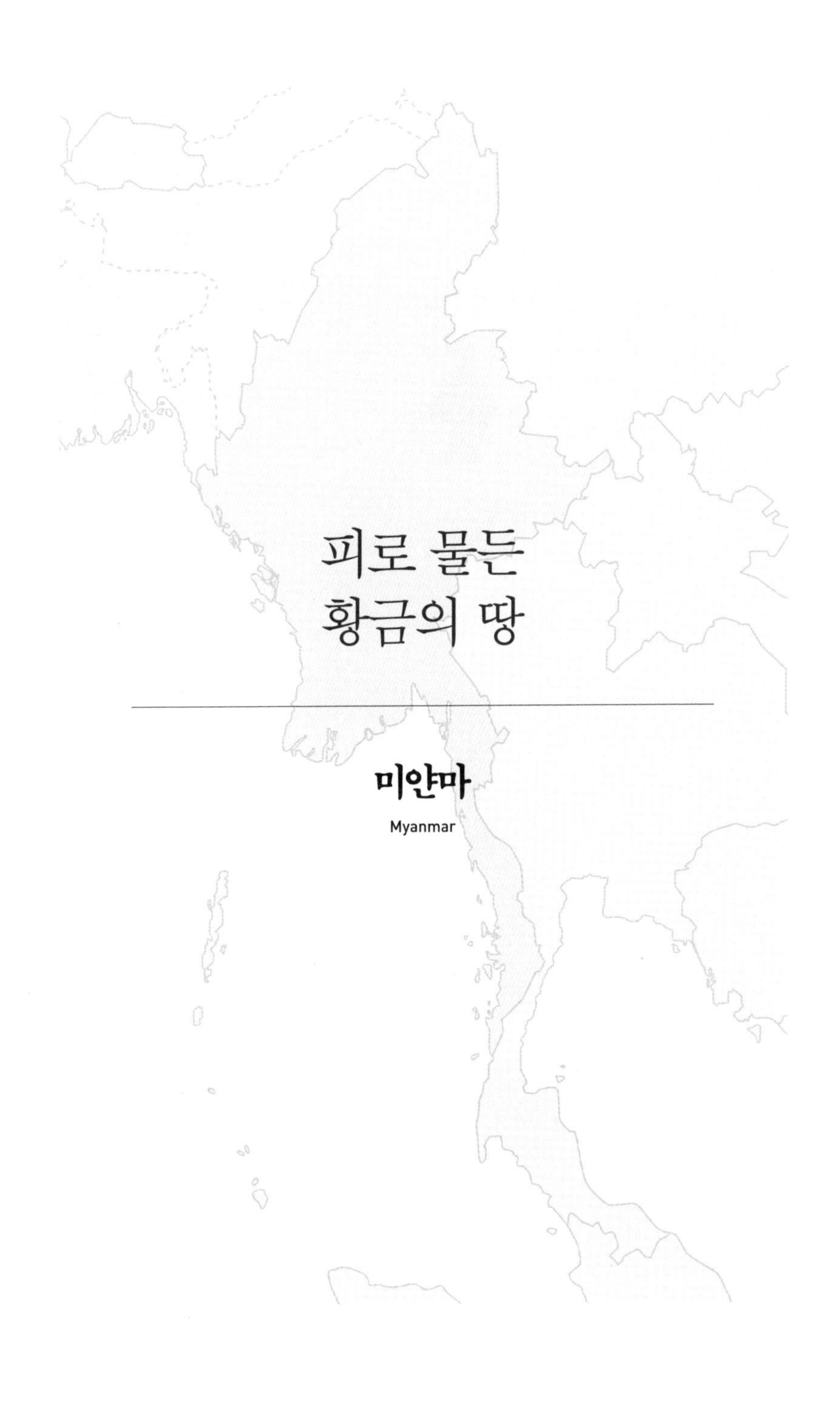

피로 물든
황금의 땅

미얀마

Myanmar

미얀마 Myanmar

- 미얀마는 한반도의 3배 정도 크기로 약 67만 7,000㎢ 면적에 약 5,400만 명의 인구를 가진 나라야.
- 중부와 말레이반도로 이어진 남부는 고온 다습한 열대기후야. 티베트 고산 지대와 닿아 있는 북부는 아열대기후를 띤단다.
- 주민은 70%를 차지하는 버마족과 나머지 소수민족으로 구성되어 있고, 종교는 불교(90%)를 믿는단다. 이런 구성 때문에 이슬람교를 믿는 소수민족인 로힝야족 난민 문제가 일어났어.
- 2015년 치러진 민주적 총선으로 오랜 군부독재가 종식되고 민주화로 이행하고 있어.

- 주요 연혁

- 11~13세기: 버마족이 버간 왕조 수립
- 13세기: 몽골제국 침략으로 멸망
- *1392년 조선 건국*
- 18세기: 얼라웅퍼야가 버마를 재통일하고 콘바웅 왕조 수립
- 1824~1885년: 3차에 걸친 영국-미얀마 전쟁의 패배로 영국령 인도의 일부로 전락
- 1937년: 영국이 미얀마를 인도에서 분리해 직할 식민 통치
- 1948년: 영국 식민지에서 독립해 버마연방공화국 성립

쉐다곤 파고다: 둘레 426m, 높이 100m에 이르는 거대한 원뿔형의 황금탑으로 미얀마의 상징으로 여겨지는 유적이야. 탑 꼭대기는 보석으로 장식되어 있단다.

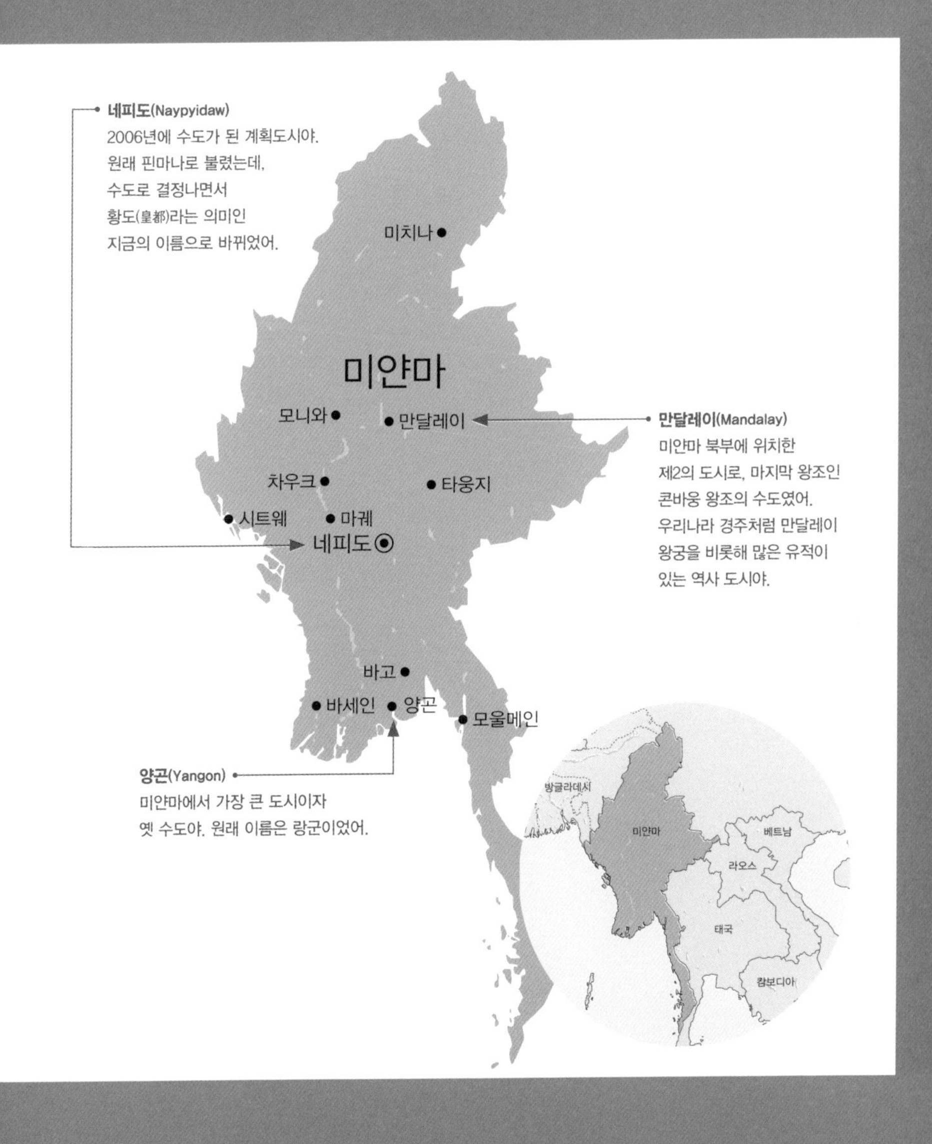

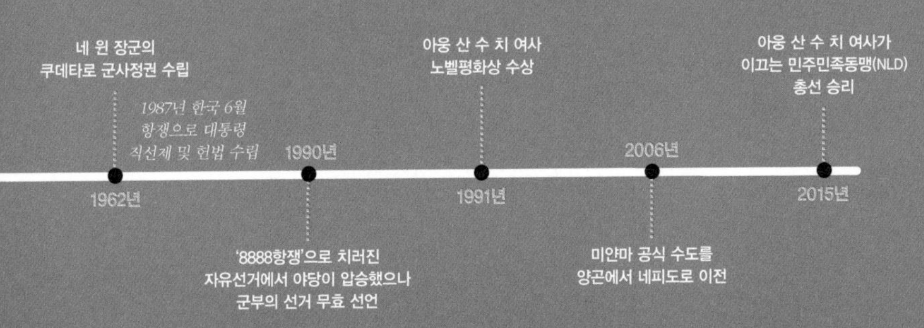

'황금의 미얀마'

미얀마 사람들은 자기 나라를 '황금의 미얀마'라고 불러. 불교 국가인 미얀마는 전국에 사원이 널려 있는데, 하나같이 지붕이 도금되었단다. 그리고 이 지붕 색깔이 추수철만 되면 황금 들판과 어우러져 나라 전체를 황금빛으로 물들이기 때문이야. 연노란색 법의를 입은 스님들이 온통 황금빛으로 물든 거리를 걸어 다니는 걸 상상해 봐. 이국적인 불교 사원과 화창한 날씨, 그야말로 동남아시아의 전형적인 휴양지 풍경이지.

하지만 이토록 아름다운 나라 미얀마의 역사도 그리 평탄하지 않았어. 오랫동안 영국의 식민지였고, 해방되어서도 군사정권의 강압 정치와 폭동으로 바람 잘 날이 없었단다.

미얀마의 원래 이름은 버마였어. 미얀마의 국민을 구성하는 민족 중에 버마족이 있는데, 이 민족의 이름이 나라 이름으로 발전된 듯해. 그런데 미얀마를 통치하고 있던 군사정권이 1992년, 국민의 동의도 없이 나라 이름을 미얀마로 바꿔 버렸어. 국민의 동의가 없었으니, 미얀마의 민주화 세력은 미얀마라는 나라 이름을 인정하지 않고 지금도 버마라는 이름을 쓰지.

이처럼 미얀마 국민은 슬프게도 나라 이름을 두 개 가지고 있단다. 한국 사람의 기억에는 버마라는 이름이 깊이 각인되어 있어. 1983년 수도 양곤에 있는 아웅 산 장군 묘에서 폭탄이 터졌어. 당시 한국 대통령과 각료들이 방문할 예정이던 이 묘소에 북한 공작원이 폭탄을 설치한 거야. 대통령은 그 자리에 있지 않아 위기를 모면했지만, 한국 각료와 미얀마 사람들이 많이 사망했단다.

아웅 산 사건은 중년이 넘은 한국인이라면 대부분이 기억할 만큼 유명해. 아직도 한국 사람들은 미얀마보다는 버마라는 이름이 친숙할 거야. 당시 매일 방송에서 '버마 양곤' 소식이 속보로 나왔고, 나 또한 어린 시절 그 뉴스를 보았던 기억이 나거든.

사프란 혁명

내가 미얀마를 처음 방문했던 2007년, 미얀마에는 큰 시위가 일어났어. 양곤 공항에서부터 경비가 삼엄했고, 내 물건을 샅샅이 뒤지는 그들에게서 군사정권의 공포가 느껴졌어. 이 시위는 2007년 8월 15일, 군사정권이 사전에 아무런 예고도 없이 천연가스 가격은 500퍼센트, 경유는 200퍼센트, 휘발유는 67퍼센트나 인상하자 국민이 반발해서 일어난 거야.

미얀마는 세계에서 가장 가난한 나라라는 오명을 들을 정도로 국민의 생활 형편이 어렵단다. 가뜩이나 생활고에 허덕이는데 일상생활에 꼭 필요한 연료의 가격을 한꺼번에 많이, 그것도 갑작스럽게 올려 버린 거야. 당연히 국민의 불만이 폭발했지. 미얀마의 군사정권이 평소에 다 잘하다가 한 번 실수한 거라면 상황이 달랐겠지만, 그들은 말 그대로 군사독재가 무엇인지를 제대로 보여 주는 억압적인 정권이었어. 그만큼 군사정권에 불만이 오랫동안 쌓여 있었는데, 갑작스러운 연료비 인상이 거기에 불을 지핀 거란다.

처음에는 시민과 학생이 소규모 시위를 벌였는데, 승려들이 가담하면서 시위는 걷잡을 수 없이 전국으로 번져 나갔어. 국민 대부분이 불교를 믿는 미얀마에서 승려는 단순한 승려가 아니라 국민의 존경을 받는 지성인이란다. 국가 지도자마저 승려 앞에서는 고개를 숙일 정도야. 이 승려들이 가사를 입고 시위대 맨 앞에서 군사정권에 저항했어. 어느 나라에서나 독재에 항거하는 민주화 운동과 시위에는 이처럼 지성인이 나서게 마련이지.

승려들은 군인들이 사원 안으로 들어오지 못하게 하고 시주도 받지 않았어. 그리고 시민과 함께 거리에서 행진하면서 평화 시위를 벌였지. 세계 언론은 사프란색(연노란색) 가사를 입은 승려들이 시위에 참여하자 이를 두고 사프란 혁명이라고 불렀단다. 대학생들도 시험을 거부하고 시위에 참여했지. 쥐 죽은 듯 조용하던 양곤 시내는 갑자기 나타난 시위대로 아수라장이 되었어.

시위 규모가 커지자 군인들은 사원까지 쳐들어가 총과 수류탄으로 위협하며 승려들을 연행했단다. 시민의 시위는 평화롭게 진행되었지만 군인과 경찰은 시위대를 해산하기 위해 경고사격을 하고, 최루탄과 공포탄을 쏘고, 곤봉을 휘둘렀어.

현장을 지켜본 나는 미얀마 사람들을 존경하지 않을 수 없었단다. 그렇게 폭력이 난무하는데도 조용히 불경을 읊으며 행렬을 지어 걸어가는 그들의 모습이 성스럽게 보였어. 하지만 끝까지 비폭력을 지킨 시위대와 달리 군사정권은 평화 시위를 하는 사람들을 무력으로 해산시켰어. 그리고 정치 행위에 참여해서 사회 평화를 해치고 불교 교리를 위반한다는 명분을 내세워 승려들을 체포했지. 승려 수백 명이 체포되었으며, 날이 갈수록 부상자들이 늘어났단다.

군사정권의 폭력이 난무하던 그날, 불행한 일이 일어나고 말았어. AFP 통신의 일본인 사진기자 나가이 겐지가 시위 장면을 촬영하다가 미얀마 군인이 쏜 총에 맞아 그 자리에서 사망한 거야. 그는 종군기자답게 죽는 순간까지 손에서 카메라를 놓지 않았어. 외국인 기자를 죽음으로 몰아가면서까지 과잉 대응을 한 것은 시위 사실이 미얀마 바깥으로 나가지 못하게 하기 위해서였어. 시위가 있던 당시 모든 외국인 기자가 추방되었지. 미얀마 독재 정권이 비폭력 시위를 벌이는 국민을 향해서 총을 쏘고 있다는 사실을 세계가 알면 맹비난을 퍼부을 테니 사전에 차단하려 한 거야.

하지만 나가이 겐지 같은 용감한 외국인 기자들은 관광객으로 위장해서라도 속속 미얀마로 모여들었단다. 엄마도 그중 한 사람이었어. 미얀마 정권의 감시를 피하기 위해 아무도 자신이 기자라고 말하지 않았지만 다들 열심히 시위 현장을 취재했지. 그리고 몰래 기사를 세계 전역으로 송고했고, 비로소 미얀마에서 무슨 일이 벌어지고 있는지 전 세계가 알게 되었단다.

미얀마 사태가 밖으로 알려지자 미얀마 군사정권은 전국의 인터넷을 모두 끊어 버렸단다. 그리고 미얀마 방송과 라디오, 신문도 강제로 휴업시켰어. 당시엔 미얀마에서 텔레비전을 켜면 아무것도 나오지 않았단다. 딱 저녁 7시부터 8시까지만 방송을 했는데, 그 한 시간짜리 방송은 우습게도 다름 아닌 한국 드라마였어. 당시 한국에서도 선풍적인 인기를 끌었던 〈인어 아가씨〉가 미얀마어로 더빙되어 방송된 거야. 그런데 유독 한국 드라마만 방송될 수 있었던 이유가 더 어처구니없단다.

한국 드라마는 미얀마에서도 인기가 높은데, 시위가 한창이던 당시에는 〈인어 아가씨〉가 큰 인기를 누리고 있었어. 하지만 모든 방송국이 휴업해야 하는 상황이니 당연히 〈인어 아가씨〉도 더 이상 방송할 수 없었지. 그때 정부 고위 관료 부인들이 죽어도 이 드라마는 봐야 한다고 압력을 넣어서 저녁에 한 시간만 방송하게 된 거야. 한국 드라마가 대단하긴 하나 보다만, 고통 속에 죽어 가는 시위대와 피 흘리는 승려들 그리고 무서운 얼굴로 총을 쏘아

대는 군인들로 거리가 아수라장이 되었는데도 고위 관료 부인들은 한국 드라마를 봐야 하겠다니, 그런 미얀마의 현실이 참 서글펐단다.

어쨌든 미얀마의 상황이 전 세계에 알려지면서 국제연합 특사가 미얀마를 방문하기에 이르렀고, 세간의 이목을 의식할 수밖에 없던 미얀마 군사정권은 더 이상 무리하게 시위대를 진압하지 못했어. 그렇게 미얀마 정부가 한발 물러서자 시위는 차츰 잦아들었어.

장군의 딸, 수 치 여사와 구원자를 기다리는 미얀마 국민

미얀마가 국제사회에 알려진 계기는 시위 때문만이 아니야. 용기 있는 여성 한 명이 더 큰 영향을 끼쳤는데, 바로 아웅 산 수 치 여사란다. 열다섯 살에 조국 미얀마를 떠나 영국 옥스퍼드 대학교에서 정치와 경제, 철학을 공부하고 뉴욕에 있는 국제연합에서 일했던 유능한 여성이지. 그 후에는 영국인 학자 마이클 에어리스와 결혼해서 두 아들을 키우며 평범한 주부로 살았어.

수 치 여사의 아버지는 미얀마 국민이 가장 존경하는 영웅 아웅 산 장군이란다. 미얀마 국민에게 아웅 산 장군은 우리나라 사람에게 김구 선생님과 같은 존재지. 그는 미얀마가 영국의 식민지였던 시절, 영국 군대와 무장투쟁을 벌였고, 미얀마를 집어삼키려는 일본 제국주의와도 맞서 싸워 마침내 미얀마 독립을 이루어 냈어. 60여 년에 걸친 미얀마의 식민지 역사를 끝낸 미얀마 건국의 아버지인 거야.

그러나 안타깝게도 미얀마가 독립하고 채 2년도 되지 않아 아웅 산 장군은 암살을 당하고 말았어. 그때 그의 나이 겨우 서른두 살이었단다. 그에게는 두 아들과 딸 하나가 있었는데, 바로 아웅 산 수 치 여사가 그의 외동딸이야. 아웅 산 장군의 딸이라는 운명은 그녀를 평범한 주부로 살게 두지 않았어. 수 치 여사가 45세 되던 해, 어머니를 간병하러 잠깐 들렀던 조국 미얀마는 그녀를 민주화 투사로 만들었단다.

당시 미얀마는 군사독재가 26년간 지속되어 경제가 파탄 나고 인권유린이 심각한 상황이었단다. 아웅 산 장군과 함께 독립운동을 했고 한때 친구였던 네 윈은 1962년 쿠데타를 일으켜 정권을 장악했어. 국가의 최고 권좌에 앉으면 젊은 날의 순수한 마음을 잃어버리게 되는 걸까? 네 윈은 독립투사에서 탐욕스러운 독재자로 변했어. 독재 권력은 부정부패로 이어졌고, 미얀마의 경제는 엉망이 되었지. 미얀마 국민은 폭압과 가난 때문에 하루하루 숨도 제대로 쉬지 못할 지경이었어.

가장 먼저 나선 것은 대학생이야. 그들은 공작새를 그린 깃발을 들고 거리로 나갔어. 공작새 깃발은 미얀마 독립운동가들이 영국과 맞서 싸울 때 사용했던 것으로, 미얀마에서는 독립운동의 상징이란다. 군부는 평화 시위를 하는 학생들을 향해 총격을 가했고, 많은 학생이 쓰러져 갔어. 꽃다운 젊은이들이 죽어 가자 그 동안 숨죽이고 있던 미얀마 국민도 분노하기 시작했지.

미얀마의 대학생들은 군사정권에 저항하는 데 앞장서 희생했단다. 한국에서도 대학생들이 군사정권에 맞서 앞장섰던 때가 있었지. 그들은 지성인이었고, 불의에 굴하지 않는 순수한 용기를 가진 사람들이었어. 당시의 한국 대학생들처럼 미얀마에도 자유와 인권이라는 숭고한 정신을 위해 불의에 맞섰던 용감한 대학생들이 있었던 거야. 요즘에는 워낙 취업이 어려운 시대여서 공부하느라 혹은 자격증 따느라 바쁘지만 대학생이라면 적어도 불의에 대항할 수 있는 순수한 마음을 지닌 지식인이 되어야 하지 않을까 생각한단다. 정의로운 사회를 만드는 길목에는 언제나 대학생들의 저항이 있었단다.

마침내 1988년 8월 8일 8시를 기해 미얀마의 수도 양곤에 대학생들을 중심으로 하여 승려와 시민이 대거 모여들었어. 이 사건을 8888항쟁이라고 부른단다. 8이 네 개나 들어가는 재미있는 이름이어서 기억에도 오래 남을 거야. 미얀마 군부는 언제나 그랬듯이 이들을 총칼로 진압하려 했어. 그러나 미얀마 국민은 굴하지 않았고, 시위대 규모는 오히려 커져만 갔지. 그리고 미얀마의 선량한 국민은 이 잔혹한 군부에 경종을 울리고 그들의 대변인이 되어 줄 영웅을 간절히 기다렸단다.

평범한 주부에서 민주화 투사로

그해 4월 미얀마로 돌아와 있던 수 치 여사는 마흔다섯 살의 그저 평범한 주부였단다. 그때까지만 해도 수 치 여사는 오로지 어머니를 간호하는 데만 신경을 썼어. 그러나 8888항쟁을 지켜보면서 더 이상 자신이 미얀마의 현실을 모른 척할 수 없다는 사실을 깨달았단다. 가정주부로 남아 있을 수 없는 것이 수 치 여사의 운명이었는지도 모르지. 미얀마 국민은 자신들의 영웅인 아웅 산 장군의 딸이 나서서 나쁜 군부를 몰아내고 새로운 세상을 열어 주기를 간절히 원했어.

시위가 일어나고 18일 만인 8월 26일, 드디어 수 치 여사는 희생당한 시위대 시신이 안치된 미얀마 수도 양곤의 종합병원 앞에서 수십만 명의 군중에게 민주화를 촉구하는 연설을 했단다. 미얀마 민주화를 위한 그녀의 첫 번째 정치 인생이 시작된 거야.

그렇게 운명처럼 민주화 운동에 뛰어든 수 치 여사는 군사정권에 맞서던 사람들과 함께 민주민족동맹(NLD)을 만들었어. 그녀는 전국을 돌며 새로운 조국 미얀마에 대한 희망과 군사정권을 끝낼 것을 주장했어. 연설하는 곳마다 수천수만 명이 구름처럼 모여들었고, 조국애와 민주화의 열망을 가득 담아 연설하는 그녀에게서 군중은 새로운 희망을 보았단다. 그들은 아웅 산 장군이 그랬듯이 그의 딸인 수 치 여사가 미얀마를 구해 줄 것이라고 믿기 시작했어.

수 치 여사의 인기가 날이 갈수록 올라가자 군사정권은 당황했어. 그렇다고 국민 영웅 아웅 산 장군의 딸을 죽일 수는 없었지. 몰래 암살하더라도 당장 군사정권이 범인으로 몰릴 게 뻔했거든. 국민과 세계가 주목하고 있는 상황에서 이러지도 저러지도 못하는 그들에게 수 치 여사는 눈엣가시였어. 그렇다고 수 치 여사가 자유롭게 활동하도록 그냥 놔두면 자신들의 정권 자체가 위협받을 테고. 군부는 결국 1989년 7월, 수 치 여사를 가택 연금했어. 집 밖으로는 한 걸음도 나오지 못하고 집 안에서만 생활하게 한 거야. 감옥 대신 집이라는 점만 다를 뿐 수 치 여사는 사실상 갇혀 있는 것과 마찬가지였단다.

군부는 그렇게 수 치 여사를 국민에게서 떼어 놓으면 모든 시위가 사라지고 정권이 영원히 지속될 거라고 생각했지만 그건 커다란 착각이었어. 군부의 또 다른 착각은 정권을 반대하는 세력은 수도 양곤이나 대도시의 대학생들일 뿐, 국민 대다수는 아직도 군대를 믿고 따른다고 여겼다는 점이야. 국민의 생활과 생각을 알지 못하는 정권이기에 그런 착각을 했지.

여전히 국민의 지지를 받는다고 생각한 군사정권은 겁도 없이 1990년 5월에 총선거를 실시했어. 결과는 수 치 여사가 이끄는 민주민족동맹이 82퍼센트의 지지를 받아 압승했단다. 민주화를 갈망하는 국민의 선택이었지. 그러나 당황한 군부는 엄연한 선거 결과를 무효화하고 민주 인사 수백 명을 투옥했단다. 이때부터 미얀마 군사정권의 공포정치가 더 심해진 거야. 국민은 실망했고, 미얀마의 민주주의는 그로부터 20여 년이 넘게 암흑 속에서 헤매었단다.

절망을 희망으로

1989년에 1년 기한으로 가택에 연금되었던 수 치 여사는 2002년 잠시 연금이 해제되었을 뿐 65세가 된 2010년까지 집 밖으로 나오지 못했단다. 그녀는 그 안에서도 희망을 버리지 않고 미얀마의 민주화를 위해 외로운 투쟁을 계속했어. 하지만 그녀는 결코 혼자가 아니었단다. 세계는 아웅 산 수 치 여사를 외롭게 두지 않았어.

1991년 수 치 여사는 노벨평화상을 받았단다. 미얀마의 민주주의를 위해 노력한 그녀를 세계가 다시 조명하기 시작한 거야. 노벨평화상위원회는 민주주의와 인간의 권리, 민족적 화해를 이루기 위해 노력하는 수많은 사람에게 지지를 표명하고자 수 치 여사에게 상을 수여한다고 밝혔어. 시상식에는 수 치 여사의 남편과 아들이 그녀의 사진을 들고 대신 참석했단다. 미얀마 군사정권이 수 치 여사가 노벨평화상 시상식에 참석하는 것을 허가하지 않았기 때문이야.

노벨평화상 시상식에 아내의 사진을 들고 참석했던 남편 마이클 에어리스는 결국 수 치 여사를 만나지 못한 채 1999년 사망하고 말았어. 수 치 여사는 사랑하는 남편의 장례식에도 참석하지 못했어. 한번 외국으로 나가면 군부가 그녀를 다시는 미얀마로 들어오지 못하게 할 것을 걱정했기 때문이야. 아내를 그리워하며 세상을 떠난 남편과 그의 마지막조차 지켜볼 수 없었던 아내의 슬픈 사랑이 세상을 울렸지. 세계는 미얀마 군부를 맹비난했지만, 미얀마 군사정권은 경제제재 조치에도 아랑곳하지 않고 묵묵부답인 채 오로지 자신들만의 권력을 유지하기 위해 국민을 총칼로 위협하는 데만 열중했단다.

다행스러운 것은 2005년에 군부 온건파였던 킨 는 총리가 발표한 '7단계 민주화 로드맵'에 따라 2010년에 총선이 실시되었다는 거야. 비록 야당이 철저하게 배제된 상태에서 군부의 압승으로 끝났지만, 총선에서 승리한 군사정권이 그해 11월 13일에 수 치 여사를 가택 연금에서 해제했어. 국제연합 등 국제사회가 미얀마를 포기하지 않고 계속 압박하자 할 수 없이 새로운 군사정권이 굴복한 거지. 수 치 여사는 20여 년 만에 겨우 자유의 몸이 되었어. 물론 군부의 힘은 여전히 막강하고 수 치 여사의 활동에 제약을 가했지만, 미얀마 사람들은 그녀에게서 또다시 희망의 싹을 틔웠단다. 수 치 여사는 미얀마의 희망 같은 존재였지. 수 치 여사가 가택 연금에서 풀려나고 마침내 2015년 선거를 통해 정권 교체에 성공했을 때 미얀마 사람들뿐만 아니라 세계의 사람들이 함께 기뻐했어. 민주주의의 상징이 된 수 치 여사에 대한 기대도 컸단다. 하지만 세상일은 그렇게 쉽게 풀리지 않나 보구나. 지난 2017년부터 미얀마 북서부에 사는 로힝야족 문제가 국제적으로 큰 뉴스가 되었어. 미얀마는 전통적인 불교 국가인 반면 로힝야족은 이슬람교를 믿는단다. 로힝야족은 19세기 영국이 미얀마를 식민 통치하던 시절에 미얀마 위쪽의 벵갈만에서 미얀마로 대거 이주시킨 이주민들이야. 그러니까 자발적으로 미얀마에 온 게 아니고 영국에 의해 끌려온 것이지. 강제로 끌려온 이주민과 토착민인 미얀마 사람들 사이에는 크고 작은 갈등이 많을 수밖에 없는 환경이었어. 위태롭게 한 세기 넘게 같이 살아오다 문제가 터져 버린 거야. 2017년 로힝야 무장 단체인 아라칸 로힝야 구원군(ARSA)이 경찰 초소를 습격했어. 그러자 미얀마 정부군이 보복으로 로힝야 민간인을 닥치는 대로 학살하기 시작했지. 이른바 '인종 청소'였단다. 그래서 로힝야족은 죽음을 피해 방글라데시로 피란을 가야 했어. 피란민 숫자가 무려 37만 명을 넘어가자 방글라데시는 난리가 나고 국제사회도 우려하기 시작했어.

사실 로힝야족이 원래 살던 땅도 그곳이니 고향으로 돌아간 것이라 생각할 수 있어. 하지만 이들은 이미 미얀마 국적의 국민이야. 종족을 떠나 국가는 자국민을 보호해야 한단다. 국가가 오히려 자국민을 학살을 하며 쫓아낸다면 잘못된 것이지. 더군다나 미얀마는 이제 수 치 여사가 정권을 잡고 있는데 말이야. 수 치 여사는 로힝야 편을 들지 않았어. 방글라데시 정부가 로힝야족의 피란을 위해 국경 일대 지뢰를 제거하고 안전한 길을 확보해 주자고 제안했지만 미얀마 정부는 이를 거절했지. 국제사회는 수 치 여사에 대한 의구심을 갖게 되었어. 우리가 아는 수 치 여사는

아웅산 수 치 여사는 미얀마 민주화 운동의 상징이다. 전 세계에서 '민주화의 꽃'으로 존경받던 그도 로힝야 난민 문제에는 침묵하여 국제적 비난을 받고 있다. 인권 의식은 스스로 노력하며 배우지 않으면 알 수 없는 가치관이다.

민주주의의 상징이며 인도주의 정책에 앞장서야 하잖아? 하지만 놀랍게도 수 치 여사는 로힝야 문제를 방관했단다. 심지어는 로힝야 학살을 취재하던 2명의 로이터 소속 기자를 체포해서 무려 500일간 감옥에 가두기도 했지. 국제사회는 민주화 투사의 두 얼굴이라고 수 치 여사를 비난하기 시작했어. 노벨상을 반납하라고 화난 목소리를 전달하기도 했지만 여전히 수 치 여사는 로힝야족 문제 해결에 나서지 않는구나.

나는 수 치 여사를 보며 아무리 민주화 투사라도 정의를 제대로 보고 배우지 않으면 언제든 저렇게 될 수 있다는 것을 깨달았단다. 수 치 여사는 아웅 산의 딸로서 살았고 영국에서 공부했지만 인권 의식을 제대로 배우지는 못한 듯해. 배우지 않으면 알 수 없는 거야. 세계는 민주화 투사의 배신이라고 말하지만 원래부터 수 치 여사는 로힝야족의 인권에 대해 배울 기회가 없었던 것이란다. 세상 사람들은 수 치 여사가 모든 것이 훌륭할 거라고 막연하게 기대했으니 배신이라고 생각하는 거야. 정의는 머리로 알더라도 가슴으로 느끼지 못하면 아무 소용 없단다. 그래서 엄마는 너희에게 '정의'와 '인권'을 제대로 잘 알려 주고 싶어. 배우지 않으면 절대 알 수 없는 그 의미를.

더 알아보고 싶다면

#8888항쟁 #양곤 #아웅 산 장군 #아웅 산 수 치 #미얀마 군사독재 #나가이 겐지 #미얀마 민주민족동맹(NLD) #아웅 산 묘소 폭파 사건 #네 윈 #사프란 혁명

세상에서 가장 유명한 총 이야기, AK-47

살인 무기의 대명사, AK-47

〈서든어택〉, 〈카운터스트라이크〉, 〈오버워치〉, 〈배틀그라운드〉… 전국의 피시방을 뜨겁게 달구고 있는 게임들이란다. 내게는 이 모든 게임 이름이 생소하지만, 너희 또래에게는 아주 인기 만점의 게임이더구나. 하지만 이 게임들을 들여다보니 전쟁과 전투를 직접 눈으로 보고 겪어 본 나로서는 섬뜩한 마음이 드는구나. 연신 총으로 상대를 쏘아 죽이는 게임들이 은근히 우리 아이들의 폭력성을 키우는 게 아닌가 걱정도 된단다. 게임에서 죽이는 상대가 진짜 사람이 아니라 좀비이고 또 가상의 인물이라 다행이고, 학교 공부에 지친 아이들이 스트레스를 풀 공간도 필요할 거라는 게 위안이라면 위안일까?

이 게임들에는 공통적으로 등장하는 무기가 있어. 모든 총의 전설이라 불릴 만큼 유명한 'AK-47'이지. 이 총을 만든 미하일 칼라슈니코프의 이름을 따서 그냥 '칼라슈니코프'라고도 한단다. AK라는 이름도 오토매틱 칼라슈니코프(Automatic Kalashnikov)의 앞 글자를 딴 거고, 뒤의 47은 이 총이 태어난 연도란다. 즉, 1947년 칼라슈니코프라는 사람이 만든 자동소총이란 뜻이지.

AK-47은 사용하기 쉽고, 잔고장이 적으며, 파괴력이 비교적 강한 편이어서 현재 세계 55개 나라의 정규군이 사용하고 있을 만큼 널리 퍼져 있단다. 무엇보다 제조비가 저렴하고 유지 관리가 쉬워서 역사상 가장 성공한 무기가 되었어. 인기 비결은 단연 단순하고 견고하다는 거야. 어린아이도 두어 번만 만져 보면 쉽게 총을 쏠 수 있을 정도야. 실제로 나는 아프가니스탄에서 초등학생 아이가 이 총을 장난감처럼 가지고 노는 걸 여러 번 보았단다. 그렇게 어려서부터 총을 익숙하게 다루다 보니 그 아이가 자라서 훗날 탈레반이 되더라도 아무 거리낌 없이 총을 쏘고 다니겠지.

이처럼 AK-47은 전 세계에서 가장 유명하고 많은 사람이 애용하는 총이야. 사담 후세인은 미국과의 결전을 앞두고 이라크 국민 앞에서 공포를 쏘는 유명한 장면에서 AK-47을 들고 있었고, 빈라덴은 미국에 비난 성명을 내보낼 때면 항상 이 총을 옆에 두었어. 탈레반이나 알카에다, 아프리카 여러 나라의 반군에게도 이 총은 필수야. 미국이 보기에는 이 총을 들고 있는 사람은 모두 테러리스트라고 여길 만큼 악당의 상징이 된 거야. 하지만 반미 감정이 높은 이슬람 국가 사람들에게 이 총은 반미 투쟁의 상징이지. 이라크에서도, 아프가니스탄에서도 AK-47은 미군을 죽이는 무자헤딘의 무기로 통한단다.

세상에서 가장 유감스러운 베스트셀러

AK-47은 러시아의 미하일 칼라슈니코프가 2차 세계대전 중인 1941년부터 개발하기 시작했어. 당시 소련군 탱크부대 하사관으로 복무하던 미하일 칼라슈니코프는 독일과의 전투에서 심하게 다쳤어. 그는 병상에 누워서 소련군의 자동화기가 약해 독일군에게 밀린다고 생각했단다. 그래서 퇴원한 후 이리저리 구상 끝에 1947년, 마침내 AK-47을 개발했어. 총의 나이가 무려 70대 할아버지가 되었구나. 그리고 그 총은 지금까지 1억 정이 넘게 팔렸을 만큼 대성공을 거두었지.

하지만 칼라슈니코프는 AK-47에 대한 특허를 가지고 있지 않아서 오로지 국가에서 주는 연금만으로 가난하게 생활했단다. 더구나 이 총이 온갖 내전과 마약 밀매업에 사용되면서 그는 '살인무기 개발자'라는 오명까지 썼어. 2013년 사망한 칼라슈니코프는 자신이 개발한 총 때문에 전 세계에서 매년 25만 명이 죽는다는 사실을 무척 애석해했다는구나. 그러면서 "조국을 구하기 위해 이 총을 개발했는데, 차라리 농기구를 개발했다면 그처럼 많은 사람이 죽지 않았을 텐데"라고 후회했다고 해.

칼라슈니코프(AK-47)는 작동법이 쉽고 가격이 저렴하여 대부분 중동과 아프리카 등의 내전 국가에 보급이 되었다. 이 총의 보급으로 내전과 분쟁은 더욱 심해졌고 이는 민간인들에게 더 큰 불행으로 다가왔다.

이처럼 정작 이 총을 개발한 당사자도 후회했을 정도로 많은 사람의 목숨을 앗아 가는 위험한 무기지만, 전쟁터 어디를 가도 AK-47이 있어. 아프리카의 해적에게도, 이라크의 저항 세력에게도, 탈레반의 손에도 십중팔구 이 총이 들려 있지. 특히 자기 키만 한 AK-47을 멘 소년병의 모습은 아프리카 내전 지역 어디를 가도 볼 수 있단다.

AK-47이 내전 지역에서 환영받는 이유는 값이 싸기 때문이야. 거의 닭 한 마리 값이라는 우스갯소리가 있을 만큼 싸단다. 이라크 팔루자의 한 시장에서 무기를 파는 상점을 취재한 적이 있는데, 상점 주인은 나를 보자마자 대뜸 50달러에 가져가라고 하더구나. 내가 총은 필요 없다고 하니, 그는 다시 5달러를 깎아 준다고 했어. 그래도 싫다며 돌아서 나오는데 뒤에서 갑자기 "30달러에도 안 가져갈래?" 하는 소리가 들렸어. 총을 거래하는 게 그들에게는 마치 동네 슈퍼마켓에서 물건을 사고파는 것 같았어. 더군다나 겨우 30달러라니 AK-47이 얼마나 싼지 알겠지? 값에 비해 성능이 뛰어나고 고장도 잘 나지 않는다고 하니, 전 세계 베스트셀러 총이 된 이유를 알 수 있었단다.

베스트셀러이다 보니 변종도 많이 돌아다녀. 그 종류만 해도 무려 100여 가지가 넘고, 실제로 유통되고 있는 AK-47 가운데 90퍼센트가 위조품이지. 아마 이라크 팔루자에서 내게 권한 총도 가짜였을 거야. 상황이 이렇다 보니 AK-47을 제조하는 러시아 로소보론사는 "러시아 경제가 위조품 때문에 연간 2조 원의 손해를 보고 있다"고 할 정도야. 칼라슈니코프마저 하루빨리 가짜 AK-47에 대한 대응책을 마련해야 한다고 주장했다고 해.

단지 게임일 뿐일까?

AK-47은 아프리카 내전을 더욱 치열하게 만든단다. 소말리아 취재를 갔을 때 밀림 속에서 사는 아프리카 원주민을 본 적이 있어. 차림새는 흔히 상상하듯 전형적인 아프리카 원주민인데, 이상하게도 바로 이 AK-47을 들고 있더구나. 통역에게 물어보니, 불과 몇 년 전까지만 해도 이 원주민들은 창을 들고 다녔다고 해. 그런데 언젠가 한 부족이 AK-47을 손에 넣었고, 이후 다른 부족들도 위기감에 앞다투어 이 총을 구입했다는구나.

총이 생기자 갈등이 증폭되었지. 밀림 속에서 여러 부족이 살다 보면 가끔 부족 간에 갈등이 생겨 싸움이 일어나는데, 옛날에는 창을 들고 서로 으르렁거리다 보면 어느 정도 화해할 틈이 생기고, 그러다 갈등이 해소되었지. 하지만 총이 생긴 이후로는 단 몇 초 만에 총격전이 벌어지고 수시로 큰 전쟁으로 발전한다는구나. AK-47이 아프리카 원주민에게까지 엄청난 재앙을 불러온 셈이지. 그런데도 AK-47은 '아프리카의 신용카드'로 불린단다. 아프리카의 분쟁 지역에서는 이것을 꼭 몸에 지니고 다녀야 하기 때문이지.

이 재앙의 총은 사실 우리 주변에서도 흔히 볼 수 있단다. 바로 게임 속에서지. 물론 실제 총을 쏘는 것은 아니지만 전쟁터에서 진짜 총을 쏘는 느낌과 같다고 하더구나. 그래서 게임에 중독되면 심할 경우 게임과 현실을 구분하지 못하고 살인을 저지르기도 하는데, 간혹 그런 충격적인 뉴스를 접할 때마다 엄마로서 게임하는 아이들이 우려스럽단다.

나는 종군기자 프로그램의 일환으로 이라크와 아프가니스탄을 취재하면서 미군 부대를 많이 다녔어. 미군 병사와 막사에서 함께 지내면서 자연스럽게 그들의 생활을 지켜볼 수 있었지. 미군에는 만 17세에서 22세까지 나이 어린 병사가 많은데, 출동 임무가 없을 때는 막사 안에서 컴퓨터게임을 하더구나. 주로 총으로 목표물을 쏘아 죽이는 게임이었어. 모니터에서는 쉴 새 없이 사람을 쏘아 죽였고, 붉은 피가 난자한 장면이 가득했어.

게임에 열중해 있는 그들을 지켜보다 보니 실제 전투에서는 어떤 느낌일까 궁금해졌단다. 그래서 열아홉 살인 한 병사에게 물었어. "전투 나가서 총을 쏠 때와 게임에서 총을 쏠 때가 어떻게 다르나요?" 그는 무심하게 대답하더구나. "별로 다른 걸 모르겠어요. 게임이든 실제 전투든 총을 들고 목표물을 명중시키는 느낌은 다르지 않으니까요." 실제로 전투를 하러 나갈 때 총을 바라보던 그의 눈과 게임을 할 때 모니터를 바라보던 그의 눈이 너무도 똑같아 놀랐단다.

유튜브에서 충격적인 동영상을 본 적이 있는데, 얼굴을 복면으로 가린 초등학생 정도의 어린 소년이 등장해. 그 소년은 태연하게 왼손에 AK-47을, 오른손에 탄창을 들고서는 카메라를 향해

욕을 하면서 무장 강도나 테러리스트를 흉내 내더구나. 여기까지는 천진난만한 소년의 장난인지도 모르겠어. 그런데 그만 실수로 방아쇠를 당겨 버렸고, 곧 총성이 울리면서 소년은 뒤쪽 벽으로 밀리고 주변은 한순간에 아수라장이 되었어. 비록 총기를 비교적 자유롭게 구할 수 있는 외국에서 생긴 일이긴 하지만, 이 소년은 진짜 AK-47을 가지고 흉내를 냈던 모양이야. 아마 소년 자신도 진짜 총알이 나갈 줄은 꿈에도 몰랐을 거야.

최근에 나는 실제 AK-47과 아주 똑같이 생긴 총을 장난감 가게에서 보고 무척 놀랐단다. 비록 비비탄을 사용하는 장난감이지만, 내 눈에는 아프가니스탄이나 이라크에서 보았던 실제 총과 너무도 똑같았어. 남자아이들에게 총은 아주 특별한 장난감이지. 하지만 이 총들이 세상에 나온 목적은 사람이나 동물을 죽이기 위해서라는 것을 잊지 말아야 해. 미하일 칼라슈니코프도 AK-47을 만든 걸 후회했듯이 이 총은 지금도 전 세계에서 너무나 많은 생명을 앗아 가고 있단다. 학업에 대한 스트레스로 게임이라도 해서 너희들의 마음이 안정되는 것은 엄마로서 이해한단다. 하지만 게임을 하더라도, 이 총이 인류에게 어떤 영향을 미치고 있는지에 대해서 한 번쯤은 생각해 봐야 하지 않을까?

더 알아보고 싶다면

#칼라슈니코프 #AK-47 #알카에다 #무자헤딘

에필로그

나는 20여 년간 취재를 다니며 수많은 사람을 만났다. 전쟁터에서, 아프리카에서, 유럽에서, 지구 곳곳에 사는 많은 사람의 삶을 보았다. 그리고 많은 가족이 전쟁의 고통에 힘들어하는 모습을 보았다. 세상의 모든 아이들은 나라를 선택해 태어나지 못한다. 누구는 전쟁과 분쟁으로 얼룩진 나라에서 태어나고 누구는 좋은 나라에서 태어난다. 불행하게도 분쟁 지역의 아이들은 태어나면서부터 목숨조차 부지하기 어려운 환경에 맞닥뜨린다.

2003년, 이라크 바그다드에서 취재할 때, 전쟁이 바그다드를 휩쓸고 간 다음 피란을 떠났던 사람들이 돌아오기 시작했다. 그들은 아이러니하게도 시리아로 피란을 갔다. 당시 시리아는 내전이 나기 전이라 안전하고 아름다운 나라였다. 시리아 사람들은 피란 온 이라크 사람들을 위해 음식과 집을 내어 주며 도와주었다. 그렇게 시리아로 피란 갔다가 돌아온 가족을 취재했다. 젊은 부부와 세 아이로 구성된 그 가족은 폭격에도 집이 무사한 것을 확인하고 안도의 한숨을 쉬었다. 대문 앞에 선 그들의 얼굴에 옅은 미소가 피었다. 그 순간 예닐곱 살 된 막내아들이 집 안으로 뛰어갔다. 나는 카메라를 들고 아이를 좇아갔다. 아이는 거실을 가로질러 안방으로 들어가 장롱문을 열었다. '뭐하는 거지?' 하고 생각한 순간 아이가 장롱에서 꺼낸 것은 공기를 넣으면 말이 뛰어가는 것처럼 보이는 조잡한 장난감이었다. 아이는 조그만 손으로 장난감을 이리저리 만지며 함박웃음을 지었다. 그리고 "엄마! 내 장난감도 무사해"라고 소리쳤다. 피란 생활 몇 달 동안 아이는 얼마나 이 장난감을 걱정했을까. 나는 순간 전쟁이 너무 무섭다는 생각이 들었다. 전쟁은 사람만 죽어 나가는 것이 아니라 이 순박한 아이의 장난감도 앗아 가는 것이다. 꿈과 희망, 가족을 부숴 버리는 것이다.

"아줌마, 한국은 민주주의 국가예요?"라고 묻는 열여섯 살 이집트 아이가 있었다. 2011년, 나는 아랍의 봄이라는 중동의 민주화 혁명 현장에 있었다. 우리가 뉴스를 볼 때는 그저 아랍 사람들이 많이 모여 시위하는 모습만 기억할 것이다. 현장을 지켜본 나는 그 수많은 군중 속에 청소년의 수가 많은 점이 놀라웠다. 이집트 민주화 혁명 당시, 처음 모인 군중이 10대 청소년들이었다. 그들은 부모 세대와 달랐다. 부모들은 독재에 저항하면 큰일 난다는 생각을 했다. 하지만 그들의 아이들은 '민주주의'를 외쳤다. 나는 시위 현장에서 땀 냄새와 화약 냄새를 맡으며 취재했다. 내게 한국이 민주주의 국가냐고 물어봤던 아이는 고등학생이었다. 그날도 시위 현장에서 무서운 탱크가 그들 앞에 있는데도 시위대는 멈추지 않고 구호를 외치고 있었다. 나는 질문한 아이에게 반문했다. “너는 어떤 나라가 민주주의라고 생각하니?” 그러자 아이는 “사람을 총으로 죽이는 나라는 민주주의가 아니고 그렇지 않은 나라는 민주주의잖아요”라고 대답했다. 그래서 나는 “아줌마 나라는 더 이상 총으로 사람을 죽이지 않는단다”라고 말했다. 아이는 “아… 한국은 민주주의 국가군요. 부러워요”라고 조그만 목소리로 말했다. 아이가 생각하는 민주주의 기준은 정답이 아니다. 하지만 당시 이집트 상황을 보면 아이가 그렇게 이해하고 있는 것이 당연하다. 그 혼란스러운 카이로 타흐리르 광장에서 나는 시위에 나온 아이들이 자랑스러웠다. 내 아이들은 아니지만 이렇게 생각이 깨어 부모들도 못 외친 민주주의를 외치는 그 아이들이 어찌 자랑스럽지 않았을까.

나는 이 책을 통해 단순히 국제 정세 지식만을 알리는 것을 원하지 않는다. 그 어지러운 세상에 섞여 있는 사람들을 알리고 싶다. 사람들은 뉴스에서도 폭탄 터지는 광경을 많이 본다. 하지만 그건 그냥 뉴스다. 나는 뉴스에서 볼 수 없는 사람들을 만나고 취재해 다시 한국으로 와 그 소식을 전하는 비둘기다. 20여 년 동안 쉴 새 없이 현장을 돌아다니며 만나는 이들의 목소리도 함께 전하는 저널리스트다. 《세계는 왜 싸우는가》 1편에 이어 2편 원고도 쓰고 있다. 2편에서는 더 많은 사람의 이야기와 그들을 둘러싼 국제 정세를 전할 예정이다. 《세계는 왜 싸우는가》가 처음 나왔을 때 중학생이던 아이가 이제 20대 중반의 청년이 되어 자연스럽게 세계 청년들에게로 관심이 넓어졌다. 취재하며 만나는 모든 아이와 청년이 내 아이 같았고, 어른들이 지켜 주지 못해 그들에게 미안한 마음이 들었다. 그리고 우리 아이들과 그들을 연결해 주고 싶었다. 세상의 고통을 같이 공감하고 인간으로서 지켜야 할 일을 아이들에게 알려 주고 싶다. 어른들이 살던 세상은 전쟁과 죽음이 난무했지만 우리 아이들이 살아가는 새로운 세상에는 사랑과 평화가 가득하길 바라는 마음이다.